철학의 눈으로 본 노년

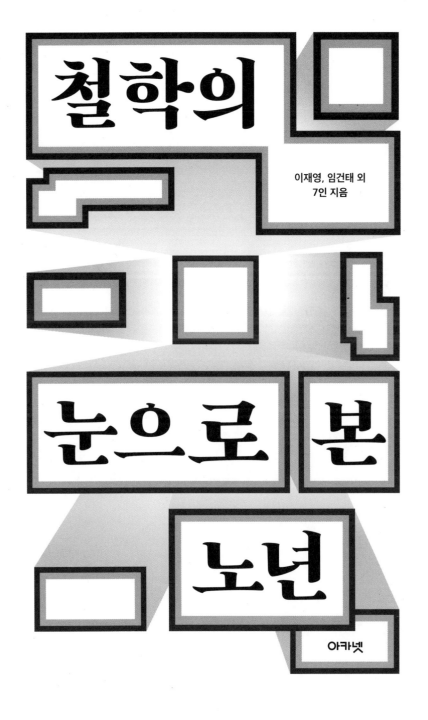

철학의

이재영, 임건태 외
7인 지음

눈으로 본

노년

아카넷

일러두기

- 외래어 표기는 국립국어원 외래어표기법을 따랐으나, 관습적으로 굳은 표기는 그대로 허용했다.
- 단행본, 잡지 등 책으로 간주할 수 있는 것은 겹낫표(『 』)로, 책의 일부나 단편소설, 신문 등은 홑낫표(「 」)로, 미술·음악·연극 등 책이 아닌 작품명은 홑화살괄호(〈 〉)로 표기했다.

차례

노년에 대한 철학적 성찰을 시작하며

임건태

1 누구든 오래 살기를 원하면서 늙는 것은 원하지 않는다

서양근대철학회 소속 선생님들을 중심으로 진행되었던 '관용: 혐오주의에 대항하는 윤리'라는 공동 연구가 마무리되어 가던 즈음이었던 같다. 뒤풀이 자리에서 다음 주제를 논의하던 중 '실버 해피니스silver happiness(노인 세대의 행복)'에 대한 이야기가 우연히 나왔다. 이를 실마리로 2020년부터 한국연구재단의 지원을 받는 프로젝트가 선정되어 3년간의 노년 철학 공동 연구를 시작했다.

처음 연구 계획서를 작성할 때부터 부딪힌 어려움은 마땅히 참고할 수 있는 선행 연구가 거의 없다는 점이었다. 노년을 사회복지 차원이나 기타 정책 차원에서 접근하며, 포괄적으로 노인학gerontology이라고 부를 수 있는 분야에서는 비교적 활발한 논의가 이루어져 왔다. 하지만 우리가 염두에 두고 있던 노년에 대한 철학적 관점의 논의는 극히 미약한 상황이었다.

이런 문제는 서양철학사를 개괄적으로 살펴보고 난 후에도 좀처럼 해결되지 않았다. 서양철학자들 가운데서도 노년에 대한 철학적 접근을 본격적으로 보여 주는 경우는 손에 꼽을 만큼 적었기 때문이다. 이런 상황에서 우선 우리는 서양철학사에서 잘 드러나지 않고 있는 노년에 대한 철학자들의 숨어 있는 단편적 견해를 발굴해 내고 재구성하는 방향으로 연구를 진행했다. 더불어 이미 확립된 철학 이론을 통해 노년을 새롭게 바라보고, 이해할 수 있는 방안도 모색했다.

이 같은 두 방향으로 연구를 수행하기 위해 공동 연구원들은 공통으로 참고할 만한 저술과 주요 논문들을 함께 모여서 읽고 토론하는 과정을 3년 동안 꾸준히 진행했다. 이런 과정을 거쳐 처음 계획했던 내용이 수정되기도 하고, 새로운 내용이 첨가되기도 했다. 3년의 연구 기간을 거쳐 연구원들은 각자의 성과를 학술지에 약 2년 동안 게재하기 시작했고, 학술지에 게재된 연구 성과를 바탕으로 이번에 드디어 최종 결과물이라 할 수 있는 공동 저서를 출간하게 되었다. 여러 가지 어려운 상황 속에서 성실하게 연구에 임해 주신 여러 선생님들께 깊은 감사의 말씀을 드린다.

사실 처음부터 주도면밀하게 준비하고 시작한 프로젝트는 아니었지만, 노년에 대한 연구를 진행하면서 점점 더 이 주제의 중요성과 절실함을 깨닫게 되었다. 인간은 누구나 태어나서 죽음을 맞이하며, 그런 종말은 당연히 주된 관심사가 될 수밖에 없었다고 할 수 있다. 하지만 이에 비해 노년이나 늙음은 철학뿐만 아니라 다른 인문학 분야에서도 크다지 큰 주목을 끌지 못했다. 이는 단순히 과거에는 평균 수명이 너무 짧아서 노년이라는 시기 자체를 경험할 수 있는 여지가 그만큼 적었기 때문만은 아닌 듯하다. 왜냐하면 예전에도 평균 수명에 비해 장수하는 노인들이 소수이기는 하지만 분명 존재했고, 그들의 이야기가 전해져 오기 때문이다. 그렇다면 왜 죽음과 달리 노년은 늘 그림자처럼 따라다니면서도 주변부에 머물러 있어야 했을까?

여러 가지 이유가 있겠지만 죽음은 직접 경험할 수 없어서 마치 우리와 무관한 사건처럼 객관적으로 고려하는 데 큰 부담이 없었다고 한다면, 노년은 인간으로서 결코 흔쾌히 받아들이기 쉽지 않은 부정적이고 우울하며 추한 특징들, 가령 신체적 노화와 질병, 사회적 관계의 단절과 고립, 경제적 궁핍 등을 대놓고 스스로 직면할 수밖에 없는 사건이기 때문이 아닌가 싶다. 그래서 노년은 누구나 언젠가 경험할 수밖에 없는 보편성을 지님에도 불구하고 은폐와 외면과 괄시의 대상이 되어 왔던 셈이다. 물론 은폐와 외면과 괄시의 이면에서 사람들은 노년의 부정적 면모에 대해서는 알레르기를 일으키면서도 정작 자신은 무병장수를 염원한다.

『걸리버 여행기』에서 불멸 불사하는 존재인 스트럴드블럭Struldbrugg이 가진 늙음의 추함을 적나라하게 묘사했던 조너선 스위프트Jonathan Swift는 사람들의 이 같은 모순된 욕망을 다음과 같이 표현했다. "누구든 오래 살기를 원하면서 늙는 것은 원하지 않는다." 이 같은 욕망은 현재 한국 사회가 보여 주고 있는 노년에 대한 이중적 태도와 정확히 일치한다. 많은 이들은 건강 관리를 하고, 몸에 좋은 음식을 찾으며, 조금이라도 더 젊은 상태로 오래 살기를 원한다. 이른바 안티에이징이나 헬스 케어 산업의 범람은 이 같은 시류에 편승하고 있다. 하지만 한국 사회에서 노인으로 분류되는 계층은 사회적 부담과 시혜의 대상으로 전락한 지 이미 오래이며, 기피나 혐오의 표적이 되고, 심하면 학대까지 당한다. 노인에 대한 이런 부정적 사고방식은 사회복지학이나, 사회 정책학 등 노인학을 구성하는 주요 분과 연구에서도 노인을 일방적 시혜의 대상으로 여긴다는 점에서 거의 당연한 전제로 자리하고 있다.

초고령화 사회로 막 진입한 한국에 사는 우리는 이 같은 국면에서 기존 노인학을 비판적으로 검토하고, 당면한 문제들을 가시적이고 실증적인 차원을 넘어서 깊이 있게 고찰하기 위해 노인이 마주한 노년이 과연 무엇이며, 그런 시기가 삶에서 갖는 의미가 어떠하고, 바람직한 노년을 보내기 위해서는 경제적 여유 외에도 무엇이 요구되는지 등을 이론적이고 규범적인 차원에서 묻고 설득력 있는 해석을 제시할 수 있는 철학적 관점의 시도가 긴박하다고 여겼다. 우리 연구의 필요성은 바로 여기에 있었다.

2 서양철학사와 이론을 통해 본 노년

하지만 노년학 등의 접근이 결여하고 있는 노년에 대한 철학적 통찰이라고 칭할 수 있는 연구가 과연 어떤 형태로 이루어져야 하는지의 문제는 사실 지금까지도 여전히 우리 머릿속을 떠나지 않는 풀기 어려운 화두가 되고 있다. 다시 말해 지금 여기 내놓는 성과물이 엄밀한 의미에서 노년에 대한 철학적 관점의 접근이라는 필요성과 취지에 명실상부 부합하는 내용인지 아직 감히 단언하기 쉽지 않다. 하지만 그럼에도 한 가지 자신하는 점은 우리 연구가 노년에 대한 철학적 성찰을 위한 작은 디딤돌은 충분히 될 수 있다는 사실이다. 그런 의미에서 이 저서를 바탕으로 노년에 대한 독자적인 철학적 이론을 확고하게 정립하고, 바람직한 노년에 대한 규범을 분명하게 제안할 수 있는 후속 연구가 계속 활발하게 이어질 수 있기를 바라 마지않는다.

우리는 고심 끝에 노년에 대한 철학적 관점의 성찰을 다음과 같이 진행하기로 결정하고 실행에 옮겼다. 즉, 보편화된 노년을 철학적으로 고찰하기 위해 노년이 과연 무엇이고, 어떤 특징을 가지고 있으며, 다른 시기와 차별성은 무엇인지 등 노년의 의미를 이론적으로 검토한 다음, 이에 기반하여 한국 사회가 직면한 여러 가지 노인 문제에 대응할 수 있는 규범적 실천적 지침, 가령 과연 어떤 방식의 노년이 바람직한지 방향성을 제시하고자 했다.

이를 위해 우선 죽음의 문제와 달리 철학사 이면에 숨어 있던 노년에 대한 단편적인 철학적 견해를 발굴하고 재구성하기 위한 노력을 기울였다. 고대의 마르쿠스 툴리우스 키케로와 현대의 시몬 드 보부아르를 제외하면 노년을 직접 다룬 철학적 결과물이 거의 없는 상황에서 우리는 키케로와 보부아르의 명시적 입장을 다루면서 르네 데카르트의 기계론, 게오르크 헤겔의 사변적 자연철학, 아르투어 쇼펜하우어의 의지 형이상학 안에 담겨 있는 노년에 대한 견해를 새롭게 구성하기 위해 경주했다. 이런 노력의 결과물이 바로 이 책 1부의 내용이다.

다음으로 우리는 자연과학적 노화 이론들과 서사적 정체성, 폴 리쾨르의 서사적 시간, 존 로크의 인격 동일성 이론, 데이비드 흄의 발전적 감성 개념, 행화주의 감정 이론, 아리스토텔레스의 효 개념, 존 스튜어트 밀의 대의 정부론 등을 통해 노년을 다각도로 바라보면서 분석하고, 규범적 실천적 지침을 끌어낼 수 있는 가능성을 모색하고자 했다. 이와 같은 시도의 결과물이 이 책 2부 내용을 이룬다. 이제 책의 세부 내용으로 좀 더 들어가 보자.

1장에서는 키케로가 이야기한 노년의 행복과 우정에 대해 살펴본다. 『노년론』을 쓴 키케로에 의하면, 흔히 사람들은 노년에 활동을 할 수 없고, 몸이 쇠약하며, 쾌락이 줄어들고, 죽음에 대한 불안감에 시달린다고 불평한다. 키케로는 노년에도 정치와 정신 활동을 할 수 있고, 농사일도 할 수 있다고 반박한다. 체력 저하는 절제 있는 생활로 늦출 수 있으며, 정신 활동을 늘려 체력에서 잃은 것을 보상받을 수 있다. 감각적 쾌락에 대한 욕구 감퇴는 오히려 노년에 누릴 수 있는 큰 축복이다. 죽음에 대한 공포는 노인뿐만 아니라 모든 시기의 사람들이 공통으로 느끼는 것이다. 다음으로 키케로는 특별히 노년의 행복이 우정과 관련 있다고 보았다. 『우정론』에서 그는 노년의 우정이란 극한 우울함과 외로움 속에서도 서로 농담을 주고받고 대화하면서 슬픔에서 헤어나와 잠시 웃음 짓게 만들며, 감정적 지지와 위안을 준다고 주장한다. 노년의 친구란 없어도 있는 것이고, 가난해도 풍요로운 것이고, 병약해도 강건한 것이고, 죽어도 사는 것이다. 따라서 우정이야말로 노년을 행복하게 만드는 희망이며, 진정한 우정은 노년에 완성된다.

2장에서는 안티에이징의 데카르트적 비전과 인간 신체의 형이상학에 대해 다룬다. 데카르트는 인간이 자연의 주인으로서, 외적 자연뿐 아니라 의학의 발달을 통해 내적 자연, 즉 질병과 노화까지 극복할 수 있으리라 내다보면서 트랜스휴먼과 생명공학적 안티에이징을 예고했다. 이 낙관론은 실제로 얼마나 획기적인 것이며, 이를 뒷받침하는 데카르트의 이론적 근거는 무엇인가? 이 물음에 답하기 위해 첫째, 데카르트 당대까지도 막강한 영향력을 끼치고 있던 클라우디오스 갈레노스가 노화를 어떻게 다루었는지 다룬 다음, 노화 현상에 대한 데카르트의 기계론적 설명이 갈레노스 전통과 어떤 점에서 단절하는지 제시한다. 둘째, 노화의 제거 가능성에 대한 데카르트의 낙관론이 인간 신체에 대한 두 가지 상이한 형이상학적 관점을 토대로 한다고 보고, 이 두 관점이 각각 데카르트의 낙관론을 어떻게 뒷받침하는지 보여 주는 동시에 어떤 문제를 남기는지 고찰한다.

3장에서는 헤겔 철학에서 인간의 유한성과 노년이 어떤 의미를 갖는지 살펴본다. 유한한 인간의 삶은 죽음을 향해 가는 단선적이고 획일적인 흐름이 아니라 각각 완결된 여러 시기로 구성된다. 이러한 삶의 구조에 대한 철학적이고 존재론적인 고찰의 단초는 헤겔 철학에서 발견된다. 헤겔은 사변적 자연철학의 관점에서 유한한 개체의 삶과 죽음을 고찰하면서 전체로서 보편 생명의 운동을 강조하며, 보편 생명이 자기운동 속에서 어떻게 개별 생명이 되고, 이 개별 생명을 지양하여 어떻게 다시 자기로 회귀하는지 서술한다. 그런데 주목해야 할 사실은 유한한 인간 개체가 단순히 생물학적인 차원에 머물러 있는 존재자가 아니라는 점이다. 헤겔은 정신Geist을 본질로 삼고 있는 인간 개체가 생물학적 차원을 넘어서서 정신을 토대로 역사적 세계 속에서 자신을 완성한다고 역설한다. 따라서 이 장은 자연 세계에 속하는 생물학적 삶과 역사적 세계에 속하는 정신적 삶을 모두 포괄하는 헤겔의 존재론적 관점에서 유한한 인간 개체의 삶이 맞이하는 노년과 죽음의 참된 의미를 고찰한다.

4장에서는 쇼펜하우어가 이야기한, 맹목적 의지의 부정으로서의 노년에 대해 살펴본다. 쇼펜하우어는 자연철학적 관점에서 인간을 포함한 모든 개체의 탄생 및 성장과 노화와 죽음을 맹목적 의지의 관점에서 설명한다. 그에 따르면 자연의 순환 운동, 즉 자신을 개체화하고 동시에 소멸시키는 반복적 운동은 맹목적 의지에 의한 것이다. 그리고 맹목적 의지는 끊임없이 새로운 개체들을 산출함으로써 종種의 유지를 목적으로 삼는다. 이 관점에서 볼 때 인간 개체의 탄생, 성장, 노화, 죽음은 자연의 운동 속에서 나머지 존재자들과 상이한 인간 고유의 실존적 의미를 지니지 않는다. 그런데 다른 한편 역설적으로 쇼펜하우어는 삶을 긍정하는 맹목적 의지를 부정하고 순수한 인식에 도달할 수 있는 인간 존재의 고유성을 탐구한다. 더욱이 그는 이 고유성이 인간 삶의 마지막 단계라 할 수 있는 노년에 더 잘 성취될 수 있다고 강조한다.

5장에서는 노년에 관한 드문 철학서를 쓴 보부아르의 사상을 살펴본다. 보부아르의 『노년』은 "한 인간이 노년에도 인간으로 남아 있기"를 요구하는 휴머니즘적 요구와 그렇지 못한 문명사회에 대한 비판이라는 맥락에서 읽혀 왔다. 반면 노인에 대한 보부아르의 휴머니스트적 태도와 별도로 그녀가 노년 자체에 어떤 가치를 부여했는지의 물음은 이러한 문명 비판의 목소리에 가려져 왔다. 여기서는 노년이란 타자를 통해 지각되고 내가 아닌 타자에 속하는 것으로 경험된다는 '실감할 수 없음'이라는 개념을 중심으로 노인 배제와 노년에 대한 저항의 현상학적 구조를 보여 주는 동시에, 보부아르 자신의 부정적 노년관을 비판적으로 분석한다. 그리고 '마치 노년이 없는 양 살라'는 보부아르의 결론이 삶의 의미란 미래를 향한 기투와 초월에 있다고 여기는 그녀의 실존주의 철학이 도달한 일관된 결론이라는 점과, 동시에 그것이 어떤 자기모순에 빠지는지 짚어 본다.

다음으로 2부의 내용을 간략히 살펴보자. 6장에서는 노화를 해명하려는 여러 과학 이론을 기반으로 노화에 대해 살펴본다. 생명체는 스스로를 분해하고 재구성하며 물리적 요동을 극복하고, 이러한 끊임없는 자기 분해-재구성 운동에서 발생하는 오류에 대처하는 복구 기제들도 발전시켜 왔다. 노화는 바로 이 복구 기제에 문제가 생겼을 때 일어난다. 데이비드 싱클레어의 정보 이론은 이 손상 복구 기제에 주목하여 노화란 생명체의 현재 자기와 미래 자기 사이의 연결과 관련된 문제라고 주장한다. 노화는 현재의 자기를 유지하기 위해서 미래의 자기를 생산하기 위한 활동을 중단하는 일이 반복될수록 현재의 자기도 변질, 파괴되는 현상이다. 생명체에게 현재의 자기는 결국 미래의 자기를 생산하기 위해서 존재하는 것이지만, 현재의 자기를 유지하기 위해서 미래의 자기와 단절된다면 이는 곧바로 이 현재의 자기가 존재할 근거가 상실되는 것이기 때문이다. 하지만 그렇다고 현재의 자기가 겪는 손상을 그대로 둔다면 이 역시 현재의 자기가 파괴되는 결과에 이를 것이다. 따라서 노화는 생명체의 경우 현재의 자기와 미래의 자기 사이에서 생명 자원을 어떻게 분배할지 하는 문제를 일으킨다. 이 문제에 대한 객관적인 정답은 물론 존재하지 않는다. 그러므로 노화는 단순히 자연과학적인 문제가 아니라 윤리적, 정치적, 사회적 고찰을 요구하는 철학적 문제다.

7장에서는 노년과 서사적 정체성에 대해 짚어 본다. 노년에는 이전 나의 모습과 현재 내 모습의 불일치뿐만 아니라 내가 생각하는 나의 모습과 다른 사람들이 생각하는 내 모습 사이의 불일치가 존재한다. 이런 점에서 노년은 살아온 시간을 돌아보면서 '나'는 누구인가라는 물음을 다시 떠올리는 시기이고, 따라서 정체성을 재정립해야 하는 시기이기도 하다. 이 부분에서는 고유하고 본질적인 노년의 가치를 '이야기 정체성' 혹은 '서사적 정체성'에서 찾아보고자 한다. 인간은 자신의 정체성을 이야기로 만들어 가는 존재이고,

나아가 우리의 자아는 이야기하기 자체라고도 할 수 있다. 이야기-말하기는 능동적이고 역동적인 과정이다. 서사적 정체성은 나이 듦을 단순히 일련의 변화 혹은 사건이 아니라 전체 삶에 대한 관점의 변화로 이해하게 한다. 즉, 나이 듦이나 노년의 삶을 우리가 겪는 고통이 아니라 자기 형성과 자기 해석의 창조적 과정으로 볼 수 있는 가능성을 열어 준다. 나이가 들어 감에 따라 신체적 쇠락을 경험하지만 이러한 자기 해석을 '더' 잘할 수 있는 가능성도 생긴다.

8장에서는 노년에 대한 한 가지 철학적 성찰로 노년이 마주한 시간을 어떻게 이해할 수 있는지 밝히고, 그런 규정을 통해 결과하는 태도의 변경 가능성을 모색한다. 우선 노년은 유한성을 마주한 시간이라고 규정할 수 있고, 유한성에 대한 부정적 태도의 바탕에 놓여 있는 것은 연대기적 시간관이다. 노년에 대한 대표적인 철학적 접근을 보여 준 보부아르 역시 암암리에 연대기적 시간관에 사로잡혀 있다. 연대기적 시간관에 기초하여 노년을 바라보는 보부아르의 비관적 전망에 비판적으로 대응하는 방법은 행동으로 현재의 시간적 질서를 만들어 내거나, 과거를 항상 현재 속에 포함된 차원으로 이해하는 식이다. 그리고 이런 접근 방식을 넘어서 유한성을 좀 더 확실하게 긍정할 수 있게 해 주는 관점은 주관적 시간과 객관적 시간을 이야기를 통해 매개할 수 있다고 간주하는 리쾨르의 서사적 시간관이다. 서사적 시간은 물리적 시간에 능동적으로 대처하게 해 주고, 유한한 삶을 의미 있는 작품으로 완성하게 만들며, 세대의 연속 속에서 개인의 삶을 이해하게 해 준다.

9장에서는 로널드 드워킨이 재구성한 마고Margo라는 인지증 환자의 사례를 통해 노년의 인격 동일성 문제를 다룬다. 마고는 과거에 정상적인 인지 상태였을 때, 만약 자신이 인지증에 걸린다면 잠재적으로 치명적인 상태에서도 치료를 받지 않겠다는 의사를 밝힌 사전연명의료의향서를 작성했다. 드워킨은 정상적인 인지 상태에 있던 과거의 마고가 내린 판단이 인지증에 걸린 현재 마고의 판단보다 중요하다고 주장한다. 이에 대해 여기서는 건강한 중년의 척도를 현재의 마고를 판단하는 유일한 척도로 삼지 말고 판단 기준을 다원화해야 한다고 주장한다. 드워킨은 마고의 사례를 3인칭의 외부 관점에서 고찰하며, 3인칭 관점의 극대화는 인간의 사물화 경향을 초래한다. 이러한 인간의 사물화 경향을 막기 위해서는 인지증 환자 당사자 내면의 목소리, 곧 1인칭의 내부 관점이 반영되도록 해야 한다. 이런 맥락에서 로크부터 현대에 이르기까지 인격 동일성 이론을 검토하고, 인간, 인격, 인격 동일성 같은 용어의 정확한 의미를 분석한다.

10장에서는 창조적 노화 모델을 통해 나이 듦의 장점을 논한다. 창조적 노화 모델을 받아들이면 노화의 장점에 주목하게 되고, 노인은 사회에서 필요한 존재가 된다. 여기서는 이렇게 생각할 수 있는 근거로서 노인의 자질 중 '지혜'를 든다. 이를 위해 흄의 '발전적 감성 progressive sentiment' 개념과 창조적 노화 모델의 근간이 되는 '발달 지능'을 비교한 후 흄의 발전적 감성은 지혜를 노년의 강점으로 볼 수 있게 한다는 사실을 보인다. 다음으로 흄의 '차분한 정념calm passion'과 라르스 토른스탐의 '노년 초월Gerotranscendence' 모델을 비교함으로써 100세 시대를 맞이하여 노년에 대한 새로운 의미를 제시해 보고자 한다.

11장에서는 노년의 우울에 대해 살펴본다. 이를 철학적으로 분석하기 위해 우울감을 감정으로 보고, 감정을 가능성에 대한 감각으로 정의할 수 있다. 감정에 관한 이러한 입장은 행화주의enactivism

감정 이론에 해당한다. 행화주의 감정 이론은 감정의 내용을 우리 앞에 미리 주어진 세계에 대한 표상으로 보기보다는 우리가 행위를 하는 과정에서 '창출'되는bringing forth 속성으로 본다. 행화주의 창시자라고 불리는 프란시스코 바렐라의 전통을 따라 노년 우울감을 신체화된 활동을 중심으로 논한다. 또 여기서는 노년 우울증을 치유하기 위한 철학적 토대로서 어포던스 형이상학을 제시한다. 이 장에서 논하고자 하는 감정 어포던스는 행위를 촉발하도록 한다. 감정과 연관된 어포던스는 동기가 될 수 있으며, 상황 의존적 또는 맥락 의존적이다. 이러한 맥락에서 이 장에서 다루는 우울증은 자신이 처한 상황 때문에 동기 유발이 어렵거나 행위를 촉발할 수 없는 경우에 해당한다. 끝으로 노화로 인한 우울증 치료를 위해서는 활동성에 대한 전통적 견해를 재고해 볼 필요가 있다. 노년을 더욱 긍정적으로 바라보기 위해서는 활동을 더 폭넓게 이해하고 의존성에 대해서는 덜 부정적인 관점을 취해야 한다.

12장에서는 현대적 효 개념과 아리스토텔레스의 효 개념을 살펴본다. 오늘날 고령사회가 되면서 효의 의미는 무엇이며, 효가 다른 노인 문제처럼 국가 정책이나 복지 정책으로 해결될 수 없는 극히 개인적이고 윤리적인 문제인지 논의가 활발하다. 특별한 관계를 중시한 현대 철학자들은 가족 내의 효에 주목하면서 다음과 같이 크게 다섯 가지로 설명한다. 1) 채무 이론 2) 감사 이론 3) 특별한 재화goods 이론 4) 우정 이론 5) 사회 역할 이론. 여기서는 현대 이론이 제시한 효 개념이 결여하고 있는 설명을 아리스토텔레스의 효 개념을 중심으로 재구성한다. 『니코마코스 윤리학』 8권과 9권 친애 장에서 아리스토텔레스는 효의 의미를 친애로 설명하면서 우정 이론 안에 채무 이론과 감사 이론도 포함시킨다. 이때 친애란 감정이나 친밀성을 뜻하는 것이 아니라 일종의 덕이며, 효란 단순히 부모님을 사랑하는 감정이나 자신에게 희생을 바친 부모님에게 빚을 갚거나 감사하는 행위를 넘어 덕을 주고받는 고귀한 사랑이 될 수 있다. 또한 효의 문제는 자녀들만의 문제가 아니며 부모의 고귀한 행위 역시도 공동체와 국가로 확대될 수 있다.

끝으로 13장에서는 실버 민주주의의 문제를 다룬다. 실버 민주주의는 현재의 민주주의 선거 제도 아래에서 노년층 유권자의 수와 비율이 크게 증가하면서 결국 노년층의 표심이 전체의 의견으로 결정되는 현상, 달리 말해 정치 영역에서 노년층의 영향력이 지나치게 증대되는 현상을 의미한다. 일찍이 영국 철학자 밀은 『대의 정부론』에서 한 사회에서 특정 집단이 지나치게 많은 수를 차지할 경우 다수의 횡포로 인해 민주주의 체제 자체가 크게 흔들릴 것을 지적하면서 이에 대한 해결책으로 사회의 일부 구성원에게 복수 투표를 허용할 것을 주장했다. 현재 실버 민주주의의 해결 방안 또한 밀의 주장을 응용해 청년 세대 또는 미래 세대의 대리인에게 복수 투표권을 부여하는 방향으로 나아간다. 이외에도 지역이 아니라 연령층을 기준으로 국회의원의 의석을 분배하는 방안, 비례대표를 미래 세대의 대표로 대체하는 방안 등이 논의된다.

3 노년에서 무엇을 배울 것인가?

이상의 연구 성과는 앞서도 언급했듯이 서양철학사와 철학 이론을 활용하여 노년을 깊이 있게 성찰하려는 작업의 결과물이다. 이런 시도는 국내는 물론 국외에서도 본격적으로 이루어진 적이 드문 만큼 그 성공 여부나 정도와 무관하게 나름대로 충분한 의미를 갖는다고 할 수 있다. 몇 년 전 연구를 시작할 때만 해도 한국은 아직 초고령화 사회로 진입하기 전이었는데, 이 책을 출간하기 얼마 전 드디어 우리나라도 초고령화 사회가 되었다는 보도를 접했다. 이런 엄중한 현실을 맞이하여 노년에 대한 여러 가지 실질적 차원의 숙고와 대응도 절박하지만, 긴 안목으로 볼 때 그런 숙고와 대응의 바탕이 될 수 있는 노년에 대한 이론적 탐색과 바람직한 노년에 대한 규범적 물음의 중요성이 가장 크다는 점에서 우리 연구는 고유한 가치를 지닌다.

그런데 노인과 노년에 대한 철학적 성찰은 단순히 우리가 일방적으로 노인을 위해 혜택을 베풀거나 도움을 주기 위해서가 아니라는 점을 명심할 필요가 있다. 오히려 역으로 파국으로 치닫고 있는 현대 문명이 노년과 노인의 삶에서부터 배워야 할 점이 많다고 할 수 있으며, 태도의 그런 획기적 전환만이 향후 인류의 지속 가능성을 담보할 수 있을 것이다. 현대 문명은 성장과 속도와 효율성을 최우선적 목표로 내세우며, 그런 문명이 가져온 발전과 성과가 역설적으로 바로 오늘날 위기의 근원이라고 할 수 있다. 물론 현대 문명의 이 같은 경향성을 단번에 바꾸기는 힘들다. 하지만 대안에 대한 모색이 절실한 상황이라는 점은 분명하다. 그리고 우리는 그런 대안적 방향을 인간의 유한성과 취약성을 인간 자신의 본질로서 명확하게 인식할 수 있는 노년의 삶 속에서 찾을 수 있을지 모른다.

요컨대 지칠 줄 모르고 앞으로만 치달으면서 뒤를 돌아볼 수 있는 여유를 갖지 못했던 젊은 층이 주도해 온 문명이 앞으로 계속 존속할 수 있기 위해서 새로운 가치로의 전향이 절실하며, 이런 전향을 위해서 인간의 한계와 제한성을 겸허히 받아들이고, 새롭게 사회를 구성해야 한다는 분명한 메시지를 얻을 수 있는 원천은 노년의 삶에서 드러나는 유한성을 포용하는 지혜가 될 수밖에 없을 듯하다. 이제 여기 내놓는 작은 책이 이 같은 지혜의 중요성을 널리 환기하는 계기가 되었으면 더 바랄 것이 없겠다.

또 한 가지 덧붙이고 싶은 점은 앞서 '보편화된' 노년이라는 표현을 사용하기는 했지만, 과연 노년이 보편적인지 의구심을 쉽게 떨칠 수 없다는 사실이다. 왜냐하면 이 연구를 통해 문제 삼고 해결을 모색하고자 했던 많은 사안이 모두에게 동일한 듯이 보이지만 사실상 노년에 이른 어떤 사람들에게는 거의 크게 문제가 되지 않을 수 있는 반면, 또 다른 어떤 다른 사람들에게는 너무나 심각하고 어려워서 도저히 우리의 논의로는 다루기 불가능한 경우도 분명 존재할 것이기 때문이다. 죽음은 누구나 맞이할 수밖에 없다는 측면에서 죽음의 보편성을 논할 수 있지만, 실제로 죽음을 맞는 방식과 환경은 천차만별일 수밖에 없듯이 마찬가지로 노년 역시 누구에게든 다가오지만, 누구에게나 공평하게 주어질 수는 결코 없을 것이다. 향후 연구를 좀 더 심화하기 위해서는 노년의 보편성에 감추어진 노년의 엄연한 위계와 차이에 대해서도 눈감지 말아야 할 것이다.

2025년 초여름

철학사 ^{1부} 속의

노년

1장

키케로를 통해 본 노년의 행복과 우정

장미성

1 노년은 인생의 비극인가?

오늘날을 120세 시대로 규정하고 있지만, 고대의 여러 문헌에 따르면 먼 옛날에는 오히려 더 환상적인 수명을 누렸다. 고대 그리스 로마 문학에서는 300세 혹은 500세의 인물들이 등장하고, 유대교의 역사서인 『구약성서』에는 969세까지 살았던 므두셀라가 등장한다 (「창세기」 5장 27절). 그러나 그리스신화에 나오는 새벽의 여신 에오스와 트로이의 왕자 티토노스의 이야기처럼 우리가 원하는 것은 끝이 없는 불사의 삶이 아니라 늙지 않는 영원한 삶agelessness이라면 노인은 결코 행복의 문턱에 다가갈 수 없는 것처럼 보인다.

　헤시오도스는 『일과 날』에서 판도라의 항아리 안에 죽음의 운명을 가져다주는 병을 심어 이 항아리가 열린 이후 인간은 재앙 속에서 갑자기 늙어 버렸다고 말했다(90~94). 올림푸스의 신들도 노인 신들을 좋아하지 않았다. 나이 든 신은 포악하고 타락했으며, 젊은 신들에게 왕위를 뺏기거나 죽임을 당하는 등 세대 간의 갈등을 보여 주었다. 고대 그리스 서정시인 밈네르모스나 희극 작가 아리스토파네스도 자신의 작품에서 노인들을 비웃는다.

하지만 고대 그리스 로마 작품에 노년에 대한 혐오만 있었던 것은 아니다. 최초의 작품인 호메로스의 『일리아스』에 등장하는 노인인 네스토르는 지혜의 대명사였고, 아테네인들에게 노인은 지혜자이자 철학자와 동일시되었다. 이런 이유로 로마의 법률가 칼리스트라투스는 "노인은 우리나라에서 언제나 존경받았다"라고 기록했다(Digest of Roman Law 50. 6. 6 pref.). 그렇다면 노년은 인생의 비극이 아니라 지혜로 존경받는 유일한 시기일까? 노년에 대한 이런 모순적 해석에 대해 철학적으로는 어떻게 분석될 수 있을까?

서양철학사에서는 노년에 관한 철학적 작품이 여럿 있었지만 지금 현존하는 것으로는 고대 로마 키케로의 『노년론』과 현대 보부아르의 『노년』 뿐인데, 특이하게도 이 두 작품에서 그리는 노년의 모습은 정반대로 노년에 대한 모순적 해석을 더 강조한다. 키케로는 노년을 인생의 황금기로 그린 반면, 보부아르는 그것을 인생의 비극으로 그리기 때문이다. 그렇다면 왜 키케로는 현실과 다르게 노년을 인생의 행복한 시기로 그렸을까? 키케로뿐만 아니라 키케로에게 영향을 준 플라톤과 아리스토텔레스에 따르면 실제로 행복은 노년에만 가능하다고 할 수 있는데, 이런 주장이 시사하는 바는 무엇일까?

키케로는 62세에 『노년론』과 『우정론』을 집필했는데, 두 작품에는 노^老카토와 라일리우스라는 로마의 유명한 연설가들의 이름이 붙어 있다. 키케로는 두 작품 모두를 아티쿠스라는 자신의 친구에게

헌정했다. 그리고 『우정론』 도입부에서 『노년론』을 언급한 것으로
보아 두 작품은 긴밀하게 연결되어 있다. 따라서 '고령화 속도보다
빠른 노인 혐오'나 '노화 공포증'까지 등장한 우리 사회에서 어떻게
노인들을 지혜를 지닌 존경의 대상으로 바라볼 수 있는지 두 작품을
검토하면서 살펴보고, 노년의 행복이 무엇인지에 대해 생각해 보자.

2   키케로 이전의 노년 철학: 플라톤과 아리스토텔레스

플라톤은 『티마이오스』 81b~e에서 노화 현상에 관해 자세히 기록
했다. 사람은 태어나면서부터 늙어 가기 시작하는데, 사실 그 진행
속도는 사람마다 다르다. 유전적 차이와 사회적 상황, 문화적 환경
등이 생물학적 신체적 변화를 느리게도, 빠르게도 만들기 때문이다.
그럼에도 불구하고 노화는 근본적으로 생물학적 현상이며, 인간의
수명은 한정되어 있다. 인간은 자신의 외부에 있는 무수한 입자들
과 끊임없이 부딪히면서 마모를 겪게 된다. 입자들이 몸 안으로 들
어오기도 하고, 반대로 몸 안의 입자들이 밖으로 나가기도 하면서
몸 안의 원소들은 비움과 채움의 신진대사 과정을 반복한다. 이때
밖에서 흘러 들어오는 것보다 안에서 더 많이 나갈 때 우리 몸은 쇠
퇴하고 더 적게 나갈 때 성장한다고 플라톤은 설명한다(물론 이런 생
각은 플라톤의 것이라기보다 동시대 의학 지식을 따랐던 것으로 보인다).

　따라서 노년이란 몸의 요소들이 다른 요소들과 오랜 시간에 걸
쳐 많은 싸움을 치러 내느라 그 뿌리가 느슨해져 양분으로 들어오
는 것들을 더 이상 자신들과 닮은 것들로 쪼개지 못하고 오히려 자
기들의 밖에서 다가드는 것들에 의해 손쉽게 분해되는 것이다. 그
리고 마침내 골수와 관련된 삼각형들을 묶어 주던 끈들이 노고를

더 이상 견디지 못하고 풀리면 그것들은 다시 혼의 끈들을 놓아 주게 되고, 자연스럽게 풀려난 혼은 즐겁게 날아가 버린다. 질병이나 부상에 의한 죽음은 고통스럽고 강제적인 반면, 노령과 더불어 본성에 따른 임종은 죽음 가운데서도 가장 고통이 덜하며, 괴로움보다는 즐거움이 더 많이 따른다는 것이다. 나이 들어 자연스럽게 죽는 것이야말로 행복의 조건일 수 있으며, 이런 의미에서 노인만이 이런 즐거움의 주인공이 될 수 있다.

아리스토텔레스도 『자연학 소론집』 중 「수명의 길고 짧음에 관하여」에서 왜 어떤 유類가 다른 유보다 더 오래 사는지(왜 말이 사람보다 수명이 짧은지), 왜 같은 종인 인간 안에서도 어떤 사람이 다른 사람에 비해 더 오래 사는지, 또한 더운 곳에 사는 인간들이 대체로 추운 곳에 사는 인간들보다 더 오래 사는지 검토한다. 결론적으로 아리스토텔레스는 따뜻함과 습기를 성장과 생명의 원인으로 보고, 이와 반대되는 마르고 차가운 것이 노화의 원인이라고 지적한다.

그 다음 작품인 「젊음과 노년에 관하여」에서는 동물들의 몸을 머리, 가슴, 배로 나누면서 가장 중요한 부분은 체온의 근원이 되는 심장이 있는 가슴이라고 말한다. 동물들은 모두 타고난 자연적 열을 지니는데, 심장 부분이 차게 되면 모든 것이 파괴되며, 결국 죽음은 열의 소멸이라고 규정될 수 있다. 이런 의미에서 남자는 여자보다 더 오래 사는데, 남자가 여자보다 열과 습기(정자)가 더 많기 때문이다.

아리스토텔레스는 이 작품에서 식물과 동물의 성장과 죽음에 대해 설명하고, 인간의 죽음에 대해서는 언급하지 않기 때문에 아쉬움은 있지만, 그는 실질적인 노인에 관한 분석을 『수사학』에서 제시한다. 노인들을 우유부단하고 심술궂으며, 모든 것을 나쁜 측면에서만 보며, 의심하고, 의기소침하며 좀스럽다고 평가한다. 또한 인색하고 겁쟁이며, 지나치게 이기적이고 파렴치하며, 비관적이고 이익의 노예다. 물론 이런 설명은 아리스토텔레스의 생물학적 분석에 기인하는데, 노인의 이런 성격은 차가움 때문이라는 것이다. 노년이 되면 비겁해지기 마련인데, 겁은 일종의 찬 기운이다.

생물학 작품이나 『수사학』과는 달리 『니코마코스 윤리학』에서 아리스토텔레스는 다른 설명을 제시한다. 그에 따르면 행복이란 우리 모두가 추구하는 인생의 목적으로 최고선이다. 행복은 완전하고 자족적인 것이기에, 한 마리의 제비나, 하루가 봄을 만드는 것이 아닌 것처럼, 행복도 하루나 짧은 시간으로 되는 것은 아니다. 따라서 어린아이는 행복한 사람이 될 수 없으며, 오히려 삶의 마지막인 노년기에 행복한 사람으로 평가될 수 있다는 것이다. 아리스토텔레스는 "모든 것의 끝을 주목해야만 하고, 어떻게 그 끝이 맺어지는지를 보라"라고 말한 솔론의 이야기처럼 누가 행복한지 말하기 위해서는 그 사람의 마지막을 주목해야 한다고 가르친다.

어느 정도 길고 완결된 시간 안에서, 그리고 그 시간 동안 크고도 고귀한 일을 성취한 후에야 우리는 비로소 행복해지는 일이 가능할 것이기에, 다시 말해서 행복은 덕에 따르는 영혼의 활동이고, 완전한 생애를 필요로 하기 때문에, 어린아이나 청장년이 아닌 노인만이 진정한 행복에 다가갈 수 있다.

3 키케로가 말하는 노년의 행복

키케로 역시 아리스토텔레스의 행복 개념을 받아들여 노년의 행복에 관해 설명한다. 『노년론』은 84세가 된 노老카토가 죽기 전에 30대인 스키피오와 라엘리우스에게 이야기를 들려주는 형식으로 쓰였다. 두 청자는 훌륭한 노년을 보내고 있는 카토에게 자신들도 나중에 카토처럼 살 수 있도록 조언을 구하는데, 키케로는 자기 작품의 독자들을 노인들뿐만 아니라 훌륭한 노인이 되기를 바라는 젊은이들도 염두에 둔 것처럼 보인다.

키케로는 이 작품으로 노년에 대한 대반전 드라마를 계획한다. 대부분의 사람은 노년에는 신체적 질병으로 인해 고통스럽고, 신체적 쾌락도 감소하며, 노년의 위상은 계속 추락하고, 임박한 죽음으로 인해 공포에 시달린다고 믿는다. 하지만 키케로는 각 문제를 검토하면서 노인이 된 뒤에도 왕성한 활동을 펼친 많은 이들을 본보기로 소개한다.

노년에는 신체적 질병으로 인해 고통스러운가?

예전에는 누구나 무병장수를 기원했다. 하지만 요즘 시대에는 평균수명이 120세가 될 것이라는 낙관적 전망에도 불구하고, 유병장수의 시대가 될 것이라는 부정적 견해가 주를 이룬다. 노년에 가장 고통스러운 것은 아마도 질병과의 싸움일 것이다. 체력이 저하되고 몸의 기능이 약화되면서 우리는 감정적으로도 고통스럽고 우울하기 때문이다. 65세 이상의 노인 80퍼센트 이상이 적어도 한 가지 이상의 만성질환(주로 관절염과 심혈관 문제)를 가지고 있다고 하고, 75세 이상의 노인은 평균 네 개 정도의 만성질환을 가지고 있다고 하는데, 이런 노년의 질병은 신체의 질병뿐만 아니라 고통에 따른 불안, 초조, 불면증 증상과 우울증과 같은 정신적 질병도 동반한다.

하지만 앞서 플라톤과 아리스토텔레스는 노화를 질병이 아닌 자연적이고 생물학적 과정이라고 설명했는데, 이는 피타고라스로부터 내려오는 고대 그리스의 전통이다. 피타고라스는 인간의 생애를 소년 20년, 청년 20년, 장년 20년, 노년 20년이라고 보면서 소년은 봄, 청년은 여름, 장년은 가을, 노년은 겨울에 해당한다고 주장했다(『유명한 철학자들의 생애와 사상』 8. 10). 따라서 키케로도 노화는 질병이 아닌 인생의 과정이고, 모든 인생의 단계는 그 앞 단계에서 영향을 받기 때문에 사실 체력 저하는 노인의 문제만이 아니라 어떤 몸으로 태어났는지 타고난 본성의 문제일 수 있고, 이전의 노력의 문제일 수 있다고 보았다. 나아가 노년이 되어 기력이 쇠하는 것은 나이의 문제가 아니라 젊었을 때 쾌락을 좇은 결과일 수도 있다는 것이다. 예를 들어 퀴로스는 노인이 되어서도 허약하다고 느껴 본 적이 없다고 말했고, 다른 사람이 아닌 카토 자신도 84세의 나이에도 불구하고 여전히 왕성한 활동을 펼치고 있다고 자랑한다. 그래서 키케로는 자신의 힘을 적절히 쓰되 최선을 다하면 체력이 부족하다고 안타까워할 일은 없다고 단언한다.

노인이 되어서도 적당한 운동과 적당한 식이요법, 절제를 통해 건강과 예전 체력을 상당히 유지할 수 있다는 것이다. 오늘날 60세 이후에 시니어 모델 활동을 하는 노인들이라든지, 70대에 보디빌더 대회에 출전하여 상을 거머쥔 노인들을 보면 키케로의 주장이 그리 현실과 동떨어진 것은 아닐지도 모른다. 나아가 체력보다 중요한 것은 나이가 들면서 더 증강될 수 있는 정신력인데, 키케로는 황소를 메고 올림피아 경주를 따라 걸었던 밀론과 말년까지 철학자였던 피타고라스 중 어떤 삶을 원하느냐고 되묻는다.

신체적 질병뿐만 아니라 기억력 감퇴 등 정신적 질병에 관해서도 키케로는 시민들 모두의 이름을 외우는 테미스토클레스와 법률가, 복점관, 철학자의 예를 들어 반박한다. 기억력 훈련에 관해서도 피타고라스의 말을 빌려 "낮에 말하고 듣고 행한 모든 것을 저녁에 마음속에 떠올려 봄"으로써 기억력 훈련을 하라는 조언도 아끼지 않는다. 이와 같이 키케로는 고령에도 최고의 비극을 쓴 소포클레스, 호메로스를 비롯한 시인들, 그리고 피타고라스와 플라톤을 비롯한 철학자들을 언급하면서 노년에 더 학구열을 불태우는 것이 가능하다고 주장한다. 현대인들이 가장 두려워하는 노인성 치매로 인한 기억력 저하와 이상 행동에 대해 우리는 뇌의 질병으로 보는데, 키케로에 따르면 이 역시도 젊었을 때 정신을 연마하지 않는 결과로 보며, 이를 젊었을 때 훈련의 부족으로 생각했다. 물론 이런 설명은 오늘날 유전적인 원인을 치매의 주된 원인으로 보는 견해와는 맞지 않지만 중요한 것은 노년에도 기억력 훈련이나 배움에 대한 학구열을 불태우는 것이 불가능하지는 않은 일이라는 점을 지적한 데 있다.

노년에는 활동을 할 수 없고, 신체적 쾌락도 감소하는가?

노년의 고통에 대해 특히 더 많이 호소하는 증상은 입맛이 떨어진다는 것이다. 입맛이 떨어지면 아무래도 음식 섭취가 줄어들게 되고, 노인들에게 음식 섭취가 부족하면 체중 감소, 영양불량, 면역력 저하, 사망률 증가 등과 같이 전반적인 건강 상태에 큰 악영향을 미치게 된다. 노화에 따라 입맛이 떨어지는 이유 중 하나는 혀나 입안, 목에 있는 미각세포가 나이가 들면서 점점 퇴화하기 때문이다. 노화로 인해 감각이 퇴화하고 줄어들면서 맛뿐만 아니라 다른 여타의 쾌락도 제대로 느끼지 못한다는 점이 노년의 고통 중 하나로 거론된다. 또한 노년에 근력과 일상 기능이 저하되면서 신체적 쾌락도 저하되며, 이와 관련된 심리적 문제도 많이 발생된다는 것이다.

키케로는 이런 문제점에 대해 은퇴 이후 노년의 활동으로 농사와 배움을 추천한다. 우선 농경 생활은 노년에도 잘할 수 있고 현인의 삶에 가장 잘 어울리기 때문이라는 것이다. 이 작품의 화자인 카토는 실재로 『농경에 관하여De Agricultura』를 썼다. 키케로는 농경을 통해 자연의 지배와 본성을 알 수 있고, 포도 접붙이는 일을 통해 창의력까지 얻을 수 있으며, 후손들을 위해 씨를 뿌리며 다음 세대들의 이익을 위해 사는 삶의 방식이야말로 칭송받을 만한 것으로 보았다.

농경뿐만 아니라 학문을 닦고 덕을 실천하는 배움의 활동 역시 노년의 최선의 무기이며, 오늘날 평생교육의 차원에서 노인들을 위한 여러 교육 프로그램을 마련하는 것도 이런 맥락에서 강조된다. 카토는 노년에 그리스어를 배운 자신의 경험을 바탕으로 날마다 무엇인가를 더 배우면서 노인이 된다는 솔론의 이야기를 강조한다.

나아가 노인이 되면 활동뿐만 아니라 신체적 쾌락이 감소한다는 문제점에 대해 키케로는 노년기에 신체적 쾌락이 없다는 것은 슬퍼할 일이 아니라 더 나은 일이라고 결론짓는다. 이러한 생각은 플라톤과 아리스토텔레스의 논의에서 기인하는 것으로, 쾌락은 플라톤부터 아리스토텔레스, 스토아 철학자들에 이르기까지 인간에게 치명적이며, 심지어 악의 뿌리로까지 여겨졌다. 왜냐하면 쾌락이 너무 오래 지속되면 정신의 빛을 완전히 꺼 버리기도 하며, 이성적 활동을 방해하고, 마음의 눈을 멀게 하여, 덕과 함께 가지 않기 때문이라는 것이다.

따라서 노년이 되어 신체적 쾌락이 감소하는 것은 슬픈 일이 아니라 오히려 좋은 일이다. 노인의 쾌락도 따로 존재하는데, 이는 감각적 쾌락이 아닌 친구들과의 만남과 대화에서 오는 쾌락, 학구열을 불태우거나 농사를 짓는 데서 오는 쾌락 등이 있다. 재미있는 설명은 노인들도 젊은이들만큼의 육체적 쾌락을 누리지는 못한다 하더라도 어느 정도의 충분한 신체적 쾌락은 느낄 수 있다고 키케로는 덧붙인다는 점이다. 공연장 맨 앞줄에 앉아 있는 관객과 뒷줄에 앉아 있는 관객을 비교하자면 맨 뒷줄에 앉아도 앞줄만큼은 아니지만 어느 정도의 즐거움을 느낀다는 것이다. 무엇보다 노년의 가장 큰 쾌락은 한가함에서 나오는데, 한가함이란 노동이나 일과는 반대되는 여가에 해당하는 것으로 은퇴한 노년에 받는 선물과도 같은 것이다. 따라서 노년에 활동이 저하되고 쾌락이 감소된다는 주장은 어떤 활동을 하느냐에 따라 다르며, 쾌락의 감소가 슬픈 일이 아니라 오히려 관점에 따라서는 덕과 관련된 행복에 한걸음 더 다가서는 일이 될 수도 있다.

노인의 지위와 역할은 계속 추락하는가?

고대 그리스와 로마 시대에 지혜자로 불리던 노인들과 달리 오늘날의 노인들은 빠르게 바뀌는 디지털 시대에 소외되고 무시당하기 쉽다. 과거와 달리 엄청나게 빠른 속도의 기술 발전에 따라 우리의 삶은 비교할 수 없는 변화를 겪고 있다. 스마트폰, 키오스크, 온라인 예매 등 디지털 서비스 등을 이용하지 못해 노인들은 사회에서 점차 소외되어 가며, 자녀들과 손자 손녀들에게 존경이 아닌 무시를 당하고 있다. 2023년 디지털 정보 격차 실태 조사에 따르면 고령층의 모바일 스마트폰 보유율은 91.0퍼센트로, 일반 국민의 스마트폰 보유율(96.1퍼센트)과 큰 차이를 보이지 않지만, 스마트 기기를 보유했다 하더라도 제대로 사용할 줄 아는 노인은 매우 적다. 2021년 서울디지털재단이 실시한 서울 시민 디지털 역량 실태 조사에 따르면 키오스크를 이용해 본 고령층은 단 45.8퍼센트에 불과했고, 키오스크뿐만 아니라 현재 우리 사회의 버스나 기차, 택시 등 많은 이동 수

단들이 온라인 예약이 없으면 이용이 어렵고, 콘서트나 영화관 등 문화 생활 전반에도 예매제로 운영되고 있어 고령층의 접근이 어려운 상황이다. 이에 보건복지부 등 노년층을 위한 디지털 교육이 강화되고 있지만, 여전히 배우기 쉽지 않다.

하지만 키케로는 오래전 스파르타에서 원로원들은 늘 노인들이었고, 실례로 노년에도 왕성한 정치력을 행사했던 퀸우스 막시무스, 루키우스 파울루스, 파브리키우스와 쿠리우스, 코룽카니우스, 압피우스 클라우디우스 등을 거론하면서 지혜자로서의 노인의 지위와 역할이 매우 중요하다고 주장하는데, 이런 주장이야말로 오늘날 유효하지 않는 것처럼 보인다.

키케로의 이런 생각은 플라톤의 주장에 바탕을 두고 있다. 플라톤은『국가』498c에서 기운이 빠지게 되어 정치와 군복무에서 물러서게 되면 그때는 철학의 초원에서 방목 상태로 지내면서, 즉 철학에 종사함으로써 행복해질 수 있다고 말했고,『법률』759b~d에서도 노년의 사제 역할을 언급했는데, 아리스토텔레스도『정치학』1329a28~34에서 자신들의 이상 국가에서 노년기 사람들에게 종교적 직책을 마련해 주면서 그들을 존경했다.

로마 사회에서는 국가에 대한 의무officium를 성실히 수행하고 그에 걸맞은 명예를 얻는 것이 중요했다. 로마인들은 플라톤이 주장했던 지혜, 용기, 절제, 정의라는 네 가지 주덕뿐만 아니라 신의 fides, 결백innocentia, 일관성constantia, 경건pietas, 종교심religio도 로마적 덕목에 포함시켰다. 이런 덕목은 정치 생활을 은퇴한 이후에도 마찬가지로 중요했는데, 이 책을 집필하던 45년경, 정치에서 물러난 키케로도 다수의 철학적 저술 활동을 하면서 나름의 국가적 사명을 수행하고 있다고 자부하고 있었다. 그는 이미 수사학에서 그리스인들을 능가했다고 자부했으며, 철학 분야에서도 그리스인들에게 필적할 업적을 라틴어로 성취하는 것이 조국 로마에 대한 봉사로 여겨졌고, 이를 통해 로마인들을 교육하는 것을 매우 중요한 임무로 생각했다.

이처럼 노년에도 훌륭한 덕을 발휘하는 노인들은 직접 정치적으로 활약하거나, 젊은이들에게 삶의 지혜를 전수해 주거나, 젊은이들에게 모범적으로 활동함으로써 여전히 중요한 정치적인 기능을 수행할 수 있다는 점을 키케로는 몸소 보여 주고자 했던 것 같다. 그때와 다르게 오늘날 디지털 시대에 노인의 역할은 마구 추락하고 있지만, 여전히 노인들은 자식들과 손주들에게 교육의 역할을 감당할 지혜로운 모습을 보여 줄 수 있을 것이다. 그렇다면 키케로와 같은 지혜로운 노인의 모습을 모델로서 보여 주는 것이야말로 시급한 때가 되었다고 볼 수 있다.

노년에는 불안과 공포로 가득 차는가?

초고령화 시대에 새롭게 등장한 사회학 용어는 '메디칼리제이션 medicalization'으로, 이는 건강공포증 또는 건강염려증과 같이 노년에 흔히 자신의 몸 상태가 실제보다 심각한 병에 걸려 있는 것처럼 생각하는 것이다. 건강에 대한 공포는 젊은이들도 가지고 있겠지만, 갑자기 쓰러지는 뇌졸중이나 암 투병으로 고통스러운 마지막 죽음을 생각한다면 노인들은 불안과 고통에 떨기 쉽다. 하지만 이런 죽음에 대한 임박한 공포는 오늘날만의 일은 아니다.

플라톤은 주위에서 존경받는, 재산이 많은 케팔로스 노인 역시 죽을 때가 되었다고 생각하면 예전에 없던 종교심을 갖게 될 수 있고, 죽음 이후에 어떤 일이 발생할지 고민하며 두려움에 떨기도 한다고 기술한다(플라톤, 『국가』 30d~e). 죽음에 대해서는 유물론적 입장과 이원론적 입장이 있다. 영혼이 물체라는 유물론적 관점에서는 죽음과 더불어 영혼도 소멸하기 때문에 불안과 걱정의 감정 역시 죽음과 동시에 사라진다. 다른 한편으로 소크라테스가 주장한 이원론적 입장에서 죽음이란 감옥 같은 몸으로부터의 영혼의 해방이기 때문에 우리는 죽음을 오히려 기뻐해야만 한다(플라톤, 『소크라테스의 변명』 40c). 이와 같이 죽음에 대한 어떤 설명이든 우리가 생각하는 죽음에 대한 공포와 걱정은 사실 아무런 문제가 되지 않는다고 고대 철학자들은 주장한다.

키케로도 자기 죽음을 통곡하거나 슬퍼하지 말라는 엔니우스의 말을 언급하면서 불멸을 얻을 죽음은 애도할 필요가 없다는 현자들의 생각을 다시 언급한다. 젊었을 때부터 죽음이 무엇인지 잘 알고 삶의 훈련을 잘 받는다면 평온한 마음으로 죽을 수 있으며, 이런 훈련을 받지 못한 어리석은 자는 마지못해 죽을 수밖에 없다. 화자인 카토도 삶이란 노고이며, 이 세상을 떠나는 것은 잠시 머물렀던 여인숙을 떠나는 것으로, 죽음 이후 존경했던 부친들을 만난다고 생각한다면 오히려 노년은 짐이 아닌 즐거운 일이라고 고백하면서 전체 이야기를 마무리한다.

나아가 키케로가 강조하고자 한 것은 죽음의 문제가 노인만의 문제는 아니라는 것이다. 오히려 젊은이는 오래 살고 싶어 하지만 노인은 이미 오래 살았기 때문에 젊은이보다 노인이 더 행복에 가깝다고 할 수 있다. 또한 아무리 오래 산다고 해도 몇 년을 살았느냐가 중요한 것이 아니라 남는 것은 덕과 올바른 행동으로 이룩한 것이며, 무대의 역할에 맞게 등장한 배우처럼 수명이 짧다고 해도 훌륭하고 명예롭게 살기에는 충분히 길다고 할 수 있을 것이다.

노년에는 가장 외롭고 고독한가?

오늘날은 외로움의 세기이며, 고립의 시대다. 그리고 가장 외로운 사람들을 생각할 때 우리는 노년층을 떠올린다. 우리나라의 경우 전체 65세 이상 노인 인구 중 독거 노인 수는 2023년 199만 3000명으로 전체 65세 이상 인구의 21.1퍼센트를 차지했다. 외로움은 감정의 문제뿐만 아니라 신체 건강을 위협하고, 이로 인해 건강보험 지출이 더 커지기 때문에 경제적 위기를 몰고 오기도 한다. 또한 외로운 노인의 존재는 사회적으로도 위험한데, 소외된 노인의 비행 행동이나 폭력과 같은 극단적 행동은 사회적 혼란을 초래하고 결속과 연대에 위협이 될 수도 있다. 따라서 외로움과 고독에 던져진 노년층에게 가장 필요한 것은 친구라고 할 수 있으며, 이는 오늘날 초고령 사회의 윤리적 탐구 주제일 뿐 아니라 고대 윤리학의 핵심 주제이기도 했다.

우정이 없으면 행복도 없다는 주장은 고대 그리스 윤리학의 특징이기도 한데, 키케로는 우정이란 "일종의 사랑 감정을 동반한 영혼의 연결에 의해서 생겨나는 것"(『우정론』 27)으로 규정한다. 온전한 애정caritas은 둘이나 소수 사이에서만 성립한다는 것으로, 우정은 다름이 아니라 모든 신적인 것과 인간적인 것을 두고 호의와 애정으로 서로 합의하는 것benivolentia et caritate consensio이다(『우정론』 20). 참된 우정이란 현자들 간의 우정인 영원한 우정을 뜻하지만, 일반인의 현실적 우정은 무엇을 친구에게 요구할 것인지, 어디까지 친구의 요구를 들어줄 것인지와 같은 심사숙고를 요구한다. 그리고 때로는 친구와 절교를 할 때도 있다. 특별히 키케로는 관직에 나가고 국사를 맡은 자들에게서는 참된 우정을 찾아보기 어렵다고 주장한다. 많은 절대 권력자들의 지위도 진실한 우정을 가로막는데, 이는 권력과 성공으로 인해 예전의 우정을 업신여기고 새로운 우정에 몰두하기 때문이다.

키케로는 자신이 『우정론』을 집필한 이유도 모든 이가 알아야 마땅한 주제이면서, 노인들을 위하기보다 청자인 젊은이들인 판니우스와 스카이볼라가 철학을 공부할 수 있는 여가가 있을 때 우정을 배웠으면 하는 마음에서 썼다고 밝힌다. 노년의 여러 가지 문제에 대해 답하면서, 키케로는 특히 『우정론』을 통해 절친의 죽음으로 인한 상실감을 절도 있게 이겨 내고 있으며, 스스로를 위로하고 있는 모습을 그리기도 했다.

키케로가 그린 노년의 우정은 서로 함께한 세월처럼 그들만의 농담을 통해 슬픔에서 헤어나와 잠시 웃음 짓게 만들면서 서로의 근심을 더는 데 있다. 또한 노년기의 우정은 솔직한 대화와 감정적 지지를 통해 인생의 마지막 장에서 자신의 초상을 바라볼 수 있게 해 준다. 노년에 가슴 속에 담아 둔 모든 것을 터놓고 함께 이야기할 수 있는 친구가 있는 것보다 더 달콤한 것은 없으며, 자신의 기쁜 일을 함께 기뻐해 줄 사람을 얻는 것이야말로 인생의 성공이라 할 수 있다(『우정론』 22).

또 다른 노년의 우정의 특징은 새로운 친구를 계속 사귀면서 세대 간의 통합을 이루는 것이다. 노인은 어렸을 때부터 사귀었던 친구와의 우정뿐만 아니라 동년배의 친구가 먼저 세상을 떠날 수도 있기에 나이가 들면서 동년배뿐 아니라 젊은이들과의 새로운 우정도 계속해서 만들어 가야 한다. 세대를 뛰어넘는 이러한 우정이야말로 상호 지원과 상호 보살핌으로 오늘날에도 심리적, 경제적, 정치적 문제를 해결할 것이다. 나아가 키케로는 죽음으로 인해 친구를 잃었을 때, 친구에 관한 그리움은 견디기 힘든 고통이지만, 친구를 기억하며 회상함으로써 큰 위안이 된다고 말한다. 노년에 느끼는 죽음에 대한 공포와 외로움에 대한 강박은 청소년기나 장년기에 비해 더 심해질 수 있지만 키케로는 그렇기 때문에 우정이야말로 노년에 가장 필요한 것이며, 죽음이 임박한 시절에 우정과 더불어 과거를 회상하여 인생을 돌아보는 것이야말로 친구가 있어야만 가능하다고 주장한다.

친구란 "없어도 있는 것이고, 가난해도 풍요로운 것이고, 병약해도 강건한 것이고─말하기 힘든 것이지만─죽어도 사는 것"이다(『우정론』 23). 친구의 부재도 나에게 위안이 될 수 있다는 것이야말로 노년의 우정의 가장 큰 특징이라 할 수 있다(『우정론』 104). 사실 노인에게 친구란 가족보다 유사성이 많은 사람이다(『우정론』 33). 아주 오래된 노년의 우정은 세월을 품은 포도주처럼 더없이 달콤하며(『우정론』 67), 우정의 과업을 완수하기 위해서는 소금 몇 말은 함께 먹어야 한다. 그리고 어쩌면 참된 우정은 노년에만 가능할지도 모른다.

4 무엇이 노년의 행복을 좌우하는가?

결론적으로 키케로는 플라톤과 아리스토텔레스와 마찬가지로 노년에 언급되는 문제들이 나이 때문이 아니라 젊었을 때부터 훈련되어야 할 성격 때문이라고 진단한다. 키케로는 노년의 신체적 활동이나 우정이 자연적 본성에서 우러나오는 것이라고 했지만, 그리고 인간은 본성상 덕을 사모한다고 했지만, 노년까지 이어지는 덕의 훈련과 우정은 어찌 보면 자연스러운 행동의 패턴은 아니다. 특별히 우정은 호의와 애정을 가진 서로 간의 합의이며 덕을 통해서 얻어지는데, 실제로 노년의 우정은 이어 가기 힘든 것이다. 그래서 우정은 덕이 있는 사람들 사이의 것이며, 진정한 우정으로 가는 길은 스스로 덕을 얻기 위한 노력에서 시작된다(『우정론』18, 81~82).

앞서 말했듯이 인생의 여러 단계는 연결되어 있으며, 노년기의 행복 역시 청년기와 장년기를 어떻게 보냈는지와 관련이 있다. 따라서 노년에 발생하는 대부분의 문제들 역시 나이의 문제라기보다 인생의 전 단계를 어떻게 보냈느냐의 문제일 수 있다. 보부아르는 "노인의 상태는 사회적 정황에 달려 있다"라고 결론 내렸지만, 키케로를 포함한 고대 철학자들은 노인의 상태를 우리에게 달린 것이라고 주장한다. 노인이 되어 신체적 저하와 쾌락의 저하가, 죽음의 임박함에 따른 마음의 불안과 공포가 온다고 하더라도, 그리고 가장 사랑하는 친구의 죽음을 맞닥뜨린다고 하더라도 충분히 행복할 수 있다. 왜냐하면 행복이란 인간의 최고선이며, 덕과 관련이 있기 때문이다. 현대적 의미에서 행복을 쾌락과 같은 것으로 보거나, 아니면 행복하다고 느낄 때 행복하다고 생각하는 주관적 감정으로 본다면 노인은 행복하지 않는 것처럼 보인다. 하지만 고대 철학자들처럼 행복은 덕과 관련이 있고, 인생의 풍성함으로 본다면 우리는 인생의 각 단계를 거쳐 경험과 지식을 쌓고 좋은 습관과 훈련을 통해 훌륭한 사람이 되어 노년에야 비로소 행복에 도달할 수 있다.

키케로에 따르면 노년의 최선의 무기란 학문을 배우고 덕을 실천하는 것이며, 오랜 세월 가꾸어 온 덕과 우정이야말로 노년의 열매이자 훌륭한 삶과 행복의 핵심이다. 우리 사회에도 이런 삶을 살았던 노인들을 젊은이들의 삶의 모델로 보여 준다면, 그리고 진정한 행복과 우정이 무엇인지 어렸을 때부터 깨닫게 된다면 노년의 행복에 관한 논의는 교육적이고 진취적인 모습으로 탈바꿈할 수 있을 것이다.

　노년의 신체적, 경제적 결핍과 외로움은 진정한 행복과 필연적 관계를 맺고 있는 것은 아니다. 오늘날의 노인 문제는 경제적 빈곤이나 신체적 질병 문제에 초점을 맞추는 경향이 있다. 생산성의 개념에서 인간을 평가하고 신체적 쾌락으로 행복을 바라보다 보니 은퇴 이후 노인의 삶을 사회적 기능에서 단절되고, 빈곤과 질병으로 인한 고통의 삶으로 생각된다. 하지만 노인은 사회가 부양하고 행복을 책임져야 하는 부담스러운 존재가 아니라 사회 공동체와의 연결선상에서 여전히 조언자와 덕의 모델로서 충분한 역할을 할 수 있다. 따라서 노년에 관한 키케로의 논의는 노인의 긍정적인 사회적 역할을 회복시키는 데 있으며, 자연스러운 삶의 과정인 늙어 감을 걱정하고 혐오하거나, 오직 의학적 기술로 젊음을 강박적으로 추구하는 현대인의 시선에 시사점을 던져 줄 수 있을 것이다.

　고대의 그리스 로마 철학자들은 식이요법과 운동만을 강조하면서 장수를 행복으로 여기는 오늘날의 가치관을 비판할 것이다. 행복은 건강한 신체에 있지 않고, 덕을 수양하며 잘 사는 데 있다. 이런 의미에서 키케로는 노년을 스산하고 황폐한 겨울이 아닌, 수확의 계절인 가을로 비유한다. 그리고 그에게 죽음은 자연적인 것이며, 오랜 항해 끝에 항구에 들어서는 배와 같다.

　결국 이 작품들 속에서 키케로는 노년이 과연 행복할 수 있는가에 대해 여러 성공한 노인들을 대거 출현시킴으로써 '권위로부터의 논증'으로 설득하고자 한다. 물론 이러한 논증이 성공하기 위해서는 경제적, 사회적 전제가 충족되어야 하는데, 오늘날 우리의 사회는 로마 시대와 다르며, 키케로 시대에 통용되던 권위가 더 이상 통용되지 않는다고 말할 수 있을 것이다. 그리고 키케로가 제시한 노년들이 과연 오늘날에 몇 명이나 될지에 관해서도 부정적일 수 있다. 그럼에도 불구하고 키케로는 끊임없이 진정한 행복을 추구하며 살았던 선현들을 인생의 모델로 보여 줌으로써 로마 시대뿐만 아니라 오늘날 우리 사회의 젊은이들에게도 적용될 수 있는 불변의 진리인 '어떻게 살아야 하는가', '어디에 가치를 두어야 하는가'라는 질문에 대한 대답을 제시하고 있는 셈이다. 나아가 노년의 문제는 젊었을 때의 훈련 결과이며, 영혼을 돌보는 것이 철학이라고 생각했던 소크라테스처럼 키케로도 영혼의 활동이 신체적 활동보다 더 중요하며, 인생의 단계에 맞는 탁월함을 연마하고 즐거움을 누리는 것이 더 중요하다는 것을 보여 주고자 했다.

우리가 목표로 하는 것은 노년의 신체적 쾌락과 건강, 부, 권력과 같은 외적 좋음이 아니라 친구와 함께 철학을 함으로써 죽음을 연습하는 것이며, 마음의 평정을 이루는 것이다. 노년의 행복이란 훌륭하게 살았다는 의식과 훌륭한 일을 많이 했다는, 전 인생의 풍성함이며 기억일 수 있다. 그렇다면 우리는 노년이 된 것만으로도 행복에 더 가까워졌다고 말할 수 있다. 아니면 덕을 행복의 핵심으로 보는 고대 철학자들 모두가 주장하듯이 행복과 진정한 우정은 어찌 보면 노인들만이 누릴 수 있는 것일 수 있다. 또한 노년은 인생의 비극이 아닌 신의 축복일 수 있다는 키케로의 주장이 그리 불가능해 보이지 않는다.

2장

데카르트와 안티 에이징

김은주

1 늙음은 자연적인 과정인가?

아침에는 네 발로, 점심 때는 두 발로, 저녁 때는 세 발로 걷는 것이
누구냐는 스핑크스의 수수께끼는 인간에게 늙음이 삶의 자연적 사
이클에 포함된다는 생각을 포함한다. 영혼이 불멸한다는 것이 종교
적이거나 심지어 철학적인 믿음의 대상으로 남아 있을 수 있어도
신체가 늙지 않는다거나 죽지 않는다고 생각하기란 어렵다. 그러나
근대 철학의 창시자 데카르트는 이처럼 늙음이 정상적인 인간 삶의
한 과정이라는 생각에 도전한다. 우리 인간이 "자연의 소유자이자
주인"이 되리라는 『방법서설』의 예언에는 삶의 이런 '자연적 주기'
에 대한 도전 또한 포함되어 있다.

사람들이 의학에서 알고 있는 모든 것은 장차 알아야 할 것에 비하

면 거의 아무것도 아님을 인정하지 않는 사람은 아무도 없으며 (…) 또 신체와 정신의 무수한 질병들 그리고 어쩌면 노쇠마저도, 만일 사람들이 이것들의 원인들에 대한 인식과 자연이 우리에게 마련해 준 모든 치유책에 대한 인식을 충분히 가진다면 면할 수 있다(AT VI, 62쪽; 데카르트, 2022, 90쪽).

여기서 그는 인간이 "자연의 지배자이자 주인"으로서 외적 자연을 지배하리라는 것뿐만 아니라 의학을 통해 내적 자연, 즉 질병과 노화까지 극복할 수 있으리라 내다보면서 트랜스휴먼과 생명공학적 안티 에이징을 예고한다(Mirkes, 2019).

이와 같은 의학적 꿈은 『방법서설』에서 거의 처음이자 가장 선명한 색채로 제시되기는 하지만, 서신들은 데카르트가 그것을 진지하게 믿었다는 것 역시 알려 준다. 그는 의학을 통해 수명을 30~40년 정도가 아니라 100년 정도를 더 늘릴 수 있다고 말하기도 했고(AT I, 434~435쪽), 심지어는 "자신의 생애를 불멸까지는 아니라도 〔성서에 나오는〕 족장들의 생애만큼은 늘릴 수 있다"라고 공언했다고 전해진다(AT XI, 671~672쪽). 성서에서 족장들은 때로 천 살 가까이 살기도 했다고 하니, 데카르트의 기대는 오늘날의 관점에서 보아도 과도하다. 그래서인지 그가 1650년 2월 2일 54세의 나이에 갑작스러운 병으로 앓아눕기 시작한 뒤 단 11일 만에 죽었을 때, 안트베르펜의 『가제트La Gazette』지는 "자신이 원하는 만큼 오래 살 수 있다고 말했던 한 미치광이가 스웨덴에서 사망했다"라고 비아냥거리기도 했다(Grmek, 1968, 20쪽). 데카르트의 의학적 작업만이 아니라 섭생의 규칙을 가까이에서 지켜본 피코 신부는 데카르트가 "(스웨덴에서 그의 기계〔데카르트의 신체〕를 고장나게 한 것과 같은) 외적이고 폭력적인 원인이 없었다면" 더 오래 살았으리라고 합당한 논평을 했다(AT IX, 671쪽). 그러나 만일 그랬다면 데카르트가 "여러 세기를 살 기예를 발견한 후에 500년을 살았을 것"이라고 덧붙인다. 피코의 이런 짐작은 생명 연장에 대한 데카르트 자신의 과도하리만큼 낙관적인 전망에서 유래했을 것이다.

그러나 오늘날 진행되는 생명공학적 안티 에이징은 데카르트의 꿈이 실로 '과도'했는지 다시 묻게 한다. 의심의 대가였던 데카르트가 어떻게 이런 낙관을 가지게 되었는지, 이 낙관이 정당화될 수 있는지, 혹은 그 이면에 어떤 난점을 포함하고 있는지를 따져 보는 것은 의미 있는 일일 것이다. 이를 위해 먼저 데카르트 당대까지도 지배적 위치에 있던 갈레노스의 의학적 전통에서 노화를 어떻게 다루며, 데카르트가 이 전통으로부터 무엇을 이어받고 또한 단절하는지를 살펴보자.

2 노화, 자연적 과정에서 '질병'으로

데카르트, 근대적 안티 에이징의 출발

인간은 살아 있는 동안 이런저런 방식으로 노화의 효과를 통제해 왔고, 이런 종류의 관심을 넓은 의미의 '안티 에이징'이라 부를 수 있다. 안티 에이징은 노화의 효과를 되돌리거나 늦추는 과정이나 이 과정을 돕는 약물로 정의되며, 크게 세 가지로 나누어 볼 수 있다.

첫째는 안티 에이징 화장품의 사용처럼 겉으로 드러난 노화의 표징을 감추거나 없애기 위해 관련 제품을 사용하거나 시술을 받는 것이다. 이것이 안티 에이징이라는 용어의 유래이기도 한데, 애초에 그것은 상업적 관심에 의해 이용되기 시작했다.

둘째는 규칙적 운동이나 소식小食과 같은 식이요법 등을 통해 노화의 부작용을 줄이고 노화의 속도를 늦추는 것이다. 여기에도 화장품이나 약품 복용이 포함될 수 있지만 차이는 삶의 양식 전반을 바꾸는 방법으로 노화에 대처한다는 것이다. 이 둘째 의미의 안티 에이징은 오랜 전통을 가진 것이다. 특히 헬레니즘 시대부터 중세와 르네상스를 거쳐 데카르트 당대까지도 지배적 위치를 차지하고 있던 갈레노스의 의학은 이 둘째 의미의 안티 에이징 기획을 담고 있다. 노화를 제거 불가능한 것으로 보되, 다만 식음과 환경, 운동과 휴식과 관련된 건전한 삶의 습관을 유지함으로써 노화를 늦추고 건강한 노년을 살도록 하는 것이다. 이 점에서 갈레노스의 의학은 영약 같은 것으로 불로장생을 꿈꾸는 신비주의적 흐름과 대조적으로 노화에 대처하는 합리주의 전통을 대표한다고 할 수 있다.

이 기획을 노화를 늦춘다는 의미에서 슬로우 에이징이라고 부른다면 셋째는 노화를 아예 제거하려는 시도로서의 급진적인 안티 에이징을 들 수 있다. 방금 말한 비의적인 방식의 불로장생의 노력도 여기에 포함되겠지만, 대표적으로는 오늘날 유전자 개입을 통한 노화 예방을 들 수 있겠다. 『방법서설』에 표현된 데카르트의 발상은 이 마지막 입장의 원조라 할 수 있다. 특히 비의적 전통과 단절하고 원인에 대한 과학적 인식을 바탕으로 과학적 기술을 통해 원인 자체에 개입함으로써 보편적인 안티 에이징을 추구한다는 점에서 말이다. 여기에는 노화를 '자연적' 과정으로 보아온 전통 개념과의 단절이 함축되어 있다. 갈레노스 전통과의 대비를 통해 이 단절의 양상을 보다 자세히 살펴보자.

갈레노스에게서 램프의 비유와 시간적 과정으로서의 노화

갈레노스 의학은 본성적(자연적)인 것과 비본성적인 것, 그리고 반본성적인 것이라는 세 범주에 따라 고찰될 수 있다(Aucante, 2006, 52쪽; Galen, 2023 중 Singer, 39~43쪽). 우선 '본성적인 것kata phusin'으로는 히포크라테스의 4체액(혈액, 점액, 황담즙, 흑담즙)과 이 체액에 특정 성질(습, 열, 건, 냉)을 부여하는 4원소(물, 불, 흙, 공기), 그리고 체액에 따라 결정되는 기질, 그 외에 기관과 사지 같은 단단한 신체 부분과 정기들이 있다. 각자의 기질은 지배적 체액이 무엇인가에 따라 결정되지만 네 체액은 모든 신체에 있으며 건강은 이 네 체액의 균형을 통해 정의된다.

다음으로 '비본성적인 것ou phusei'(Jarcho, 1970, 372~377쪽)에는 주변 공기, 식이요법, 배설과 채움, 잠과 깸, 운동과 휴식, 영혼의 정념 등 여섯 가지가 있다. 이에 따라 계절이나 장소, 습관 등이 건강에 영향을 미치는 중요한 조건으로 작용한다.

마지막으로 '반본성적인 것para phusin'은 질병과 같은 병리적 상태다. 건강이 네 체액의 균형으로 정의되는 것과 마찬가지로 질병도 체액 균형의 파괴로 설명되며, 주된 치료법 역시 체액의 방출이다. 특히 4체액 가운데 혈액이 가장 중요하므로 열이 많을 경우 혈액을 뽑아내는 사혈 또는 방혈 요법은 데카르트 당대까지 주된 치료법으로 통했다. 데카르트 자신 역시 죽기 전에 한사코 거부하다가 거의 마지막 순간에 처치되었던 것이기도 하다(Bailler, 2022, 435~445쪽).

이와 같은 전반적 구도에서 갈레노스 학파는 노화를 대체로 다음과 같이 설명한다(Gilleard, 2015, 489~511쪽).

첫째, 삶에는 자연적인 단계가 있다. 사고나 질병으로 요절하지 않는 한 누구나 성장과 발달, 절정, 완만한 쇠퇴와 노망이라는 단계를 거친다. 따라서 노화는 늦출 수는 있어도 피할 수는 없다. 아리스토텔레스에서 시작하여 갈레노스 자신이 종종 사용하고 이후 아비켄나에 의해 체계적으로 이용된 램프의 비유는 이를 잘 보여 준다. 램프는 본래부터 불과 연료를 가지고 있지만 언젠가는 이 불은 꺼지고 연료는 고갈되게 되어 있다. 연료를 적절히 사용하거나 외부에서 보충하여 사용 기한을 조금 더 늘릴 수는 있지만 램프가 영구적으로 켜져 있을 수는 없다.

둘째, 노화는 체액 균형의 자연적 파괴 과정이다. 열과 습이 자연적으로 줄어들고 건과 냉이 자연적으로 증가하는 것이다. 램프의 비유에서 불에 해당하는 것이 심장의 자연적 열이고, 이 열을 유지시키는 연료가 습이다. 램프의 비유에서 흔히 떠올리는 것과 달리 열은 불처럼 신체를 태우는 것이 아니라 신체를 낳고 온몸으로 퍼지고 힘을 전달하면서 성장을 조절한다(Galen, 1971, 376쪽). 또한 연료가 불을 보존해 주듯 습은 열을 보존해 주지만, 열은 습을 흡수하는 능력이기도 한다. 유아기에는 습이 열보다 많아서 신체를 데우고 빠르게 성장할 수 있다. 이렇게 열의 양이 늘어나면서 습이 고갈되기 시작하며, 습의 빠른 고갈을 막기 위해 성장과 발달은 중지된다. 이렇게 해서 인간은 삶의 정점에 도달한다. 그러고 나면 타고난 열은 식고 습은 줄기 시작한다. 더 정확히 말해 삶의 정점이 지난 다음에는 습을 끌어들이는 열의 능력이 쇠퇴한다. 이처럼 습과 열이 줄어들고 건과 냉이 늘어나 체액의 균형이 파괴되는 것이 노화다.

셋째, 노화의 속도와 과정은 각 개인이 타고난 기질에 따라 다르다. 가령 선천적으로 체액 균형이 잘 잡힌 사람은 노화가 더디게 진행될 수 있다. 그러나 식이요법이나 환경적 요인처럼 앞서 말한 비본성적인 것이 영향을 미칠 수 있다. 언젠가는 자연적 열을 상실한다는 것은 본성에 내재된 위험이기 때문에 비본성적인 것을 통해 보완해 주어야 할 뿐만 아니라 그것을 통해 지연시킬 수 있다. 이것은 갈레노스가 남긴 가장 오래 지속되는 유산이기도 하다.

이처럼 노화에 대한 갈레노스 의학의 목표는 노화를 가급적 늦추고 노년에도 건강하게 사는 것이다. 이것은 오늘날의 칼로리 제한에 상응하는 식이요법, 규칙적 운동, 정념의 조절 등의 방법을 통해 질병을 줄이려는 일종의 슬로우 에이징일 수는 있어도, 옛날(비의적 기술이나 영약을 통해)부터 오늘날(유전자 조작 기술을 통해)까지 줄기차게 되살아나는 영생의 꿈을 포함하는 안티 에이징일 수는 없다. 물론 노쇠는 증명을 통해 필연적인 것으로 입증된 것이 아니라 어쩌면 반복되는 경험과 관찰을 통해 지지되어 온 개연적인 사실에 불과할 수 있다. 그러므로 필멸성이 입증되지 않았다는 이유로, 인간과 같은 동물이 스스로를 돌보는 법을 알지 못해서 늙고 죽을 뿐이를 알면 영생을 누릴 수 있으리라는 궤변론자가 있을 수 있다. 실제로 갈레노스는 『쇠약에 대하여De marasmos 혹은 De marcore liber』에서 영생을 설교하는 한 노인의 사례를 통해 이런 궤변을 소개한다 (Galen, 1971, 374쪽). 갈레노스는 이 궤변에 흥미를 보이되 경험을 존중하여 노화를 필연적이기보다 '불가피한 것'이라는 의미에서 자연적인 것이라고 결론 내린다.

그런데 흄 이후 시대를 사는 우리는 궤변의 혐의 없이 늙지 않는 인간을 생각할 수 있지 않은가? 따라서 노화가 단지 개연적인 사실에 불과하며 필연적 과정은 아니라고 주장할 수 있지 않을까? 노화의 극복 가능성에 대한 데카르트의 공언과 오늘날의 급진적인 안티 에이징의 관점은 적어도 논리적으로는 이 노인의 논변과 같은 토대를 가지고 있을 것이다. 다만 영생을 추구하는 자들처럼 노화를 피하기 위한 비의적 기술arcana을 찾는 대신 노화의 원인에 대한 생리학적 인식에 바탕을 둔 과학적 기술을 추구하고, 그래서 소수의 개인이 아니라 인류 전체가 노화로부터 면제될 가능성을 내다본다는 결정적 차이가 있다. 데카르트가 생각한 노쇠의 기전이 과연 어떤 것이었기에 그가 이렇게 전망할 수 있었는지, 그것이 갈레노스의 설명과 어떤 점에서 달라지는지를 살펴보자.

데카르트에게서 피 입자들의 배치와 공간적 관계로서의 노화

데카르트의 의학은 "오류 불가능한 증명들"(1630년 1월 15일, 데카르트가 메르센에게 보내는 편지, AT I, 15~16쪽)의 연쇄를 토대로 자연학과의 연속선상에서 추구한 과학적 의학과, 데카르트 자신의 신체에 대한 경험이나 지인들과의 대화를 바탕으로 한 경험적 의학으로 나누어 볼 수 있다. 그리고 후자의 측면에서 보면 노쇠에 대한 데카르트의 태도는 연금술 등을 통해 영생을 추구하는 비의주의자보다는 노화를 적절히 통제하려는 갈레노스의 합리적 전통에 더 가깝다. 다음 절에서 다시 살펴보겠지만 실제로 데카르트가 자기 자신이나 메르센, 클레르슬리에, 파스칼, 엘리자베스 왕녀와 같은 서신교환자에게 제시한 요법을 보면 식이요법, 온천욕, 영혼의 정념 통제 등 실천적 처방에서 '비본성적인 것'을 이용하는 갈레노스의 전통과 크게 다르지 않아 보인다.

　이론적 수준에서도 데카르트는 피의 순환을 발견한 윌리엄 하비의 근대적 생리학을 공유하면서도 갈레노스 전통의 용어들을 상당히 물려받았다. 외적 감각(외감)이나 내적 감각(배고픔, 갈증 등), 정념(쾌락, 고통, 기쁨, 슬픔 등), 그리고 병리학적 현상에 이르기까지 데카르트적 생리학의 기본 요소는 심장과 온 신체를 이어 주는 정맥과 동맥, 신경 같은 도관들과 이 도관 속에 흐르는 미세한 입자들인 정기들이다. 『방법서설』에서 데카르트가 이 정기들을 "아주 미세한 공기와 같은 것, 아니 오히려 아주 순수하고 생기 있는 불꽃"(AT VI, 54쪽, 데카르트, 2022, 80쪽)과 같은 말로 부르는 데서 알 수 있듯 이 정기들은 갈레노스가 스토아로부터 물려받은 프네우마에서 유래한다. 그리고 갈레노스가 자연적 열을 생명의 원천으로 보았듯이, 데카르트도 이 정기들을 움직이게 하는 원천을 심장 안에 있는 '빛 없는 불'(AT VI, 46쪽; 데카르트, 2022, 71쪽)로 보았다. 정기들의 분류에서도 갈레노스가 스토아의 유물론적 영혼론과 플라톤 아리스토텔레스의 영혼 삼분설을 절충한 분류, 곧 (간에서 만들어져 정맥을 통해 양분을 전달하는) 자연적 정기와 (심장에서 만들어져 동맥을 통해 피와 생명력을 전달하는) 생명적 정기, 그리고 (뇌에서 만들어져 신경을 통해 감각과 사유, 운동을 조절하는) 동물적 정기의 분류를 따른다.

그러나 용어들의 동일성에도 불구하고 그것을 뒷받침하는 이론적 하부 구조에서 데카르트는 갈레노스적 전통과 근본적으로 단절한다. 무엇보다도 그가 말하는 정기는 영혼과 아무런 관련이 없고, 역학적 법칙을 따르는 순전히 **물리적인 입자**들에 불과하다(데카르트, 2013, 26~33쪽, 10~16항; 1643년 6월 19일, 아돌프 보르티투스에게 보내는 편지, AT III, 686~689쪽). 데카르트 역시 갈레노스의 자연적 열처럼 '빛 없는 불'을 통해 피의 순환을 설명하지만, 정기들의 운동은 자연적인 불에 의한 발효의 모델에 따라서가 아니라 "체의 모델"(Aucante, 2006, 232쪽)을 통해, 즉 입자들을 분리하는 구멍의 크기와 형태를 통해 순전히 물리적으로 설명된다. 덧붙여 갈레노스가 각 개인의 기질을 체액의 종류에 따라 분류하고 각 개인의 건강은 체액의 균형을 통해 정의한다면, 데카르트는 각자의 기질을 정기라 불리는 피 입자들의 운동과 배치에 따라 설명한다. 각자의 기질은 특히 정념의 습성에 따라 결정된다(1645년 10월 6일, 데카르트가 엘리자베스 왕녀에게 보내는 편지; AT IV, 311쪽). 기질에 따라 상이한 정념을 갖기도 하지만 기질 자체는 정념이 만들어 낸 결과인 것이다.

이런 이론적 배경 아래 이제 그가 노화를 어떻게 설명하는지를 보자. 『정념론』 출판과 비슷한 시기인 1648년에 집필되고 데카르트 사후 클레르슬리에 의해 『인간론』과 함께 출판된 『인간 신체에 대한 서술La description du corps humain』에 제시된 노화의 기전은 다음과 같다.

[A] 사람이 젊을 때는 단단한 부분을 구성하는 작은 섬유들petits fillets이 아직 서로 매우 단단히 결합되어 있지 않고, 유체가 흐르는 통로가 비교적 넓기 때문에 이러한 작은 섬유들의 움직임이 나이가 들었을 때보다 덜 느리다. 그리고 이 작은 섬유들의 뿌리에 더 많은 물질이 붙고, 끝부분에서 떨어져 나가는 물질은 적다. 그리하여 섬유들은 더 길어지고, 더 강해지고, 더 굵어지게 하며, 그 결과 신체가 성장하게 된다. 그리고 이 작은 섬유들 사이를 흐르는 체액humeurs의 양이 많지 않을 때, 그것들은 그것들이 담겨 있는 도관을 비교적 빠르게 흘러가서 이로 인해 신체가 길어지고 단단한 부분들이 성장은 하면서 살은 찌지 않는다.

[B] 그러나 이 체액들이 매우 풍부할 때, 그것들은 단단한 기관들의 작은 섬유들 사이로 쉽게 흘러갈 수 없게 된다. 이로 인해 특히 가지처럼 매우 불규칙한 모양을 하고 있어 섬유들 사이를 통과하기 가장

어려운 체액의 일부가 점차적으로 상호 간에 정지하고, 거기서 지방을 형성한다. 이 지방은 살처럼 고유한 의미의 영양분을 통해 성장하는 것이 아니라 죽은 물질의 경우처럼 단지 그 일부가 서로 간에 정지하고 엉겨 붙어 형성되는 것이다.

그리고 체액이 다시 덜 풍부해질 때, 그것들은 더 쉽게 그리고 더 빠르게 흐르게 된다. 이는 섬세한 물질과 그것들에 동반되는 정기가 체액을 더 강하게 움직일agiter 힘을 갖기 때문이다. 이로 인해 체액은 점차 지방의 일부를 흡수하여 함께 운반해 가며, 그 결과 사람은 야위게 된다.

〔C〕 그리고 나이가 들수록 단단한 부분을 구성하는 작은 섬유들이 서로 더 단단히 결합하여, 결국 특정 수준의 경도에 도달하게 되면 신체는 성장을 완전히 멈추고 심지어 더이상 영양분을 섭취할 수도 없게 된다. 이로 인해 단단한 부분들과 유동적 부분들 사이의 불균형이 너무 커져서 결국 노화 그 자체가 생명을 앗아 가게 되는 것이다(AT XI, 249~250쪽).

갈레노스가 노화를 자연적 열의 감소와 이에 따른 체액 균형의 파괴를 통해 설명했던 것과 달리 여기서 데카르트는 그것을 오직 피 입자들의 물리적 배치 및 운동과 정지의 양태에 따라 설명한다. 피 입자들의 배치 상태에 따라 고유한 의미의 성장과 살찜(그리고 야윔)을 구별하고, 노화는 성장이 아닌 살찜과의 연속선상에서 설명하는 것이다.

〔A〕 먼저 성장은 작은 섬유들이 단단하게 결합되어 있지 않고 서로 간에 비교적 빠른 속도로 운동하며, 이 섬유들을 담고 있는 도

관도 비교적 넓어서 체액이 빨리 지나가면서 영양분을 흡수하고 부분들이 새로 생성되는 경우다. (B) 반대로 체액이 너무 많아져 도관을 잘 지나가지 못하고 그 결과 상호 정지 상태가 되면서 지방이 끼게 되는데, 이것이 성장은 하지 않고 살이 찌는 경우다. (C) 나아가 단단한 부분을 이루는 작은 신경줄들이 서로 밀착하고 굳어져서 더 이상 영양분을 흡수할 수 없게 되고 단단한 부분과 유동적 부분들의 불균형이 너무 커질 때 이것이 노화다.

여기서 주목할 것은 첫째, (A), (B), (C) 간에 정도상의 차이만이 있다는 점이다. (A)에서 (C)에 이르기까지 차이는 작은 섬유들의 유연성, 즉 그 부분들 상호 간의 운동 속도와 체액의 빠르기, 즉 체액을 이루는 입자들 상호 간의 운동 속도가 점차 느려진다는 점에 있다. 둘째, 그럼에도 성장이 일어나는 (A)와 그렇지 않은 (B), (C) 사이에는 단절이 있고, (B)와 (C) 사이에는 성장의 중지라는 연속성이 있다. (B)와 (C)는 공히 체액을 이루는 입자들 간의 상호 정지의 우세로 정의되며, 다만 이런 경화의 정도가 심해져서 영양분을 아예 흡수할 수 없게 되고 신체 전체의 불균형이 커질 때 병리적 현상으로서의 노화 (C)가 일어나는 것이다. 달리 말해 노화는 본성상 **성장의 중지**와 다를 바 없고, 이 때문에 **병리적인 것으로서의 노화와는 구별**된다. 성장의 중지에 머무르면서도 영양분을 계속 흡수할 정도로 경화를 피할 수 있다면 나이를 계속 먹으면서도 질병으로서의 노화를 막을 수 있는 원리적 가능성이 생기는 셈이다.

물론 이와 같은 물리화학적 설명은 노화의 기전(어떻게)은 제시한다 하더라도 노화의 원인(왜)을 제시하지 못한다는 점에서 한계가 있다. 가령 섬유질과 체액은 왜 점점 더 굳어지는가? 갈레노스는 심장의 자연적 열이 식고 습기가 줄기 때문이라고 말할 것이다. 데카르트는 조직을 이루는 입자들 상호 간의 운동 속도가 느려져서 영양분을 더 이상 흡수하지 못하게 되는 기전을 말할 뿐 운동 속도가 느려지는 이유를 밝히지는 못한다.

그러나 이 점은 데카르트만의 문제는 아니다. 오늘날까지도 세포 노화의 원인에 대한 단일하고 충족적인 이론은 존재하지 않는다(Carvallo, 2011, 31쪽; 또한 이 책의 6장 참조). 가령 세포 증식에서 중요한 역할을 한다고 알려진 텔로미어가 세포 분열을 거듭할수록 짧아진다는 이론이나, 대사 과정에서 산출되는 자유기free-radicals가 다른 세포로부터 산소를 빼앗아 간다는 이론, 마지막으로 번식 기능을 다하여 자연선택의 압력에서 벗어난 개체가 유전자 활동에 영향을 미치는 돌연변이를 제거하지 않고 내버려 둔 결과 해당 연령대 특유의 질병에 쉽게 노출된다는 진화론 등 다양한 이론이 동원되어야 할 뿐만 아니라 각 이론도 최종적이지 않다.

더구나 데카르트의 설명은 노화를 세포와 조직의 대사 활동metabolism 저하에 따른 성장의 중지로 보는 찰스 마이넛과 같은 현대적 노화 이론의 선구로도 볼 수 있다(Grmek, 1968, 294쪽). 더 일반적으로 말해 데카르트의 물리화학적 설명은 시간적 주기에 따른 자연적 현상으로 받아들여지던 노화 현상을 **공간적 관계**로 설명한다는 점에서(Carvallo, 2011, 8쪽) 노화에 대한 근대적 인식의 출발점으로 간주할 수 있을 것 같다. 이런 이론적 발상이 실천상의 급진적인 안티 에이징의 시도로 넘어가기는 용이한 일일 것이다. 노화가 시간적인 것이 아니라 공간적 입자 운동의 양태로 환원될 수 있다면 비가역적인 것은 적어도 원리상으로는 없어지게 되기 때문이다.

이는 데카르트를 따르는 기계론적 의학자들에 반대하여 시간성을 다시 도입하고자 한 18세기 생리학자 게오르크 슈탈의 경우와 좋은 대조를 이룬다(Carvallo, 2011). 슈탈에 따르면 무기물은 늙지 않고 단지 마모될 뿐이며, 식물, 동물, 인간 같은 유기체만이 늙는다. 그것은 탄생과 성장, 질병이나 죽음처럼 삶의 과정에 내재적이다. 그러나 데카르트적 의학은 성장기, 사춘기, 성숙기, 노년기라는 생의 체제 변화가 왜 일어나는지, 그러니까 나이가 들면서 피의 입자들이 왜 서로 밀착하고 단단해지는지를 설명할 수 없다. 슈탈은 이것이 데카르트가 영혼을 생명의 원리와 분리했기 때문에 생기는 문제라고 본다. 슈탈 자신은 '생명 에너지'라는 개념을 도입하고, 삶을 무질서에 저항하는 생명 에너지의 투쟁 과정으로 간주한다. 노화는 생명 에너지가 시간이 지나면서 약화하여 우울증의 기질이 강화되는 현상이다. 가령 나이가 들면 피 조직의 경화에 덜 저항하게 된다. 여기서 우리는 갈레노스 학파가 램프의 비유를 통해 강조했던 생명의 주기와 한계라는 관념을 다시 만나게 된다. 18세기 생기론의 대두와 데카르트적 기계론의 퇴조를 사람들이 갈레노스 이론의 복권으로 받아들인 것도 납득할 만한 일이다. 그러나 슈탈 역시 왜 생명 에너지가 보존되지 않고 약화하는지 설명하지 못한다는 점에서 데카르트의 난점을 극복했다고는 할 수 없다. 오히려 데카르트적 관점에서는 신비적 요소를 다시 도입하는 것처럼 보였을 것이다.

데카르트 노화 이론의 과학적 적실성을 보다 정확하게 평가하는 일은 이 글의 범위를 벗어난다. 우리는 노화 극복에 대한 이런 낙관적 전망이 데카르트의 철학 내에서 얼마나 일관되게 성립하느냐를 살펴보는 것으로 만족하자. 이를 위해 우리는 인간 신체에 대한 데카르트의 두 가지 관점을 모두 고찰할 것이다. 하나는 정신과 실재적으로 구별되는 연장의 일부로서의 신체이고(2), 다른 하나는 정신과의 합일을 통해 개별적 본성을 갖춘 전체로서의 신체다(3).

우리는 이 두 관점 각각이 노쇠로부터의 면제에 대한 데카르트의 낙관을 어떻게 뒷받침하면서 또한 문제를 남기는지를 살펴볼 것이다.

3 연장의 일부인 신체와 무한정한 갱생의 전망

연장의 동질성과 신체의 무한정한 갱신 가능성

데카르트에 따르면 영혼은 단순하여 사멸하지 않을 뿐만 아니라 태어나지도 성장하지도 않는다(AT, IX, 190쪽; Azouvi, 1978). 반면 신체는 지극히 가변적이고 취약하다. 『성찰』에 따르면 "인간 신체는 그 부분들 가운데 몇몇의 형태가 바뀐다는 사실만으로 다른 것이 된다."(데카르트, 2021, 33쪽; AT VII, 14쪽) 이 구도에서 신체는 흔히 생각하는 것보다 훨씬 가변적이고 취약하다. 그럼에도 데카르트는 인간 신체가 흔히 생각하는 것보다 훨씬 더 오래 보존될 수 있다고 보는데, 그 첫째 근거는 연장의 동질성이다.

데카르트는 천체부터 지상의 생명체에 이르기까지 모두 동일하게 **동질적인 연장의 부분**으로서 보편적 법칙에 지배된다고 보았다. 동물의 신경과 동맥, 뼈의 형성과 운동을 지배하는 원리는 눈의 결정을 지배하는 기상학의 원리와 근본적으로 다르지 않다(1639년 2월 20일, 데카르트가 메르센에게 보내는 편지, AT II, 525쪽). 이렇게 자연의 산물들 사이에 본성상의 차이가 없을 뿐만 아니라 나아가 자연적인 것과 인공적인 것 역시 동질적이다. 『철학의 원리』 4부에서 데카르트는 인간이 만든 모형과 자연물은 단지 크기에 따른 감각 가능성의 여부에서만 다를 뿐이라고 단언한다. 따라서 "톱니바퀴들로 만들어진 시계가 시간을 가리키는 것이나 씨앗에서 자라난 나무가 열매를 맺는 것이나 이것들은 매한가지 자연적인 것"(4부, 203항, 데카르트, 2012, 444쪽; AT VIII, 325쪽)이다.

이처럼 자연적인 것과 인공적인 것이 동질적이라면 인간이 시계를 조작할 수 있듯이 나무가 열매를 맺는 과정 역시 조작하지 못할 이유가 없고, 나아가 인간의 생명 활동에도 개입하지 못할 이유가 없을 것이다. 실제로 『뷔르망과의 대화』에서 데카르트는 인간 생명 연장의 가능성을 식물의 생명에 대한 인공적 개입의 가능성과 유비적으로 제시한다.

만일 우리가 인간 생명의 메커니즘artem을 안다면 인간 생명이 연장될 수 있다는 것은 의심할 수 없는 것임에 틀림없다. 실로 우리는 식물 등등의 생명 메커니즘을 알게 되는 덕분에 그것들의 생명을 늘리고 연장할 수 있는데, 그렇다면 왜 인간 역시 그렇게 못하겠는가?(AT V, 179쪽)

우리가 다른 생명체의 생을 지배하는 원인을 알게 되면 거기에 개입할 수 있듯이 인간 신체의 생에도 개입할 수 있다. 노화의 경우에도 만일 우리가 그 기전을 알게 된다면 이를 이용하여 노화를 막을 수 있을 것이다. 가령 만일 체액이 너무 많아져서 피의 입자들이 빨리 운동하지 못하는 것이 문제라면 음식 섭취를 줄여 체액의 양을 줄이면 될 것이다. 경화가 이미 너무 많이 진행되었다면 수혈을 하면 될 것이다. 더 심한 경우에는 외과 수술을 통해 경화된 부분을 제거하고 대체물을 이식하는 방법을 생각해 볼 수도 있을 것이다. 뒤에서 다시 보겠지만 더 일상적으로는 섭생 조절만으로도 체액의 흐름에 영향을 미칠 수 있다. 노화의 원인에 대한 충분한 인식에 도달하면 노화를 극복할 수 있으리라는 이런 비전의 토대에는 연장의 통일성이 있다.

'연장의 부분'이 노쇠할 수 있는가?

그러나 이 비전은 최소한 두 가지 결정적 문제를 안고 있다. 우선 동물과 인간 신체 사이의 차이로 인해 원인에 대한 '충분한' 인식이 어디까지인지 가늠하기 어렵다는 점이다. 데카르트는 자연학과 인간 신체의 생리학이 연속적이기는 하지만 동물 해부나 실험을 통해 인식한 것을 인간 신체에 적용하려면 훨씬 더 많은 것을 알아야 한다는 것을 자각하고 있었다. 1639년 2월 20일, 메르센에게 보내는 편지에서 그는 초기작인 『세계』 이후 인식의 상당한 진보가 이루어져 그 당시에는 "이미 형성된 동물 신체를 가정하고 그 기능을 보여 주는 데 만족했다면, 이제 그 신체의 형성과 탄생의 원인 역시 보여 주고자 시도할" 수 있으리라고 자신하면서도 아직 열을 잡을 만큼의 원인조차 모르고 있음을 한탄한다. 그는 "[자신이] 동물 일반에 대해 알고 있다고 생각하지만, 동물은 열에 걸리지 않으며, 열에 걸릴 수 있는 인간에 대해서는 아직 특별히 잘 알지 못하기 때문"(AT II, 525~526쪽)이다.

철학적으로 더 중요한 문제는 노화 개념 자체의 성립 여부다. 데카르트가 제시한 노화의 기전은 신체를 연장의 일부로 보고 순수 자연학의 연장선상에서 생리학적으로 제시한 것인데, 그런 한에서는 '노화' 개념이 성립하기 어렵다. 노화가 단지 성장의 중지라면 그 규준이 될 '성장'의 기준이 필요하고, 노화가 질병이라면 그 규준이 될 '건강'의 기준이 필요하다. 그리고 '성장'이나 '건강'이라는 규준이 존재하려면 해당 생명체를 하나의 온전한 전체로서 고려할 수 있어야 한다. 그러나 물질 세계에서 오직 연장 전체만이 자기 독립적 실체이고 개별 신체나 물체는 연장의 부분에 불과하다면 이런 전체성이 성립할 수 없다.

이 점에서 신체는 엄밀히 말해 인간이 만든 기계와 다르다. 기계는 그 제작자가 염두에 둔 목적을 위해 만들어지고, 이 목적에 따라 '잘' 작동하거나 '잘못' 작동한다고 평가될 수 있다. 그러나 자연 전체의 관점에서 본 기계는 그렇지 않다. "톱니바퀴와 추로 제작된 시계가 잘못 조립되어 시각을 제대로 가리키지 않을 때도 모든 부분에서 제작자의 소원을 충족시킬 때 못지않게 자연의 모든 법칙을 정확히 준수"(데카르트, 2021, 117쪽; AT VII, 84쪽)한다. 마찬가지로 수종증 환자가 자신에게 해가 될 음료나 음식을 욕구하는 경우에도 신체를 순전한 기계로 고려할 경우 그들의 본성이 부패했다거나 정신이 기만당한다고 말할 수 없다. 인간 신체를 (의지의 명령에 따라, 따라서 정신에 의해 일어나는 모든 운동을 제외한) 신이 만든 기계로 고찰한다면 그것이 정신에 갈증의 감각을 가져오고는 하는 목구멍의 메마름을 겪고, 그 결과 병을 악화시킬 음료를 취하는 것은 병이 없을 때 목구멍의 메마름을 겪고 자신에게 이로운 음료를 취하는 것과 마찬가지로 자연적인 현상이다.

이 현상을 건강한 인간의 관념이나 제대로 만들어진 시계의 관념에 비추어 자연적 본능에서 일탈해 있다고 말하는 경우를 두고 데카르트는 '외적 명명denominatio extrinseca'에 불과하다고 말한다(데카르트, 2021, 118쪽; AT VII, 85쪽). 전적으로 자의적인 것은 아니지만 사태 본연의 특징에 따른 명명이 아니고 단지 우연적인 명명에 불과한 것이다. 노화의 기전으로 돌아가보면 경화된 부분과 유동적 부분들 사이의 관계는 어느 특정한 관점에서 보면 불균형이나 비정

상일 수 있지만 그보다 더 넓은 관점이나 다른 관점에서 보면 자연법칙을 어김없이 따르는 입자들의 정상적 배치일 수 있다. 신체 기계의 소위 비정상적인 작동을 본성의 부패나 본성으로부터의 일탈로 보는 것을 '외적 명명'이라고 비판함으로써 데카르트는 아마도 질병을 '반자연(반본성)적인 것'으로 규정한 갈레노스 혹은 그 이전에 질병을 '건강한 본성의 결여'나 '부패'로 규정한 아리스토텔레스(『형이상학』, 1044b 29~34)를 겨냥하고 있는 듯 보인다. 자연 안에 일어나는 모든 것이 예외 없이 신이 설정한 자연법칙에 따라 일어나므로 질병 역시 데카르트에게서는 자연법칙에 의해 설명될 수 있다는 의미에서 지극히 자연적인 현상이다. 반대로 만일 질병이 반자연(본성)적인 것이라거나 자연(본성)의 부패나 일탈에 의해 일어나는 것이라면 그것은 실상 신이 자신이 자연 안에 설정해 둔 통상적 법칙을 거슬러 일어나는 일, 그러니까 '기적'에 상응하는 어떤 것이 될 것이다.

이렇게 보면 자연체와 인공체의 연속성을 토대로 자연체에 대한 인공적 개입을 통해 우리를 거의 불사에 가까운 존재로 만들 수 있다는 관점에는 내적 모순이 있다. 인공적 개입을 통한 무한정한 생명 연장의 가능성은 우리 신체를 **연장의 일부로 고려할 때만** 성립할 수 있다. 그러나 건강이라는 규범과 이를 준거로 한 병리적 현상으로서의 노화는 우리 신체가 단지 **연장의 일부로서 고려되는 한에서는** 성립할 수 없다. 이는 단지 개념적 모순에 그치는 것이 아니다. 우리 신체를 이루는 부분들은 모두 한꺼번에 같은 속도로 노화되지는 않는다. 그렇다면 어떤 부분이 얼마만큼 노화되어야 노화라고 할 수 있는가? 따라서 어떤 부분에 어느 시기에 외적인 의료 개입을 수행할 수 있는가? 이렇게 해서 우리는 어디가 얼마나 늙어야 늙었다고 할 수 있느냐라는 노인학의 대표적 문제(Overall, 2016)를 데카르트의 자연학에서 발견하게 된다.

4 정신과 합일된 신체와 본능의 자연적 회복력

'전체'로서의 신체와 자기보존력

갈레노스에게 노화의 기준은 분명하다. 동물에게 노화가 부분적으로가 아니라 전체적으로 일어나려면 애초에 생명을 부여했던 심장이 관여되어야 한다. 신체 전체의 노화는 심장의 열이 식기 시작할 때 일어난다(Galen, 1971, 372쪽). 그런데 데카르트에게도 동물의 신체 말고 인간 신체만은 예외적으로 단지 연장의 부분이 아닌 하나의 전체로 고려될 여지가 있다. 심장과 같은 신체의 특정 기관이 아닌 심신 합일체, 즉 **영혼과 합일된 신체**로서이다.

> 우선 저는 한 인간의 신체가 정확히 무엇인지를 고찰하고 이 '신체 le corps'라는 말이 애매하다는 것을 발견합니다. 우리가 신체 일반을 말할 때 우리는 물질의 한 특정 부분, 우주를 구성하는 양의 일부를 뜻합니다. (…) 그러나 우리가 인간의 신체를 의미할 때 우리는 물질의 한 특정 **부분**이나 특정 크기를 가진 **부분**을 뜻하는 것이 아니라 단지 그 인간의 영혼과 합일된 물질 **전체**를 의미합니다. (…) 그리고 우리는 이 신체가 그 **합일을 보존**하는 데 요구되는 모든 장치/성향을 그 자체로 가지고 있는 한 그것을 전체이고 전체적이라는 것을 알고 있습니다(1645년 2월 9일, 데카르트카 멜랑에게 보내는 편지, AT IV, 166쪽, 강조는 인용자).

데카르트가 『성찰』 이후에 쓴 이 편지에서 주목할 것은 심신 합일과 더불어 **전체**라는 개념이 성립할 뿐만 아니라 이 전체라는 개념이 합일체 자신의 **보존** 수단까지 함축한다는 점이다. 그리하여 첫째, 우리 자신과 구별되는 외부 사물들이 있고, 이 중 우리에게 유익한 것과 해로운 것이 있으며, 우리는 신체 감각을 통해 이를 알게 된다. 둘째, 우리 신체 자체에도 건강한 상태와 병리적 상태가 있고, 이 역시 신체의 내적 감각을 통해 알게 된다. 셋째, 신체가 병리적 상태에 있을 때 감각은 오류를 저지를 수 있다. 가령 수종증 환자가 느끼는 목마름의 감각도 단지 외적 명칭이 아니라 "자연의 진정한 오류"(데카르트, 2021, 118쪽; AT VII, 85쪽)로 간주될 수 있다. 단 '오류'는 정상성을 전제하는 만큼 수종증이 '자연의 오류'라면 이는 영혼과 합일된 신체의 감각이 통상적으로는 신뢰할 만하다는 것 역시 함축한다. 넷째, 수종증과 환상지통처럼 '자연/본성의 오류'라고 부를 수 있는 경우조차 오류는 우리 신체 능력이나 영혼 본연의 결함에 기인하지 않으며, 오히려 삶의 긴급성에 비추어 볼 때 이런 오류를 저지를 수 있는 본성이 그렇지 않은 본성보다 신체 보존에 더 유익할 수 있다. 마지막으로 「6 성찰」에서는 부각되지 않지만 노화에 관한 우리 논의에서 주목할 것은 이렇게 병리적 상태에 빠지더라도 신체는 자연적 회복력을 가지고 있다는 점이다.

> 저는 우리 신체의 건축이 너무 훌륭해서 일단 건강하기만 하면 특별한 과잉을 범하거나 기후와 같은 외적 원인의 해를 입지 않는 한 쉽게 병에 걸리지 않는다는 것, 그리고 병이 생기더라도 자연의 힘만으로도 그것을 쉽게 되돌려 놓을 수 있다는 것을, 특히 젊을 때 그렇다는 것을 강하게 납득하고 굳게 믿는 것만큼 건강의 보존에 좋은

것은 없다고 생각합니다(1647년 7월, 데카르트가 엘리자베스 왕녀에게 보내는 편지, AT V, 65쪽).

우울증에 빠진 엘리자베스 왕녀에게 데카르트는 이렇게 **젊은 신체**가 자체 안에 규범을 가지고 있을 뿐 아니라 이 규범을 자체적으로 유지하는 능력을 지니고 있으리라고 말한다. 그런데 신체가 정말로 그런 본성을 가지고 있다면 이 회복력은 젊은 때만 해당하지는 않을 것이다. 위 인용문도 신체가 과잉이나 외적 원인의 해로운 영향에 노출되지만 않는다면, 그런 이유로 이미 병에 걸린 신체만 아니라면, 외부의 의료적 개입의 필요 없이 본능의 지침을 따름으로써 적어도 원리상 우리가 거의 무한정 건강을 보존할 수 있음을 시사한다. 요컨대 우리 신체는 연장의 일부로서만이 아니라 하나의 전체로서 고려될 수 있을 뿐만 아니라 이 경우 노화의 개념 자체가 제거될 것이다. 자기 보존에 "필요한 모든 장치/성향"을 내장한 우리 본성의 건전성 덕분에 외적 원인에 의해 병에 걸릴 수는 있어도 내적 본성의 어떤 한계로 인해 쇠퇴하는 경우는 생각할 수 없을 것이기 때문이다.

실제로 한 편지에서 데카르트는 섭생 조절만으로도 우리가 무려 "한 세기 이상"을 더 살 수 있으리라고 전망한다. "만일 우리가 우리 삶의 섭생régime에서 익히 종종 범하는 몇몇 잘못만을 경계한다면 우리는 다른 무언가를 발명하지 않고도 지금보다 훨씬 더 길고 훨씬 행복한 노년에 도달할 수 있을 것"(1637년 12월 4일, 데카르트가 콘스탄테인 하위헌스에게 보내는 편지, AT I, 649쪽)이라고 데카르트가 이를 과학적으로 얼마나 확신했는지는 모르겠다. 그러나 적어도 여기에는 데카르트 자신의 섭생에 대한 경험에 기반을 둔 확고한 믿음이 깔려 있다. 서두에서 말했듯 우리는 이를 피코가 3개월 동안 데카르트와 함께 생활하면서 이 섭생의 효력을 확신했던 데서 간접적으로 추론해 볼 수 있다. 엘리자베스 왕녀에게 보내는 또 다른 편지에서도 데카르트는 자신이 폐렴으로 일찍 사망한 어머니로부터 '마른 기침'과 '창백한 안색'을 물려받아 의사들이 그에게 20세를 넘기지 못했으리라 예상할 정도였지만, 자기에게 맞는 섭생과 습관을 유지한 덕분에 이제 그때보다 훨씬 더 죽음에서 멀리 떨어져 있다고 느낀다고 말한다(1643년 6월 28일자 편지, AT III, 692쪽). **본능**의 건전성과 이를 보조하는 **습관**의 도움으로 각자가 물려받은 유전적 약점마저 물리칠 수 있는 셈이다. 물론 데카르트는 얼마 이후 스웨덴에서 폐렴으로 추정되는 병으로 사망했다. 그러나 이는 외적 원인에 의한 것이고, 그 역시 우리가 이런 외적 원인까지 통제할 수 있다고 보지는 않았다.

본능에 대한 신뢰와 '자기 자신의 의사'

본능에 대한 이런 믿음과 그 자신에 대한 실천의 경험으로부터 데카르트 특유의 실천적 처방이 나온다. 앞서 보았듯 데카르트는 뷔르망에게 식물의 생명에 대한 인공적 개입에 빗대어 인간 생명의 연장을 위한 인공적 개입이 가능하다고 말한다. 그런 다음 곧이어 이런 인공적인 수단을 통한 것보다 **본능 자신의 회복력**에 의뢰하는 것이 더 좋은 방법이라고 말하며, 이로부터 자신의 본능과 경험에 조회하는 '**자기 자신의 의사**'라는 개념을 제시한다.

> 데카르트 | 그러나 삶을 연장하는 가장 좋은 방법, 그리고 준수해야 할 좋은 섭생의 규칙은 여전히 짐승들처럼 살고 먹고 그밖의 것들을

하는 것, 〔즉〕 우리에게 유쾌하고 우리 입맛에 맞는 것을 따르되, 딱 그만큼만 먹고 마시는 것이네. (…) 만일 의사들이 종종 사람들〔환자들〕에게 자신들이 원하는 것을 먹고 마시도록 허용한다면 (경험이 역시 이를 입증하듯) 역겨움을 불러일으키는 약들을 통해서보다 훨씬 더 잘 건강을 회복하게 할 것이네. 왜냐하면 그런 경우 자연〔본성〕 자체가 자신의 회복을 이루어내려고 애쓰기 때문인데, 이는 자연 자체가 외부의 의사externus medicus가 인지하는novit 것보다 자기 자신을 더 잘 알기conscia 때문이라네.

뷔르망 | 그러나 무한히 많은 음식 등등이 있는데, 무엇을 선택해야 하고 어떤 순서로 등등 취해야 하는지요?

데카르트 | 우리를 가르치는 것은 경험 자체네. 우리는 실로 특정 음식물이 우리에게 유익했거나 아니었음을 늘 알고 있으며, 이로부터 늘 미래를 위한 교훈을 도출할 수 있네. 동일한 것을 동일한 방식으로, 그리고 동일한 순서로 취해야 하는지 여부에 대해. 따라서 티베리우스 황제(내가 알기로 카토)의 말에 따르면 30세가 넘으면 누구나 의사가 필요 없어야 한다네. 왜냐하면 그 나이에는 자기 스스로 경험을 통해 자신에게 유익한 것과 해로운 것을 알 수 있어야 하고, 그렇게 자기 자신에게 의사가 되어야 하기 때문이지(뷔르망과의 대화, AT V, 179쪽).

"세상에서 가장 공평하게 분배된 것"으로서의 '양식'을 기반으로 모든 인간이 과학의 주체가 될 수 있다고 보았던 『방법서설』의 데카르트는 여기서도 당대 최고의 의학 수준에 있던 데카르트 자신만이 아니라 모든 인간이 의료적 주체가 될 수 있으며, 심지어 자기 자신의 의사야말로 의료적 판단의 궁극적 주체라고 말하는 것이다.

외적 의사의 기술이 데카르트 시대에 비할 바 없이 발달한 오늘날의 관점에서 보면 이와 같은 자기 자신의 의사 개념은 시대착오적인 것으로 보일 수도 있다. 오늘날 우리는 레이저나 초음파 등을 통해 각종 질병과 노화 현상을 조기에 발견하여 처치할 수 있다. 반면 우리가 우리 자신의 감각과 본능만을 신뢰한다면 가령 고통과 같은 별다른 징후를 앞세우지 않고 생기는 심각한 병은 때늦게 알게 될 가능성이 높다. 그러나 이런 기술을 스스로에게 처치할 것을 결정하는 것은 결국 자기 자신이다. 연명 기술의 실행 여부를 각자가 미리 결정해 두도록 하는 오늘날의 의료 제도는 데카르트의 '자기 자신의 의사'라는 개념의 구현으로 볼 수 있다.

의학적 실천에 있어서의 데카르트의 이런 관점은 마찬가지로 섭생을 중시한 갈레노스의 의학적 처방과 어떤 점에서 다른가? 우선 갈레노스에게서 노화는 습과 열의 작용을 통해 설명되며, 섭생은 '비본성적인 것' 중의 하나로서 노화를 늦추는 데 보조 역할을 할 뿐이다. 반면 데카르트에게서 섭생은 단지 비본성적인 것에 머무르지 않고 **본성에 직접 개입**한다. 앞서 우리는 데카르트가 설명한 노화 기전의 핵심이 오늘날의 대사 작용에 해당하는 체액의 순환 양태에 있음을 보았다. 섭생 조절은 바로 이 대사 작용에 직접 개입하는 생리학적 처방이다. 게다가 그것은 데카르트 자신의 경험으로 입증된 장수의 비결일 뿐만 아니라 '자연의 빛'에 의해 알려지는 과학적 지식에 토대를 둔 처방이다.

다음으로 갈레노스와 달리 본능 혹은 본성에 대한 데카르트에 대한 신뢰는 신의 선함이라는 **형이상학적 토대**를 가지고 있다. 「3 성찰」의 첫 번째 변신론에 등장하는 신의 진실성이 '자연의 빛', 곧 지성적 관념의 투명성을 확신하게 했다면, 그만큼은 아니지만

「6 성찰」의 변신론에 등장하는 신의 선성은 '자연의 가르침'이라는 이름으로 **본능 특유의 투명성**을 확신하게 한다. 여기서 신은 '최선의 원리'를 따르며(Gueroult, 1968, 219쪽), 우리 신체의 본성이 신의 창조물인 한에서 그것은 최고의 완전성으로 만들어졌을 수밖에 없다. 이론적 인식의 영역에서 모호하고 혼동된 관념으로 규정되었던 감각은 신체를 가진 정신에게 해로운 것과 이로운 것을 알려 주는 것으로서 투명성을 다시 인정받게 된다. 다시 말해 사유하는 자아에 대한 지적 사유의 투명성보다는 덜 절대적이더라도 **신체를 가진 자아에 대한 본능의 투명성**(Romano, 2002, 675~696쪽)을 신의 선성으로 뒷받침하고, 그럼으로써 자연적 본능의 영역에서도 갈레노스가 경험적으로 그어 둔 한계를 넘어서는 보인다. 요컨대 갈레노스와 달리 데카르트는 인간 각자를 의료적 판단의 궁극적 주체로 올려놓을 뿐만 아니라 노화의 불가피함이라는 개연적 사실을 거슬러 거의 영생에 가까운 비전을 내다보게 한다.

'느낌'의 영역으로서의 심신합일과 낙관의 한계

그러나 순전히 자연학적으로 고려된 신체가 아니라 형이상학적으로 고려된 이 신체는 바로 이 동일한 형이상학적 관점에 의해 한계가 지어져 있다. 심신 합일체의 영역은 엄밀히 말해 과학의 영역이 아니다. 심신 합일은 사유 및 연장과 더불어 모든 인식을 형성할 때 '원본originaux' 또는 '형틀patron'(1643년 5월 21일, 데카르트가 엘리자베스 왕녀에게 보내는 편지, AT III, 665쪽)이 되는 세 가지 원초 개념 중 하나다. 이 원초성 덕분에 감각도 고유한 효력을 인정받는 것이다. 그래서 심신 합일의 영역에 놓이는 것들은 인식하려 하기보다는 오히려 느껴야 한다. 그러나 또 그렇기 때문에 이 영역에 대해서는 **과학**

적 확실성을 가질 수 없다. 가령 신체가 영혼과 합일되면서 비로소 통일된 전체성을 갖는다면 이때 신체에 통일성을 부여하는 것은 무엇인가? 그것은 영혼인가? 그럴 수 없다. 불수의적인 반사운동에서 알 수 있듯(Canguilhem, 1977), 데카르트에게서 신체는 영혼의 개입 없이도 식물적 기능이나 동물적 기능을 완벽히 수행할 수 있기 때문이다.

그렇다면 영혼과의 합일과 별도로 신체 자신이 통일성을 갖는가? 이 또한 분명 아니다. 앞 절에서 보았듯 개별 신체는 신체로서는 연장의 일부일 뿐 온전한 전체성을 가질 수 없기 때문이다. 이렇게 보면 심신 합일체가 가질 전체성의 기준 역시 신비로 남는데, 심신 합일이 궁극에는 명석판명한 인식의 대상이 아니라는 점을 감안하면 이는 어쩌면 당연한 귀결이다. 이로써 다시 한번 우리는 노화를 결정하는 기준으로서의 건강의 기준이 무엇인지 확실하게 말할 수 없을 뿐만 아니라 마치 노화라는 것이 없는 양 믿게 했던 비전도 이론적 믿음의 대상이 아님을 알게 된다.

그렇다고 해서 엘리자베스를 치료하기 위해 우리 신체 건축의 탁월함을 강조했던 데카르트가 선의의 거짓말을 한 것도 아니고 사실을 과장한 것도 아니다. 앞의 인용문에서 데카르트는 정확히 이런 탁월함을 "강하게 납득하고 굳게 믿는 것만큼 건강의 보존에 좋은 것은 없다고 생각"한다고 말했다. 그는 분명히 확실성과 믿음을 구별하는 것이다.

더욱이 심신 합일이 부과하는 형이상학적 한계를 반드시 데카르트 체계의 결함으로 볼 필요는 없다. 오히려 그것을 완결하는 요소로 볼 수도 있다. 신의 선성은 감각을 삶의 보존을 위해 신뢰할 만한 안내자로 만들었지만 감각은 유용성과 해로움을 알려 줄 때조차, 그리고 심지어 건강할 때조차 오류에서 완전히 면제되어 있지는 않다. 이 경우에도 감각은 '기호'에 불과하며, 우리는 본능적 감각에 복종하기보다는 감각의 의미를 해독하는 주체여야 한다. 그리고 주체적 해독에는 항상 오독의 위험이 동반된다. 그래서 자기 자신의 의사는 본능을 안내자로 삼으면서도 자기 신체 안에 축적된 경험에 조회하여 자신에게 맞는 처방을 찾아내야 하며, 이는 결코 오류에서 면제되어 있지 않다. 삶의 보존 장치를 내장한 본능의 완전성에도 불구하고 우리는 무한정 삶을 보존할 수는 없는 것이다.

데카르트가 1646년에 쓴 다음 진술은 이런 방향에서 읽을 수 있다.

> 실제로 저는 제가 많은 시간을 보낸 의학과 관련된 다른 학문들보다 [도덕학에서] 더 만족스러운 결론에 도달하기가 더 쉽다는 것을 발견했습니다. 그래서 삶을 보존하는 방법을 찾는 대신 저는 그보다 더 쉽고 더 확실한 다른 길을 찾았습니다. 죽음을 두려워하지 않는 것이 그것입니다(1646년 6월 15일, 데카르트가 샤뉘에게 보내는 편지, AT IV, 441~442쪽).

데카르트는 여기서 생명 보존의 의학보다 죽음을 두려워하지 않는 영혼의 자세를 무병장수를 위한 더 쉽고 더 확실한 다른 길로 든다. 이를 『방법서설』에서 제시했던 의학적 전망의 포기로 보아야 할까? 생애 말기까지 데카르트가 발생학의 문제에 몰두했음을 고려하면 그렇게 보기는 어렵다. 그보다는 오히려 물질적 연장 및 자연적 본능과 더불어 데카르트 의학을 완결할 최종 요소를 거기서 알아볼 수 있다. 지면의 한계상 여기서 다룰 수는 없지만 심신 합일체는 심신 상호작용 역시 포함한다. 그런 한에서 오늘날과는 다르게 영혼의 정념에 대한 통제를 핵심으로 하는 도덕학이, 따라서 자기를 돌보는 주체에 관한 이론이 의학 안에 포괄되어야 한다. 물론 여기서도 노쇠는 그 생리적 기전에서나 신체 본능에서 그랬던 것처럼 고유한 자리를 상실한다. 노쇠의 문제는 죽음의 문제로 대체되고, 죽음의 문제는 다시 죽음이 우리에게 아무것도 아니라는 에피쿠로스적 낙관으로 해체되고 있기 때문이다. 그러나 이것은 불로장생의 꿈과는 거리가 멀며, 이 과도한 꿈을 제어하는 것은 그 꿈을 가능하게 한 바로 그 형이상학이다.

5 안티에이징, 연장의 일부와 '인간 신체' 사이에서

노쇠로부터의 면제라는 『방법서설』의 전망이 현실로 다가온 듯한 오늘의 의학적 환경 속에서 데카르트의 행적은 우리에게 어떤 시사점을 주는가?

우선 인류는 인류 역사만큼이나 오랫동안 안티 에이징에 힘써 왔고, 이 시도에 선험적으로 한계를 그을 필요가 없다. 우리는 데카르트가 특히 노화가 자연적 과정의 일부라는 통념에 대항하여 노화의 기전에 대한 과학적 인식을 바탕으로 노화를 제거할 수 있다는 급진적인 안티 에이징의 철학적 토대를 제시했음을 살펴보았다. 그러나 데카르트는 노화를 극복하게 해 줄 의학은 물론이고 그런 의학의 청사진조차 제시하지 못했다. 한편으로 무한정 진보하는 과학기술을 통해 신체 메커니즘에 개입하는 것은 단지 '연장의 일부'로서의 인간 신체에 대해 이루어지는 것일 뿐, 온전한 '인간'에 대한 것이 아니다. 다른 한편 온전한 '인간'에 대해서는 우리 자신만이 가장 좋은 처방을 내릴 수 있지만 이는 과학적 확실성의 영역이 아니다. 안티 에이징의 노력은 첫 번째 관점을 배제하지 않지만 결정적으로는 이 두 번째 영역에서 이루어진다는 점을 기억해 둘 필요가 있다.

이렇게 볼 때 데카르트는 노화의 의학적 극복을 기획하면서 이 기획 자체가 마주해야 하는 한계를 제시하는 동시에 이 한계로부터 생각해 볼 수 있는 의학적 주체의 형상을 남겨 주었다.

3장

헤겔 철학에서 인간의 유한성과 노년의 의미

노년, 역사적 지평의 새로운 열림

김옥경

1 삶의 완결로서의 노년과 죽음은 정신적이고 역사적인 의미를 지닌다

모든 살아 있는 유한한 개체는 노화의 과정을 거쳐서 죽음에 이른 다. 생명체로서의 인간 역시 예외는 아니다. 노화와 죽음은 일반적 으로 삶의 쇠퇴 또는 몰락으로 이해된다. 이러한 관점에 입각해 볼 때 유한한 존재의 노화와 죽음은 삶의 활동성이나 긍정성에 대립되 는 부정적 의미를 보여 준다. 그렇기 때문에 인간 삶에서 노화나 죽 음은 피해야 할 고통으로 간주되고는 한다.

그런데 로마노 과르디니에 따르면 노화와 죽음은 단순히 삶의 쇠퇴 또는 몰락을 의미하지 않는다. 그는 유한한 인간의 삶이 죽음 이라는 정점을 향해 가는 단선적이고 획일적인 흐름이 아니라 각각 완결된 여러 시기들로 구성된다고 말한다. 따라서 유년기, 청년기,

장년기가 각각 인간 삶에 고유한 형상을 지니듯이 죽음에 가까이 다가가는 노년 역시 우리 삶의 고유한 형상을 이룬다(과르디니, 2016, 179쪽).

다시 말해 인간 삶의 각 단계에서는 인간의 총체적 본질이 부분적으로 드러나며, 노년의 시기 역시 이 본질이 드러나고 완결되는 단계다. 그리고 노년에 뒤따르는 죽음 역시 인간에게는 단지 생물학적인 마감을 일컫는 것이 아니라 인간 삶에 고유한 의미를 함축하고 있는데, 그 이유는 죽음에서 인간 실존의 근원이 비로소 드러나기 때문이다. 인간은 죽음을 통해 자신의 삶에 대한 성찰의 기회를 마련하고 삶의 형상을 완성한다.

이러한 관점에서 볼 때 노화의 시기인 노년과 죽음은 단순히 삶의 쇠퇴와 몰락을 의미하는 것이 아니라 긴 삶의 여정 중의 한 단계이며, 삶이 완성되는 단계로서 그 자체로 의미를 지니고 있다(과르디니, 2016, 179쪽). 과르디니는 물론 노령에 접어든 사람들에게서 정신적 능력, 영혼의 감수성, 분별력의 저하가 경험적으로 관찰되고 재산과 권리, 습관과 견해에 강한 집착을 보이는 부정적 특성이 있음을 지적한다. 그럼에도 불구하고 그는 다른 한편에서 노년의 시기에 다다른 사람들의 삶에 대한 통찰력, 진정한 분별력과 판단력, 내적 평정심에서 나오는 삶의 태도와 지혜라는 노년의 가치를 강조한다(과르디니, 2016, 107쪽). 더욱이 과르디니는 죽음을 올바르게 받아들이는 데서 노년의 시기를 경험하는 방식이 달라진다고 말한다. 이러한 과르디니의 논의는 우리에게 노년과 죽음에 관한 철학적 성찰을 제공한다. 우리는 노년과 노년에 뒤따르는 죽음이 유한한 인간의 삶을 완결하는 하나의 단계를 구성하며, 다른 삶의 시기와 마찬가지로 고유한 의미를 지니고 있음을 알게 된다.

그런데 과르디니에 앞서서 노년의 문제를 철학적으로 주제화한 두 철학자가 있는데 한 사람은 쇼펜하우어이고, 또 다른 사람이 바로 실존주의의 입장에서 노년의 문제를 다룬 보부아르다. 쇼펜하우어는 『단편과 부록Parerga und Paralipomena』에 나오는 「삶의 지혜에 대한 격언」이라는 에세이에서 인간의 삶을 여러 시기로 나누고, 각 시기에서 나타나는 세계에 대한 상이한 인식 방식에 대해 서술한다. 이 논의에서 그는 특히 유년기와 청년기와는 근본적으로 구분되는 노년기의 고유한 특징과 가치를 고찰한다. 쇼펜하우어에 따르면 나이든 사람들은 사물들을 모든 측면에서 고찰하고 숙고하여 상호 간의 연관성 속에서 파악하는데, 이는 유년기와 청년기에서 구성되는 인식과는 근본적으로 구분된다. 또한 그는 노년기는 평온한 시기이며, 삶을 앞에 둔 청년기와 달리 죽음을 앞에 두고 있는 시기라고 설명한다(Schopenhauer, 2014, 432쪽). 쇼펜하우어는 죽음의 철학적 의미를 이 에세이에서 다루지 않지만 그의 주저인 『의지와 표상의 세계』에서 맹목적 의지 개념과의 연관성 속에서 이 개념을 자세하게 분석한다.

보부아르는 『노년』의 1부에서 생물학적 관념에서의 노년, 민족학적 자료로 바라본 노년, 역사 사회와 현대 사회에서 다루어지는 노년에 대해 분석한다. 2부에서는 실존주의적 관점에 입각하여 구체적인 생활 세계 속에서 경험되는 노년에 대한 자신의 관찰과 연구에 대해 상술한다. 이 책에서 보부아르는 사회 속에서 드러나는 노년의 가치와 무가치, 그리고 단지 생물학적인 현상이 아닌 사회적이고 문화적 현상으로서의 노년에 주목한다.

그리고 조르주 미누아는 『노년의 역사』에서 철학적 접근은 아니지만 고대에서 르네상스까지 서양 역사에서 노년이 어떻게 이해되고 다루어졌는지의 문제를 사료에 근거해서 고찰한다. 그는 특히 노인과 노년에 대한 관심이 현대에 많은 학문 분야에 걸쳐 있고, 또한 개인과 사회의 삶의 핵심 구성 요소로 자리 잡고 있다고 지적한다.

그런데 쇼펜하우어, 보부아르, 과르디니 모두 노년과 죽음에 대한 논의를 경험적 차원에 있는 사실들의 관점에서 전개하면서 노년과 죽음이 전제하고 있는 인간 유한성 개념에 대한 철학적이고 존재론적인 접근을 시도하지 않는다. 하지만 노년과 죽음에 관한 깊이 있는 철학적 성찰을 하기 위해서 우리가 먼저 살펴보아야 할 중요한 문제는 삶의 총체적 본질이 삶의 과정의 각 단계에서 어떤 구조로 드러나며, 또한 노년에서 드러나는 삶의 완성과 이 완성에 뒤따르는 죽음의 본질적 의미와 고유한 가치가 무엇인지를 철학적으로 해명하는 것이다.

이 글에서 살펴보고자 하는 바는 실증적 사실의 차원에서 관찰되는 노년에 대한 경험적인 분석이 아니라 삶의 완결을 의미하는 노년과 죽음에 대한 존재론적인 구조 분석이다. 과르디니나 쇼펜하우어가 경험적 차원에서 설명하는 인간 삶의 총체적 본질과 이 본질이 현상되는 단계들 사이의 관계, 그리고 본질이 현상하는 과정의 완결성과 죽음에 대한 존재론적인 고찰의 단초를 우리는 헤겔 철학, 특히 헤겔의 주체성 개념에서 발견한다(K. Arp, 2016, 136쪽).

사변철학의 관점에서 유한한 개체의 삶과 죽음을 고찰하면서 헤겔은 전체로서의 보편 생명의 운동을 강조하며, 보편 생명이 자기운동 속에서 어떻게 개별 생명이 되고, 이 개별 생명을 지양하여 어떻게 다시 자기로 회귀하는지를 서술한다. 개별 생명은 보편 생명의 자기 생성 운동을 통해 발생한다. 그러므로 개별 생명은 자기 내에 보편 생명의 요소를 지닌다. 이를 보편 생명의 관점에서 본다면 보편 생명은 자기를 분화하여 개별 생명이 되기 때문에 개별 생명은 곧 부분으로 정립된 보편 생명 자체다. 그런데 한편에서는 개별 생명이 보편 생명의 부분이기 때문에 보편 생명의 본질을 보존하고 있지만, 다른 한편에서는 보편 생명에 전적으로 부합하는 것이 아니기 때문에 보편 생명을 통해 다시 부정된다. 이 과정을 겪으면서 개별 생명은 생성되고 성장하며 노화를 거쳐 죽음에 이르게 된다.

유한한 생명체로 존재하는 인간 역시 이러한 보편 생명의 자기 생성 과정에 참여한다. 그런데 헤겔은 유한한 인간 개체는 단순히 생물학적인 차원에 머물러 있는 존재자가 아니라고 말한다. 헤겔에 따르면 인간 개체의 본질은 '정신Geist'에 있는데, 이때 정신은 단지 의식이나 이론적 의미의 이성을 의미하는 것이 아니다. 정신을 규정하는 데 의식이나 이론적 의식은 이차적인 것이다. 헤겔에게서 의식과 이론적 의식에 선행하는 정신은 근원적으로 인간이 창출한 인륜적sittlich 또는 역사적 공동 세계, 그리고 이 공동 세계 속에서 실현되는 자유 이념을 의미한다. 다시 말하면 정신을 본질로 삼고 있는 인간 개체는 생물학적 차원을 넘어서서 정신을 토대로 한 역사성 속에서 자신을 완성한다.

따라서 이 글에서는 유한한 인간 개체의 삶 속에서 노년과 죽음의 참된 의미를 자연 세계에 있는 생물학적 삶의 관점과 역사적 세계에 존재하는 정신적 삶의 관점을 모두 포괄하는 헤겔의 존재론적 관점에서 고찰해 보고자 한다.

이 글의 주제는 크게 세 부분으로 나뉜다. 먼저 헤겔 철학에서 유한한 개체의 삶의 운동이 가진 존재론적 구조와 이 운동이 귀결되는 삶의 완성이 무엇을 의미하는지를 살펴보게 될 것이다. 이어서 생물학적인 관점에서 노화와 죽음을 다루는 헤겔의 자연철학적인 논의를 분석해 보고자 한다. 마지막으로 인간 개체의 삶과 죽음의 정신적이고 역사적인 의미를 고찰하게 될 것이다.

2 유한한 개체의 삶과 완성

헤겔은 유기체적 자연 전체를 보편 생명이라고 칭하며, 보편 생명의 본질은 "일체의 구별을 지양해 나가는 무한의 순수한 회전운동"이라고 말한다(PdG, 122쪽). 즉, 보편 생명은 모든 것을 유동화하는 유기적인 힘으로서 개체들을 자기 자신의 구별로 만들어 내면서, 동시에 이러한 개체로서의 모든 구별을 지양하고 부정해 나간다. 이러한 운동 속에서 전체로서의 유기체적 자연은 보편적인 생명으로 있으면서 자신을 자신의 기관Glieder으로서 개별화하고 다시 이를 부정하고 지양하여 자기로 회귀한다.

이처럼 보편 생명은 자기 자신으로 회귀하는 운동이기 때문에 무한성의 순수한 회전운동으로 있게 된다. 헤겔은 이러한 보편 생명을 자기를 끊임없이 생성하는 '절대적인 것' 또는 '주체'라고 일컫는다(PdG, 15쪽). 다시 말해 전체로서의 생명은 자기를 생성해 나가는 주체이며, 종국에 가서 자신의 참모습을 드러내고 완성한다. 그런데 자기 생성의 주체로서의 보편 생명은 자기를 완성하는 순간에 다시 자신을 개체화하는 생성의 운동을 수행하기 때문에 보편 생명의 완성은 엄밀한 의미에서 자기 생성의 '과정Prozess' 또는 무한성의 순수한 회전운동으로 이해된다.

그러나 보편 생명의 자기 생성 운동 속에서 산출된 개체는 보편 생명의 운동 속에서 이중의 구조를 띠게 된다. 개체는 한편에서 자신 안에 전체로서의 보편 생명을 품고 있으며, 다른 한편에서는 보편 생명의 운동 속에서 지양되고 부정되어야 하는 이중의 모습을 지닌다. 다시 말해 개체는 보편 생명과 동일하면서, 다른 한편에서는 보편 생명과 구별된다. 그렇기 때문에 보편 생명의 자기 구별을 이루는 개체는 보편 생명 자체의 운동과는 차이를 지닌다. 보편 생명의 회전운동과는 달리 개체는 전체로서의 생명의 운동 속에서 성장하고 노화되며 종국에는 죽음을 맞이한다. 이처럼 개체의 생명의 운동은 자기로 회귀하는 운동이 아니라 죽음이라는 종국을 향해 가는 운동이다. 우리는 개체적 생명의 운동에서 드러나는 종국 또는 완성의 의미에 대해 고찰해 보고자 한다.

헤겔 철학에서 유한한 개체의 '완성'이 의미하는 것을 이해하기 위해 우리는 다음의 예를 살펴보고자 한다.

> 꽃봉오리는 꽃의 출현 속에서 사라진다. 이에 관해 사람들은 꽃봉오리가 꽃에 의해 부정되었다고 말한다. 이와 마찬가지로 열매에 의해 꽃은 식물의 거짓된 존재로 간주되고 또한 꽃이 열매로 대체됨으로써 식물의 진리가 드러난다. 이러한 형식들은 서로 구분될 뿐만이 아니라 상호 대립적인 것으로서 서로를 배척한다. 그러나 식물의 유동적인 본성은 이 형식들을 유기적 통일을 이루는 계기들로 만들며, 이 통일 속에서 이 형식들은 단지 서로 대립하는 것이 아니라 하나는 다른 것들과 마찬가지로 필연적이다. 그리고 이러한 동일한 필연성이 비로소 전체의 생명을 이룬다(PdG, 4쪽).

이 인용문에서 상술된 것처럼 꽃봉오리는 꽃을 거쳐 열매에서 완성된다. 헤겔은 꽃이 꽃봉오리의 부정이고, 열매는 다시 꽃의 부정이라고 설명한다. 이처럼 꽃봉오리, 꽃, 열매는 서로 부정 또는 대립 관계에 놓여 있다.

그러나 사실상 이 세 계기들은 식물의 유동적이고 유기적인 통일 속에서 서로 내재적으로 연관을 맺고 있다. 즉, 이 세 계기들 모두 식물의 전체 생명을 이루고 있다. 따라서 세 계기들 모두에는 전체 생명의 요소가 내재해 있기 때문에 이 계기들은 전체 생명을 자신의 방식으로 표현한다. 이와 같은 관점에서 볼 때 이 계기들은 모두 전체 생명의 필연적인 구성 요소로 간주된다. 그리고 꽃봉오리의 완성으로 이해되는 열매는 꽃봉오리와 꽃이라는 두 계기들의 부정이면서, 동시에 두 계기들을 자기 내에 포함한다. 따라서 '완성'으로서의 열매는 앞선 계기들을 부정하면서도 자기 내에 포함하고 있기 때문에 이 완성을 향한 운동 또는 생성 과정의 모든 단계가 사라지지 않고 열매에 내면화되어 있다.

다시 정리하면 자기 생성 과정의 완성으로 이해되는 열매는 두 가지 관점에서 중요한 의미를 지닌다. 하나는 식물의 자기 생성 과정 또는 운동의 완성으로 이해되면서 이전의 모든 생성의 계기들을 자신 안에 포함하고 있다는 사실이다. 다른 하나는 열매가 꽃봉오리나 꽃과 같이 전체를 자기 방식으로 보여 주고 있는 전체의 한 단계다. 그렇기 때문에 꽃봉오리나 꽃처럼 열매는 자체 내에 고유한 의미를 지니고 있다. 여기서 우리는 삶의 총체성이 삶의 모든 부분에 드러난다고 하는 과르디니 주장의 존재론적 구조를 파악할 수 있다. 또한 이러한 구조 속에서 과정을 자기 안에 품고 있는 열매는 인간 삶에서 완성을 의미하는 노년과 비교될 수 있다(보부아르, 2002, 533쪽).

그런데 유한한 개체는 보편 생명으로부터 출현하여 보편 생명에 대립되는 자립적인 생명체로 존립하지만 다시 보편 생명의 운동 속에서 해체Auflösung된다. 다시 말해 유한한 존재의 자기 생성 속에서의 완성은 또 다른 개체의 산출과 자신의 죽음으로 이어진다. 그렇기 때문에 유한한 개체의 완성은 단순히 동일한 개체의 관점을 벗어나 자신이 산출한 타자와 자신의 죽음으로 이행한다. 그리고 이러한 개체의 운동을 통해 보편 생명은 일체의 구별을 지양해 나가는 무한성의 순수한 자기 생성의 순환 운동을 이어 나간다.

유한한 인간 개체 역시 이러한 생명의 순환 운동 속에 있다. 그런데 헤겔은 인간 개체는 한편에서 다른 유기체적 개체와 마찬가지로 자연적인 생명의 순환 운동에 참여하지만, 다른 한편에서는 다른 자연적 생명체와는 달리 자신의 고유한 정신적이고 사회적인, 나아가 역사적인 차원에서 자신의 세계를 구축해 나간다고 설명한다. 이러한 관점에서 볼 때 유한한 인간의 삶과 죽음은 단순히 생물학적인 의미만을 지니지 않는다. 따라서 우리는 헤겔에게서 유한한 인간 실존이 함축하고 있는 자연적인 의미와 정신적이고 역사적인 의미를 고찰해 보고자 한다.

3 인간 개체의 삶과 죽음의 의미

자연철학적 관점에서 본 개체의 삶과 죽음

우리는 먼저 자연철학적 또는 생물학적 관점에서 바라본 유한한 개체의 삶과 죽음에 대해 살펴보고자 한다. 헤겔은 생명이란 자신을 전개하고 지양해 나가는 활동성과 다르지 않다고 설명한다. 개별적인 생명체들은 이러한 생명의 활동성을 통해 성장하며, 이 과정 속에서 자신의 신체와 실재성에 익숙해지게 된다. 그런데 나이가 들어감에 따라 개체적 생명체들은 이러한 활동성에 익숙해짐으로써 점점 더 자신 속으로 또는 자신이 속한 유^類 속으로 침잠하게 된다. 다시 말해 개체적 생명체들이 자신의 환경과 신체와 실재성에 익숙해짐에 따라 모든 것이 습관화된다. 이러한 습관화 속에서 개체적 생명체들에게는 점점 더 자신에게 낯선 것과 특수한 것들이 사라지게 되면서 개체적 생명체들은 이 습관화된 상태에 안주하게 된다. 헤겔은 나이든 사람들이 긴장이나 관심을 더 이상 유지하지 않고 과정 없는 습관에 만족하게 되는 것이 이러한 이유에서라고 설명한다.

그런데 모든 유한한 유기체 또는 생명체는 노화를 거쳐 죽음에 이른다. 이러한 죽음은 생물학적인 마감으로서의 죽음을 지시한다. 헤겔은 먼저 개별적인 유기적 생명체의 죽음의 이유를 보편적 이념에 대한 부적합성에서 찾는다.

> 질병에서 동물은 비유기적 포텐츠와 얽혀 있으며, 자신의 생동감이 통일에 반해 자신의 특수한 체계 혹은 기관 중의 하나에 붙잡혀 있다. (…) 동물 유기체는 물론 자신의 분열을 극복할 수 있지만, 마찬가지로 분열에 굴복할 수 있고 분열 속에서 자신의 죽음의 방식을 가질 수도 있다. 일반적으로 개별적 부적합성을 극복한다거나 지나가는 것은 보편적 부적합성을 지양하지 못한다. 개체는, 그 이념이 직접적 이념이고 동물로서 자연의 내부에 놓여 있으며, 그 주체성은 즉자적으로는 개념이지만, 대자적으로는 개념이 아니라는 점에서 이러한 부적합성을 가지고 있다. 따라서 내적 보편성은 생명체의 자연적 개별성에 대해 부정적 위력으로 머물러 있으며, 개체는 이 위력으로부터 폭력을 당해 몰락한다(『헤겔 자연철학』, §374).

이처럼 개별 생명체는 자신이 속한 유Gattung의 보편성의 이념
에 완전히 일치하지 못하는 부적합성으로 말미암아 죽음에 이르게
된다. 여기서 유의 보편성은 개체에게는 부정적 위력negative Macht으
로 작용한다. 헤겔은 "보편성에 대한 동물의 부적합성은 동물의 근
원적 질병이며, 타고난 죽음의 싹"(『헤겔 자연철학』, §375)이라고 설명
한다.

살아 있는 개체는 자신의 개별성을 유의 보편성에 맞추어 자신
을 조형함으로써 보편성에 대한 부적합성을 지양해 나가지만, 보편
성 자체와 근본적으로 일치될 수 없기 때문에 보편성 자체는 개체
에게 추상적 객관성으로만 머물게 된다. 그 결과 이 추상적 객관성
으로서의 보편성 속에서 개체의 활동은 둔해지고 경직화되어서 개
체의 생명은 역동적 과정이 없는 습관이 되어 버린다고 헤겔은 말
한다. 이를 통해 개체는 죽음을 맞이하게 된다. 이와 관련하여 헤겔
은 『헤겔 자연철학』 §374 보충 설명에서 고령으로 인한 죽음을 다
음과 같이 설명한다.

고령으로 인한 죽음은 일반적으로 무력성이며, 쇠약의 일반적이고
단순한 상태다. 죽음의 외적 현상은 경직화의 증가와 근육과 힘줄의
강직의 이완, 소화불량, 감각의 약화, 개체적 생명으로부터 한갓 식
물적인 생명으로의 퇴행이다.

이처럼 개체성은 유의 자기 지양 운동 속에서 정립되지만 동시
에 유의 자기지양 운동 속에서 몰락하게 되며, 개체에는 노화와 죽
음 또는 해체의 필연성이 놓여 있다. 이와 같은 관점에서 헤겔은 개
체성의 죽음은 개체성이 보편성으로 이행해야 하는 필연성을 보여

준다고 설명한다. 헤겔에 따르면 "오직 유만이 하나의 통일에서 완전한 전체의 통일이다."(『헤겔 자연철학』, §375) 여기서 보편적인 것으로서의 유가 개체적 생명체보다 우위를 점하게 된다.

그런데 여기서 주목할 점은 헤겔에게서는 이러한 개체적 생명체들의 자연적 죽음을 통해 회복되는 보편적 생명이 단순히 자연이 아닌 정신이라는 사실이다. 다시 말해 자연의 자기 지양 운동을 통해서 정신Geist이 출현하게 된다. 그렇기 때문에 개체들의 자연적인 죽음을 통해서 자연에서 정신으로의 이행이 가능해진다.

개체적 생명체들의 자연적 죽음을 통해서 자연에서 정신으로의 이행이 가능하다는 헤겔의 설명은 그의 철학이 가진 고유한 측면을 보여 준다. 헤겔에게서 자기를 정립하고 다시 자기를 지양하고 부정해서 자기 자신으로 회귀하는 보편 생명의 순환 운동은 아직 맹목적이고 자연적으로 필연적인 자기운동으로 이해된다. 이러한 보편 생명의 순환 운동은 자기를 아는 주체성, 즉 정신의 운동으로 이행되어야 한다. 위에서 살펴본 바와 같이 자연에서 정신으로의 이행에는 개체적 생명체들의 죽음이 중요한 계기로 작용한다. 헤겔은 이에 관해 다음과 같이 말한다.

> 자연은 생명체에서 완성되었으며, 더욱 높은 것으로 전복함으로써 자신의 평화를 체결했다. 정신은 이와 같이 자연으로부터 현출했다. 자연의 목표는 제 자신을 죽이는 것이고, 직접적인 것, 감각적인 것이라는 자신의 외피를 돌파하는 것이며, 이러한 외면성으로부터 되젊어져서 정신으로 나타나기 위해 불사조로서 자신을 불사르는 것이다. 자연은 자신을 이념으로 다시 인식하고 자신을 자신과 화해시키기 위해 자신에 대해 타자가 되었다(『헤겔 자연철학』, §376).

이 인용문에 나타난 바와 같이 자연의 운동은 자신을 죽이고 직접적이고 감각적인 자신의 모습을 벗어나는 것이다. 헤겔에게서 자기 순환 운동을 수행하는 자연의 본질은 자기를 아는 정신 또는 이념이다. 그리고 자기를 아는 정신 또는 이념이란 "사유하고, 모든 공간적인 것과 시간적인 것을 자신의 것으로 만들며 (…) 자신의 것 속에서 보편성, 다시 말하면 제 자신을 갖는"(『헤겔 자연철학』, §376) 주체다. 즉, 정신 또는 이념은 모든 것을 자신의 것으로 만들어 나가는 자기를 아는 주체다.

헤겔은 여기에 정신의 무한한 자유가 있다고 말하며, 이를 인간의 자유로운 활동에 비유한다.

> 이것은 마치 자유로운 인간이 세계에 대해서 자신의 행위가 세계의 활동이라고 확신하는 것과 같다(『헤겔 자연철학』, §376).

자유로운 인간은 세계의 활동이 곧 자신의 행위와 같이 간다는 사실을 확신한다. 달리 표현하면 자유로운 인간은 세계라는 지평 속에 있으며, 세계의 활동은 바로 자유로운 인간들의 활동을 통해서 구성된다. 그렇기 때문에 세계의 활동과 자유로운 인간들의 활동은 사실상 같이 가는 것이며, 자유로운 인간은 이 사실을 인지하고 있다. 이와 유사하게 정신의 활동은 자연적 생명의 활동과 달리 자신의 세계 속에서 자신을 아는 활동이다. 그런데 여기서 중요한 사실은 자기 자신을 아는 정신 또는 신적 정신의 활동은 궁극적으로 인간의 활동력과 행위를 통해 형성되는 인류적 세계 속에서 실현된다는 사실이다.

자연에서 정신으로의 이행은 헤겔 철학의 가장 고유한 측면을 보여 주면서 동시에 가장 난해한 부분이다. 헤겔은 자연철학 내에서 이 이행의 논리적 구조를 자세히 밝히지 않았다. 우리는 이 이행의 구조를 『정신현상학』의 「자기의식」과 「이성」 장에서 발견할 수 있다. 위에 언급한 세계 속에서의 자유로운 인간의 활동은 바로 「자기의식」 장에서 생명을 지닌 개체들의 상호 매개 과정, 즉 상호 인정 투쟁의 과정이며, 나아가 「이성」 장에서 이성적 자기의식으로서의 개인들이 사회적 지평 속에서 상호 매개되어 나가는 과정이다. 이러한 개체들 혹은 개인들의 상호 매개 운동을 통해 이성적 자기의식으로 표현되는 인간 개체들은 자신들이 단순히 자연 세계에 던져진 실체적인 존재가 아니라 자신들의 행위와 작품을 통해 자신의 세계, 즉 사회적이고 역사적인 정신의 세계를 만들어 나가는 능동적 주체임을 깨닫게 된다. 헤겔은 인간의 활동성을 통해 창조되는 인륜성Sittlichkeit을 '세계로서 살아 있고 현존하는 정신'이라고 규정한다. 이를 통해 우리는 인간의 자연적 또는 생물학적 활동성이 자신의 인륜적 혹은 문화적 세계를 만들어 나가는 활동성으로 이행하며, 이 과정에서 바로 인간 개체의 삶의 의미와 본질이 드러남을 알 수 있다.

정신철학적 관점에서 본 인간 개체의 삶과 죽음

『정신현상학』 「이성」 장의 '쾌락과 필연성' 부분에서 헤겔은 이성적 존재자로서의 인간 개체의 문제를 다룬다. 「이성」 장은 세 부분, 즉 '관찰하는 이성', '이성적 자기의식의 자기실현', '즉자대자적으로 실재적인 개별성'으로 나뉜다. 「이성」 장 앞에 있는 「자기의식」 장에서 헤겔은 주인과 노예의 변증법을 다루는데, 주인을 위해 노동하는 자기의식적 주체인 노예의 모습을 통해 인간이 어떻게 자연을 가공하여 자신의 세계를 만들어 나가며, 이 세계 속에서 타자와 관계하는지를 말한다. 「이성」 장은 이러한 인간의 노동과 행위를 통해 형성된 세계를 전제로 하고 있으며, 자연을 토대로 형성된 **사회 세계** 속에서 개개인들이 어떻게 자신의 행위를 통해 타자와 관계 맺는지를 보여 준다.

이처럼 『정신현상학』에서 '이성'은 단순히 인간의 이론적인 인식 능력, 즉 추론 능력을 의미하는 것이 아니다. 이와 달리 헤겔이 『정신현상학』에서 서술하고자 하는 이성은 한편에서 이성적 존재자들로서의 인간 존재와 다른 한편에서 이성적 존재자로서의 인간 존재가 타자와 서로 관계를 맺고 있는 이성적 지평도 의미한다. 그리고 앞에 언급된 바와 같이 이성적 지평은 인간이 자연을 가공하여 만들어 낸 사회적 지평을 가리킨다.

이 사회적 지평 속에서 인간은 세계를 단순히 관찰하고 관조하는 개체가 아니라 행위하면서 자신의 세계인 정신의 세계, 즉 자신에게 고유한 문화 세계를 만들어 나가는 생동적인 개체를 의미한다. 이 지평 속에서 이성적 존재자들이 행위를 통해서 서로 완전하게 매개될 때 '이성'은 '정신'이 된다. 헤겔은 정신을 '인륜성'의 영역이라고 말한다. 다시 말해 정신은 인륜적 실체 또는 현실이며, 이 정신은 헤겔에게서 바로 만인의 행위의 확고부동한 근거이며 출발점으로 이해된다.

이러한 관점에서 볼 때 보편적인 인륜성 또는 인륜적 정신은 개개인의 일반적인 행동 양식, 즉 습속Sitte으로 나타나는데, 헤겔은 이 습속이 바로 모든 개인들의 삶을 관통하는 혼Seele으로서의 제2의 자연이라고 설명한다. 그런데 여기서 중요한 사실은 이 인륜적 실체가 만인의 행위에 의해서 산출된 보편적인 작품이라는 점이다.

다시 말해 모든 인간 개체들이 공존하는 장으로서의 정신은 개개인들의 행위의 결과물이라는 점이다. 이 행위의 단초를 앞서 언급한 「이성」 장에서의 이성적 존재자의 행위에서 발견할 수 있다.

「이성」 장의 첫째 절인 '관찰하는 이성'에서는 인간 개체가 아직 자신이 속한 세계가 자신의 행위가 낳은 결과물임을 알지 못하고 자신과 세계를 관찰의 대상으로 삼는다. 둘째 절인 '이성적 자기의식의 자기실현'에서야 비로소 인간 개체는 행위를 통해 세계와 관계하며, 또한 이 세계 속에서 타자와의 내적인 관계를 형성한다.

둘째 절의 첫 부분에서 헤겔은 '쾌락과 필연성'이라는 주제 아래 보편적인 지평의 형성으로 가기 위한 첫 출발점으로서 인간 개체의 문제를 다룬다. 이 절에 처음 등장하는 인간 개체는 자신의 외부 세계에 있다고 생각하는 모든 보편적인 관습과 법을 부정적인 보편성의 위력으로 파악하면서, 이를 벗어나 개별자로서의 자기 자신만의 행복을 추구하는 개인이다(Rozsa, 2004, 137쪽). 이러한 개인은 자신의 자연적인 충동을 절대적인 것으로 정립한다. 그렇기 때문에 보편성에 대립된 개인은 인류적 공동체 속에서 자신을 발견하지 못하며, 이 공동체가 자기 자신의 작품이며 자신의 실체를 이루고 있다는 사실을 깨닫지 못한다(Kalavage, 2007, 189~190쪽).

여기서 헤겔은 괴테의 『파우스트』를 인용하면서 관습이나 학문과 같은 보편성의 세계로부터 뒤로 물러서서 개별 의식 속에서 감각적 쾌락을 추구하는 인간 개체의 운명에 대해 서술한다(PdG, 240쪽). 파우스트적인 개인은 단지 '사유하는 자아'가 아니라 세계 속에 존재하는 육체를 지닌 개인을 지칭한다. 다시 말해 이 개인은 자신의 개별성 안에서 쾌락을 추구하고자 하는 육화된 존재로서 처음에 모든 보편적인 규범을 경멸하는 존재로 상징된다(Siep, 2000, 151쪽).

헤겔에 따르면 살아 있는 육화된 존재로서의 인간은 개체적 생명체로 존재한다.

그런데 개체적 생명체로서의 인간 개체는 먼저 세계 속에서 타자를 욕망의 대상, 즉 살아 있는 자립적 존재로서의 타자를 향유의 대상으로 만난다. 쾌락을 향유하고자 하는 이성적 존재자로서의 개인은 먼저 쾌락이나 열정과 같은 주관적 충동에 이끌리며(Stekeler, 2014, 133쪽), 욕망의 대상으로 주어지는 타자의 자기의식 역시 자기와 동일한 자기성을 지니고 있음을 의식한다. 이처럼 동일한 자기성을 지니고 있는 두 자립적인 인간 개체는 쾌락의 향유를 통해서 서로가 통일됨을 직관한다. 다시 말해 인간 개체는 또 다른 개체 속에서 자신을 발견하려는 쾌락의 주체다. 그리고 이와 같은 쾌락의 주체는 타자와의 관계를 전제로 하고 있는 남성과 여성이라는 보완적인 개체성 속에서만 자기 자신을 발견할 수 있다.

그런데 우리는 이 주체가 타자 속에서 자기 자신에 도달하는 것이 아니라 그 타자에 의해 잠식당한다는 사실에 유의할 필요가 있다. 즉, 감각적 사랑은 궁극적으로 개체의 삶과 이 삶에 뒤따르는 죽음을 함축하고 있으며, 사랑이 쾌락으로만 이해될 때 그것은 소모적인 것이 된다(이폴리트, 1986, 353쪽).

여기서 헤겔은 감각적 사랑에 기반을 두고 있는 두 자기의식적 개체의 통일에 뒤따르는 운명에 대해 말한다. 엄격하게 말해서 쾌락의 관점에 입각해서 타자 속에서 자기 자신을 발견하고자 하는 두 자기의식은 향유를 통한 직접적 통일 속에서 완성을 이루지 못한다. 이 통일은 또 다른 개체성의 산출로 이어지게 되고, 나아가 피할 수 없는 필연적 운명으로서의 죽음을 맞이한다. 다시 말해 죽음은 개체의 삶을 무화하는 필연성 또는 운명으로 드러난다. 그런데 운명으로서의 죽음은 단절로 이해되는 생물학적 죽음과는 다르게 긍정적인 특징 또한 지니고 있다. 우리는 운명으로 규정되는 죽음에서 인간 개체의 삶과 죽음이 또 다른 개체의 산출로 이어지며, 이 죽음이 종국에는 한 세대와 다음 세대를 이어 주는 연결 고리를 형성하게 됨을 알 수 있다. 생명의 순환 속에서 사랑을 통해 화합을 이룬 두 개체는 부모가 된다(Kalavage, 2007, 193쪽)

헤겔에게서 이러한 두 보완적 개체 간의 사랑과 또 다른 개체의 산출은 『정신현상학』의 주제만은 아니다. 『법철학』에서 헤겔은 이 주제를 결혼과 가족이라는 문맥에서 다시 논의한다. 그에 따르면 남편과 아내 간 사랑의 관계는 직접적인 관계로서 남아 있기 때문에 아직 대상화된 관계가 아니며, 결과적으로 이 관계에서는 완전한 통일이 이루어지지 않는다. 두 자기의식적 존재의 사랑 또는 통일은 자식을 통해 완성된다고 헤겔은 설명한다(GPR, §173). 다시 말해 두 보완적인 인간 개체에게는 완전한 화해와 통일이 없고, 이 통일을 통해 산출된 새로운 개체에 의해서만 이 통일은 완결된다.

그런데 여기서 중요한 점은 부모와 자식의 관계는 단순히 생물학적이거나 자연적인 관계로만 이해되어서는 안 된다는 사실이다. 헤겔은 동물과 달리 인간에게서 부모와 자식의 관계는 인륜적이고 문화적인 역사 공동체의 문맥을 형성한다고 말한다. 다스튀르에 따르면 아들을 아버지와 잇는 외재성의 관계에서 정신적 차원 또는 생물학적 차원의 존재론화가 이루어질 때만 우리는 부성을 통해 죽음을 극복하고자 하는 노력을 기울일 수 있다(다스튀르, 1994, 85~86쪽).

근대 철학에서 인간 의식의 토대로서의 역사(문화)적인 세계의 중요성을 최초로 부각한 헤겔은 가족을 정신적이고 문화적인 토대로서의 인륜성의 첫 단계로 규정한다. 그렇기 때문에 부모와 자식의 관계는 자연적 질서에서가 아니라 인륜적 질서 속에 놓여 있으며, 이러한 맥락에서 헤겔은 자녀들이 가족의 공동재산으로 부양되어야 하며, 문화나 인륜 공동체의 구성원으로서 교육받을 권리를 지닌다고 말한다(GPR, §174). 그리고 자녀가 자유로운 인격체로 성장하고 성년에 다다르면서 법적 인격을 인정받고 자신의 가정을 형성하게 될 때 가족은 해체된다(GPR, §177). 헤겔은 여기서 명시적으로 언급하지는 않지만 '어린아이의 성장은 부모의 죽음이다'라는 그의 주장을 전제로 한다. 자식의 성장은 부모의 노화와 죽음을 지시한다. 헤겔은 『법철학』에서 다음과 같이 말한다.

> 인간은 습관에 젖어들면 또한 죽음을 맞이하게도 되는데, 즉 인간이 살아가는 데에 완전히 익숙해져서 정신적, 육체적으로도 둔감해지고 주관적 의식과 정신적 활동의 대립이 사라져 버리면 그렇게 되는 것이다. 왜냐하면 인간은 그가 아직 뭔가를 이루어놓지 못하여 그 일을 놓고 어떻게든 일을 꾸며 나가며 세상에서 인정받기를 바라는 한에서만 살아 움직이게 마련이기 때문이다. 이것이 완수되고 나면 일체의 활동도 생명력도 사라지고 마침내 그 무엇에도 관심을 두지 않는 상태가 되는데, 이것이 정신적, 육체적 죽음이다(GPR, §151).

이 인용문에서 우리는 헤겔이 바라보는 인간의 노화 또는 노년의 상태를 간접적으로 파악할 수 있다. 노화는 모든 것이 습관화되어 둔감해지는 것이며, 노년은 이러한 노화의 상태에 접어드는 시기다. 이 시기에는 육체의 활동도 생명력도 사라지며, 마침내 인간은 타자의 인정을 받기 위해 무엇인가를 이루려는 욕구도 관심도 갖지 않는 상태에 이른다. 그리고 이 상태는 정신적, 육체적 죽음으로 이어진다. 이 점에서 볼 때 노화와 노년은 한편에서 부정적 의미를 지닌다고 볼 수 있다. 그러나 자세히 살펴보면 이러한 죽음은 단순히 인간 개체의 삶의 쇠퇴와 종말, 단절이 아니라 오히려 자신의 삶의 과정을 완결하고 새로운 세대를 열어 주는 중요한 계기를 이룬다.

이와 같은 관점에서 볼 때 유한한 인간 개체의 삶은 순수하게 개체적인 차원에만 머물지 않는다. 위에서 살펴본 바와 같이 유한한 인간 개체의 삶의 완성 속에서는 자식이라고 하는 타자화된 자기 자신과의 내적인 관계가 드러난다. 그리고 이러한 관계는 세대와 세대를 이어 주는 관계로 확장된다. 헤겔은 이러한 무한 진행의 과정 속에서 인간의 역사성이 열려 밝혀짐을 강조한다. 그렇기 때문에 노년과 죽음에서 완성되는 인간 유한성의 존재론적 구조는 순수히 개체적 관점에 머물지 않고 인간의 역사성의 지평을 열어 주는 중요한 요소로서 자리매김한다.

인간 유한성에 나타난 노년과 죽음의 의미

우리는 헤겔 철학에서 유한한 인간 개체의 삶 속에서 노화 또는 노년과 죽음의 존재론적 구조와 의미에 대해 살펴보았다. 상술된 바와 같이 인간 개체는 한편에서 다른 유기체적 개체와 마찬가지로 자연적인 생명의 운동을 한다. 그러나 다른 한편에서 인간의 본질은 정신으로 규정되기 때문에 역사적인 세계 속에 존재하는 인간 개체에서 노화와 죽음은 단순히 자연적 의미만을 지니고 있지 않다. 인간 개체에게서 노년과 죽음의 참된 의미와 가치는 인간이 자신의 삶을 완성하고, 나아가 자기와 동일한 자기성을 지닌 다른 인간 개체와의 내적인 관계로서의 상호 주체성 그리고 새로운 세대를 열어 주는 역사성의 관점에서 찾아질 수 있다. 헤겔은 오로지 인간만이 자식 속에서 자신을 의식할 수 있는 존재이며, 또한 시간성 속에서 역사적인 인간으로 태어나고 죽는다고 설명한다(코제브, 1981, 362쪽). 헤겔은 자신의 철학체계에서 인간 삶 속에서의 노년의 의미와 가치를 독립적인 주제로 다루지는 않았지만, 이 문제를 유한한 인간 개체의 삶과 죽음의 존재론적 구조와 역사성 개념 속에서 이미 하나의 전제로 삼고 있다고 유추할 수 있다.

인간의 유한성과 죽음 개념은 철학의 중심 문제 중의 하나로서 그동안 이에 관한 많은 연구들이 진행되어 왔다. 이에 비해 노화와 노년의 문제는 철학에서 거의 주목을 받지 못했다. 그러나 앞에서 언급한 바와 같이 고령화의 문제가 전 지구적인 문제로 부각되고 있는 현실에서 노년과 죽음에 대한 철학적 성찰을 시도하는 것은 유의미한 작업일 수 있다. 나아가 이 성찰을 통해 우리는 헤겔 철학의 변증법적 구조가 단순히 인간 삶과 무관한 사변적인 영역에만 머물러 있는 것이 아니라 현대에 새롭게 제기된 문제들을 이해하고 이에 대한 해결 방안을 모색하는 데 어떻게 적용될 수 있는지를 보여 줄 수 있는 계기를 마련할 수 있다.

4장

쇼펜하우어 철학에서
맹목적 의지와의 투쟁과 노년

김옥경

1 맹목적 의지와의 투쟁과 노년

자연의 모든 살아 있는 개체는 태어나서 자기 자신의 보존을 향해 노력을 기울이는 가운데 성장하고 노화하면서 종국에는 죽음을 맞이한다. 인간 개체 역시 이 과정에서 자유롭지 않다. 그런데 자연의 다른 개체들과는 달리 인간은 자신의 삶과 죽음에 대해 사유하는 존재다. 이에 대한 사유는 인간의 유한성에 대한 자각으로 이어진다.

그동안 철학에서는 인간의 유한성을 설명하면서 주로 탄생과 죽음에 주목해 왔다. 그런데 고령화 사회에 접어들면서 죽음에 가까이 가 있는 노년이 우리의 유한한 실존에서 어떤 의미를 지니고 있는지에 대한 문제의식이 많이 고조되고 있다. 왜냐하면 죽음에 다가가는 노년은 삶이 수축되고 죽음이 더 높은 강도로 자각되지만 아직 삶이 문제가 되는 시기이며, 또한 이 시기는 삶의 긴 여정 속에서 우리 자신을 완성해 가고 삶을 마무리하는 매우 독특한 단계를 형성하기 때문이다. 언급한 바와 같이 철학에서는 그동안 인간 유한성과 관련하여 '노년'에 대한 깊은 성찰이 이루어지지 않았다. 그런데 쇼펜하우어는 인간의 삶을 여러 단계로 나누어 성찰하고 우리 삶의 과정에서 노년이 어떠한 의미로 접근될 수 있는지에 대해 고찰한다.

쇼펜하우어는 먼저 인간을 포함한 자연의 모든 개체의 탄생, 성장, 노화, 죽음을 자연의 맹목적 의지의 관점에서 설명한다. 그에 따르면 자연의 순환 운동, 즉 자신을 개체화하고 동시에 소멸시키는 반복적 운동은 단적으로 맹목적 의지에 의한 것이다. 그리고 자연의 맹목적 의지는 우리가 경험할 수 있는 현상을 넘어서 있는 불변하는 물자체로서의 단일체로 이해되며, 자연에서의 개체들은 물자체의 개체화를 통해 산출된 다양한 현상들이다.

쇼펜하우어는 물자체가 자신이 개체화한 이러한 다양한 현상들의 생성, 변화, 소멸의 운동으로부터 자유롭다고 말한다. 자연의 맹목적 의지는 끊임없이 새로운 개체들을 산출함으로써 단지 종種을 유지하는 것을 목적으로 삼을 뿐이며, 개체 자체의 유지에는 관심을 기울이지 않는다. 더욱이 지성의 활동을 통해 자연의 고차적인 단계를 점하고 있음에도 불구하고 인간 역시 이러한 맹목적 의지의 지배를 받는다.

이와 같이 『의지와 표상으로서의 세계』 2부에 상술되어 있는, 자연의 맹목적 의지에 기초한 인간 개체의 탄생, 성장, 노화, 죽음은 자연의 운동 속에서 다른 존재자들과 차별화되는 인간 고유의 실존적 의미를 지니지 않는다고 볼 수 있다. 특히 이와 관련하여 볼 때 죽음에 가까이 다가가는 노년이나 인간의 죽음은 개체의 차원에서는 그 자체로 어떠한 가치도 지니지 못하고 단순히 맹목적 의지로서의 자연의 순환과정의 한 단면만을 채울 뿐이다.

그런데 그의 저서 『단편과 부록Parerga and Paralipomen』 중 「삶의 지혜에 관한 격언」에서 쇼펜하우어는 흥미로운 주장을 전개한다. 통상적으로 인생의 쇠퇴기로 간주되는 노년기가 삶의 집착으로부터 벗어나 맹목적 의지의 부정에 도달할 수 있는 가장 적합한 시기이며, 그렇기 때문에 인간 삶에서 가장 중요한 시기로 간주될 수 있다는 것이다. 『단편과 부록』에서 쇼펜하우어는 인간 삶을 여러 단계, 즉 유년기, 청년기, 노년기로 나누고, 각 단계의 고유한 특징을 고찰한다. 쇼펜하우어는 유년기와 청년기와는 달리 노년에 이르러서 우리는 사물을 냉철하게 파악하고 관조할 수 있게 되며, 이때야 비로소 인간은 환상, 미망, 편견으로부터 해방되어 사물을 올바르게 인식할 수 있는 통찰을 얻게 된다고 말한다. 이러한 통찰에서 우리는 노년의 철학적 함의를 발견할 수 있다. 왜냐하면 노년기에는 고통의 원천인 인간의 무한한 욕구에 기초한 삶을 향한 의지의 긍정을 삶의 진정한 행복을 가져다주는 의지의 부정으로 전환시킬 수 있는 단초가 마련될 수 있기 때문이다.

나아가 우리는 『의지와 표상으로서의 세계』 2부와 4부에서도 맹목적 의지로부터 벗어날 수 있는 인간에 고유한 실존의 모습을 발견할 수 있다. 여기서 쇼펜하우어는 인간 존재를 새로운 관점에서 접근하는데, 그것은 맹목적 의지에 기초한 자연철학적 이해와는 구별된다. 이는 바로 삶에 대한 긍정에 수반되는 맹목적 의지를 부정하고 순수한 인식에 도달할 수 있는 인간 존재의 고유성이다. 물론 맹목적 의지의 부정은 인간의 의식적이고 자발적인 결단으로 쉽게 성취될 수 있는 것은 아니다. 인간은 의지의 긍정과의 끊임없는 투쟁을 통해 그 방향을 의지의 긍정에서 의지의 부정으로 전환해야 한다. 쇼펜하우어는 이러한 전환의 가능 근거를 예술이나 종교적 수행 또는 순수한 인식과 같은 다양한 관점에서 찾는다.

이상에서 볼 때 인간 삶의 마지막 단계를 가리키는 노년기는 쇼펜하우어에게서 이중의 의미를 지닌다고 볼 수 있다. 한편에서는 자연철학적 관점에 의거하여 인간의 노년은 자연의 순환과정의 한 부분으로서 특별한 의미가 부여되지 않는 삶의 단계이면서, 동시에 다른 한편에서는 맹목적 의지의 부정과 관련하여 인간 삶에서 매우 중요한 시기로 간주될 수 있다. 따라서 우리는 쇼펜하우어에게서 이중적 의미로 접근될 수 있는 노년의 의미를 살펴봄으로써 노년이 철학적으로 우리 실존 구조에 어떠한 함의를 지니고 있는지를 고찰해 보고자 한다.

2 자연철학적 관점에서 바라본 노년의 의미

물자체로서의 맹목적 의지

자연의 모든 개체는 생성, 성장, 노화 그리고 소멸의 과정 속에 있다. 쇼펜하우어에 따르면 개체 또는 가시적인 현상 세계는 불변하는 물자체로서의 근원적인 의지의 현상이다. 다시 말해 현상은 '의지'의 현상이고, 물자체는 현상과의 관계성 속에 있는 '현상'의 본질이다(Atwell, 1995, 115쪽). 더욱이 물자체로서의 의지는 플라톤의 이데아처럼 개체들과 현상들의 다원성 너머에 존재하는 불변하고 단일한 일자이며, 개체화를 통해 다원성으로 현상화된다. 물자체가 현상화된 세계는 인식하는 주관에게는 바로 표상의 세계다. 따라서 표상의 세계는 의지가 객관화된 것, 즉 '의지의 거울'로 간주된다.

물자체로서의 의지가 '단일한 일자'로 규정되는 이유는 플라톤의 이데아처럼 다양하고 유사한 개체들이 공유하고 있는 어떤 동일한 것이 자연에는 전제되어 있기 때문이다. 쇼펜하우어는 자연 속에서 작용하고 영향을 미치는 모든 힘의 본질이 동일하다고 주장하면서 이러한 사실이 그동안 철학에서 인식되지 못했다고 지적한다. 예를 들면 식물 속에 작용하는 힘이나 결정이 생기게 하는 힘 또는 자석을 북극으로 향하게 하는 힘과 중력 등은 현상의 관점에서 본다면 모두 상이한 현상으로 간주될 수 있지만, 내적 본질의 차원 또는 물자체의 관점에서 접근한다면 이 현상들은 동일한 것으로 인식될 수 있다. 여기서 다양하고 상이한 현상들을 관통하는 동일한 것이란 바로 자연 속에 놓여 있는 동일한 본질로서의 힘, 즉 '의지'다.

그런데 물자체가 객관화된 현상으로서의 개체들은 시간과 공간 속에서 근거율의 지배를 받으면서 운동하는 반면, 물자체로서의 의지는 단일한 일자이기 때문에 근거율을 넘어서 있다. 다르게 표현하면 물자체로서의 의지는 단일한 일자로서 모든 다양성과 이 다양성의 상호작용으로부터 자유롭고, 나아가 의지가 객관화된 현상의 모든 형식, 즉 시간과 공간 또는 근거율로부터 자유롭다.

이러한 쇼펜하우어의 주장은 시간과 공간 또는 근거율이 물자체가 아닌 현상에 대한 우리 인식 활동의 형식이라는 칸트의 이론과 연관성을 맺고 있다. 더욱이 우리가 주목해야 할 사실은 쇼펜하우어에게서 물자체로서의 의지가 '맹목적'이라는 점이다. 여기서 '맹목적'이란 어떤 특정한 목적이나 의도를 지닌 의지가 아니라는 뜻이다. 이러한 의지의 대한 예를 우리는 자석이나 전기의 운동 또는 중력에서 드러나는 자연력에서 찾을 수 있으며, 또한 아무 표상이나 인식을 갖지 않고 있으면서도 둥지를 짓는 새와 거미줄을 치는 거미의 행동에서도 발견할 수 있다. 더욱이 자율적인 신체의 운동인 호흡, 소화, 혈액 순환, 분비 등도 맹목적 의지에 대한 좋은 예로 제시될 수 있다.

쇼펜하우어에 따르면 특히 인간과 동물의 신체는 의지가 직접적으로 현상화되고 가시화된 것으로서 간주될 수 있다. 그렇기 때문에 인간과 동물의 신체는 인간과 동물의 의지에 완전히 상응한다고 볼 수 있다. 이와 같은 관점에서 쇼펜하우어는 신체의 부분들이 의지를 발현시키는 욕구의 가시적인 표현이라고 설명한다.

> 치아, 목구멍, 장기는 객관화된 배고픔이고, 생식기는 객관화된 성욕이며, 물건을 잡는 손이나 재빠른 발은 그것들로 표현되는 이미보다 간접적으로 된 의지의 노력과 상응한다(『의지와 표상으로서의 세계』, 201쪽).

의지는 직접적으로 신체의 운동으로 드러나는데, 이때 의지 행위와 신체 행위가 인과성으로 결합된 것이 아니고 이 두 행위는 "하나의 동일한 것으로 전적으로 상이한 두 가지 방식으로 주어져 있을 따름이다."(『의지와 표상으로서의 세계』, 189쪽) 다시 말해 신체의 행위는 의지가 객관화되고 현상화된 행위다. 우리가 '고통'이나 '쾌감'이라고 부르는 근원적 감정도 사실은 의지와 관계를 맺고 있다. 신체에 미치는 작용이 의지에 반할 때 이 작용은 '고통'이 되고, 의지에 상응할 때는 '쾌감'이 된다. 이처럼 쇼펜하우어에게서 신체는 우리 자신의 의지를 인식하기 위한 중요한 조건이다.

쇼펜하우어는 '의지의 긍정'이 어떠한 인식에 의해서도 방해받지 않는 끊임없는 의욕 자체라고 설명한다. 그런데 이 의지의 긍정으로서의 의욕 자체는 신체 속에 표현되어 있으며, 이는 개체의 유지와 종의 번식과도 내재적인 관련을 맺고 있다. 나아가 쇼펜하우어는 우리의 인식 능력 역시 이러한 의지를 전제로 하고 있다고 설명하는데, 인식 작용 자체는 보다 높은 단계에 있는 의지의 객관화에 속한다. 인식 작용을 가능하게 하는 감각 기능, 신경 또는 뇌수 역시 의지의 객관성의 표현일 뿐이다. 이처럼 '인식은 전적으로 의지에 봉사'한다.

그런데 인식과 의지의 관계에서 흥미로운 사실은 감정과 열정이 때로 우리의 인식을 왜곡하고 사물에 대한 판단과 최초의 지각을 곡해할 수 있는데, 이는 의지가 우리의 인식에 작용한 결과라는 점이다. 이처럼 의지로 인하여 우리는 '지성을 순수한 방식으로 사용하지 않는 경향'(Janaway, 2002, 58쪽)을 가지고 있다. 경험적으로 볼 때 우리는 일이 순조롭게 진행될 때 세상을 밝게 바라보고, 그 반대의 경우에는 세상을 암울하게 바라보는 경향성을 갖고 있는데, 이러한 경향성 역시 의지가 인식에 작용한 결과다. 그런데 동물과 달리 인간에게는 인식이 의지에 봉사하는 데에서부터 벗어나 순수하게 인식할 수 있는 가능성이 열려 있기도 하다.

맹목적 의지와 개체들의 삶과 죽음

물자체로서의 맹목적 의지의 객관화를 통해 삶을 얻게 된 개체들은 자기 보존을 위하여 노력하는데, 이 노력은 '삶의 의지'로 표현될 수 있다. 쇼펜하우어는 '의지'는 항상 '삶'과 관련을 맺고 있기 때문에 사실상 '의지'라는 표현은 '삶의 의지'라는 표현으로 이해되어야 함을 강조한다. 삶의 의지는 사물이 자신을 유지하려는 노력과 인간의 의욕 모두에 해당한다.

자연철학적 관점에서 볼 때 이러한 노력 속에는 '저항'이 항존하는데, 특히 모든 유기체는 자신의 보존을 위해 의지가 현상화된 낮은 단계의 자연력에 저항하고 이를 제압하고자 한다. 물질의 경우를 살펴보면 "물질은 서로에 맞서는 힘들의 투쟁 속에서만 자신의 존재를 갖게 된다."(『의지와 표상으로서의 세계』, 264쪽) 그렇기 때문에 자연 도처에서 투쟁과 승리가 교호적으로 일어난다.

이러한 맹목적인 의지는 인간이나 동물에게서뿐만 아니라 자연에서 가장 낮은 단계를 점하고 있는 무기물이나 식물계에서도 맹목적인 충동 또는 우리가 인지하지 못하는 어두운 활동으로 작용한다. 인간 삶에서 일어나는 '만인에 대한 만인의 투쟁'도 이와 같은 관점에서 접근될 수 있다. 다만 이러한 삶의 의지가 인간에게는 인식 능력을 통해 은폐되어 있을 뿐이다. 또한 쇼펜하우어는 "의지는 허기진 의지이기 때문에 의지 자체가 자신을 먹어치우며 살아가야"(『의지와 표상으로서의 세계』, 271쪽)한다고 말한다. 다시 말해 쇼펜하우어에 따르면 물자체로서의 의지의 객관화는 낮은 단계에서부터 인간에 이르는 높은 단계에 걸쳐서 이루어지는데, 외적 필연성의 관점에서 접근할 때 인간은 자신을 유지하기 위해 동물을 필요로 하며, 동물은 하위의 동물과 식물을, 그리고 식물은 땅, 물, 화학적 요소들, 행성이나 태양을 필요로 한다. 따라서 의지는 오로지 이러한 단계를 거쳐 객관화되는 의지 자체를 필요로 하는 것이다. 이러한 연유로 의지를 통해 무엇인가를 추구하는 노력, 불안, 고뇌가 생겨나게 된다고 쇼펜하우어는 설명한다.

그리고 중요한 점은 맹목적 의지의 개체화를 통해 개체에는 삶이 주어지고 죽음을 통해 무로 되돌아간다는 사실이다. 쇼펜하우어는 의지의 관점에서 출생과 죽음을 설명한다.

출생과 사망은 바로 의지의 현상에, 그러므로 삶에 속하는 것이고, 삶 자신은 시간을 모르지만 자신의 원래 본질을 객관화하기 위해 시간이라는 형식에서 일시적으로 드러난 현상으로서 생성하고 소멸하는 개체들 속에 나타나는 것이 이러한 삶에 본질적이다(『의지와 표상으로서의 세계』, 462쪽).

이처럼 자연에서 개체의 생성과 죽음이 삶의 본질적 요소로 삶을 구성하고 있으며, '삶의 현상 전체의 양극으로 균형을 유지'하고 있음을 보여 준다. 쇼펜하우어는 인도 신화에 등장하는 시바 신을 언급하면서 생식과 죽음은 서로를 중화하고 상쇄하는 본질적인 상관 개념임을 강조한다. 여기서 주지되어야 할 사실은 생성과 소멸은 맹목적 의지의 현상으로서의 개체에만 해당되는 것이고 맹목적 의지, 즉 자연 전체는 현상을 넘어서 있는 물자체로서 개체의 생성과 소멸에 전혀 영향을 받지 않는다.

이와 관련하여 쇼펜하우어는 자연에서 중요한 것은 개체가 아니라 종Gattung이며, 개체는 자연에 아무런 가치를 지닐 수 없기 때문에 "자연은 언제라도 개체를 저버릴 준비가 되어 있다"(『의지와 표상으로서의 세계』, 463쪽)라고 주장한다. 이와 같은 관점에서 볼 때 개체는 파멸되도록 운명지어져 있다. 그렇기 때문에 종이나 물자체로서의 이념은 영원하고 본래적인 실재성을 가지고 있으나 개체는 무상한 것이다. 쇼펜하우어는 "의지의 현상 형식, 그러므로 삶의 형식이나 실재성의 형식이 미래도 과거도 아니고 현재뿐이라는 것을 뚜렷이 인식해야 한다"(『의지와 표상으로서의 세계』, 466쪽)라고 강조한다. 즉, 현재만이 모든 삶의 형식이고 과거와 미래는 우리의 개념 속에 있는 것이다. 의지의 객관화 또는 모든 삶의 형식은 현재로만

드러난다.

이와 관련하여 쇼펜하우어는 태양의 예를 드는데, 태양이 저녁에는 밤에 빠져든 듯이 보이지만 사실은 태양 자체는 쉬지 않고 낮에 서처럼 불타고 있다. 이와 같이 삶에 대한 의지는 태양처럼 계속해서 자기 자신을 현재 속에서 객관화한다. 이러한 객관화 속에서 개체들은 생성되고 소멸되며, 물자체로서의 의지는 이러한 생성과 소멸로부터 자유롭다. 쇼펜하우어가 의지와 관련하여 현재를 강조하는 이유는 생식과 죽음이 의지의 현상에 본질적인 것으로서 근본적으로 삶에 속하는 것이기 때문이다. 여기서 개체의 삶이란 '물질이 형태를 확고하게 고수하면서 끊임없이 변화하는 것'과 다르지 않다.

이러한 개체의 생식과 죽음은 쇼펜하우어에서 영양 공급 과정과 분비 과정의 관점에서도 고찰된다. 그에 따르면 "지속적인 영양 공급과 재생이 정도에 따라서만 생식과 다를 뿐이고, 지속적인 분비도 정도에 따라서만 죽음과 다를 뿐이다."(『의지와 표상으로서의 세계』, 464쪽) 영양 공급과 재생의 과정은 식물의 경우에 더 잘 드러나는데, 식물은 자신의 조직적인 집합체를 끊임없이 재생시키며, 여러 단계의 변태 과정을 거쳐서 꽃을 피우고 열매를 맺는다. 이 과정의 결과물로서의 꽃과 열매는 식물의 생존과 노력이 집약된 것으로서, 맹목적 의지의 객관화의 한 단계를 매우 명확하게 보여 준다.

동물의 경우에도 이와 유사한 과정이 일어난다.

영양 공급 과정은 끊임없는 생식이고, 성적 쾌락은 보다 고차적으로 강화된 삶의 느낌의 쾌적함이다. 다른 한편 물질을 쉬지 않고 발산하고 방출하는 분비 작용은 생식과는 반대로 보다 높은 차원에서 죽음과 같은 것이다(『의지와 표상으로서의 세계』, 465쪽).

이 인용문에 나타난 바와 같이 삶 속에서 계속해서 이루어지는 분비 작용은 죽음과 내재적인 연관성을 가지고 있다. 이러한 관점에서 쇼펜하우어는 "우리 신체의 삶은 죽음이 지속적으로 저지되고 있을 뿐이며, 계속해서 연기되고 있는 죽음이라는 것이 분명하다"(『의지와 표상으로서의 세계』, 516쪽)라고 설명한다. 달리 표현하면 우리가 태어나는 순간 이미 죽음은 우리의 삶 속에서 작용하고 있으며, 우리는 매 순간 죽음과 싸움을 벌인다. 자연의 순환과정 속에서 죽음은 단지 '개체성이 잊히는 잠'으로 간주될 수 있다.

그런데 개체들은 삶에 대한 의지 자체가 개별적으로 객관화된 것이기 때문에 개체들은 삶에 집착하면서 죽음에 저항한다. 삶에서 오는 불안이나 고뇌, 죽음에 대한 공포 역시 개체들의 삶에 대한 의지로 인해 발생한다. 쇼펜하우어에 따르면 삶의 의지는 우리로 하여금 끊임없이 무엇인가를 의욕하게 만들며, 우리가 의욕의 주체인 한에서 우리에게 지속적인 행복이나 마음의 안정도 불가능하다고 주장한다.

> 의욕의 주체는 익시온의 돌아가는 바퀴에 묶여 있는 것과 같고, 다나이덴 자매가 밑 빠진 독에 끊임없이 체로 물을 퍼 올리는 것과 같으며, 영원히 애타게 갈망하는 탄탈로스와 같다(『의지와 표상으로서의 세계』, 332쪽).

이처럼 모든 개체들은 삶의 맹목적 의지로 인하여 끊임없는 욕구를 충족하기 위하여 노력하며, 충족에 이르면 만족감을 느끼고 충족에 이르지 못하면 불안과 고통을 느끼게 된다. 쇼펜하우어는 동물과 인간의 의욕과 욕구를 해소할 수 없는 갈증에 비유하고, 이로 인해 발생하는 고통은 본질적이라고 말한다. 그런데 인간 삶에서 욕구는 충족되기보다는 주로 방해를 받기 때문에 무한한 욕구와 만족 사이의 불협화음에서 발생하는 고통은 의지의 고차원적인 단계에 서 있는 인간에게 더 가시적이다. 다시 말해 "인식이 명백해지고 의식이 향상됨에 따라 고통도 커져서, 고통은 인간에게서 최고도에 달하게 된다."(『의지와 표상으로서의 세계』, 514쪽)

상술된 바와 같이 맹목적 의지에 기초한 자연철학적인 관점에서 볼 때 물자체의 개체화의 한 형태인 인간 존재도 다른 개체들과 같이 탄생과 노화와 죽음의 단계로 구성된 자연의 순환 운동에서 자유롭지 않다. 다시 말해 인간이 고차의 자기의식을 소유함으로써 자연의 다른 개체들과 다른 방식으로 자신의 삶과 죽음에 관계함에도 불구하고 자연철학적 관점에서 바라볼 때 인간의 탄생과 노화와 죽음의 과정은 자연의 순환과정 속에서 인간 고유의 실존적인 의미를 지니지 않는다고 볼 수 있다. 그런데 쇼펜하우어는 다른 한편에서 역설적으로 맹목적 의지로부터 벗어날 수 있는 인간 존재의 고유성을 열어 준다. 다음 절에서 이에 관해 자세히 살펴보기로 하겠다.

3   인간의 고유한 삶의 관점에서 바라본 노년의 의미

여러 단계로 구성된 인간의 삶

이상에서 살펴본 바와 같이 맹목적 의지의 관점에서 볼 때, 인간 삶과 다른 생명체의 삶 사이에는 차이점이 없다. 그러나 이러한 맹목적 의지에 기초해 있는 자연철학적 고찰에서와는 달리 쇼펜하우어는 『단편과 부록』에서 인간 삶의 흐름을 단순히 삶이 쇠퇴해 가는 과정으로 파악하지 않고, 인생의 각 단계마다 고유한 특징을 지니고 있는 인간 삶의 독특성에 주목한다. 그는 이 글에서 삶의 여러 단계를 구성하는 유년기, 청년기, 노년기를 거치면서 인간이 다른 생명체들과 달리 어떻게 각기 다른 방식으로 사물을 인식하고 이를 통해 자신이 속한 세계에 대한 태도를 취하는지에 대해 자세하게 상술한다.

쇼펜하우어에 따르면 삶의 초기 단계인 유년기에는 사물을 욕구하는 의지가 덜 발달해 있다. 그렇기 때문에 어린아이들은 의지보다는 인식에 기초해서 사물과 관계하며, 새로 마주하는 사물들에 대한 생생한 직관을 통해서 그것에 대한 지식을 얻게 된다. 앞 장에서 상술한 바와 같이 인식이나 표상의 경우와는 달리 의지는 충족을 추구하는 욕구와 내재적으로 연결되어 있는데, 인간의 욕구는 충족된 이후에도 계속해서 새로운 욕구로 이어지기 때문에 본질적으로 고통의 원천이 된다. 이와 같은 관점에서 볼 때 어린아이들은 아직 욕구할 대상들을 많이 경험하지 못했기 때문에 상대적으로 어른들에 비해 적은 욕구를 지니고 있으며, 이러한 연유로 많은 욕구와 소망을 갖게 되는 청년들에 비해 더 행복한 삶의 단계에 있다고 볼 수 있다. 나아가 아직 많은 사물들을 접해 보지 못한 유년기에 처음 경험하는 구체적인 사물은 플라톤의 이데아와 같은 종에 속하는 유일한 것으로 이해되고, 나이가 들어감에 따라 경험하는 대상의 수가 증가하게 된다(P1, 419쪽). 그러므로 쇼펜하우어는 세상을 살아가는 데 유년기가 중요하다고 보는데, 그 이유는 유년기에 얻은 경험과 지식이 그 이후의 모든 인식과 경험의 고정적 유형이나 법칙을 형성하는 기초가 되기 때문이다.

유년기는 점차적으로 청년기로 이행해 간다. 유년기를 벗어나 상상력이 풍부해지는 청년기에 도달하면 인간은 직관한 것의 인상,

즉 사물의 외면에서 받은 인상이 너무 강렬하기 때문에 현실 세계를 그림같이 보며, 자신의 상상력을 통해 현실 세계를 실재보다 더 아름다운 것으로 만들어 낸다. 이처럼 청년기에는 직관이나 상상력의 능력에 거의 의존해 있을 뿐만 아니라, 유년기와 달리 많은 의지를 통해 대상들을 욕구하기 때문에 고통의 원천이 되는 동경과 번민이 생겨나게 된다(P1, 432쪽). 그러므로 쇼펜하우어는 "인생의 전반부는 행복에 대한 동경의 시기라면 인생의 후반부는 불행에 대한 두려움과 걱정의 시기"(P1, 422쪽)라고 말한다.

나아가 청년기의 또 다른 특징은 시간에 대한 독특한 경험에서도 발견된다. 청년기에는 시간이 매우 느리게 흐른다고 느껴지기 때문에 이에 따라 청년들은 자신의 삶의 시간이 길다고 느낀다. 그 이유는 쇼펜하우어에 따르면 청년들은 자신이 살아온 짧은 세월을 인생의 척도로 삼고 자신의 삶 속에서 경험했던 모든 것들을 새롭고 중요한 것으로 간주하기 때문이다. 이와 상반되게 노년기에는 많은 일들이 이전에 경험한 일들과 매우 유사하게 느껴지기 때문에 새롭게 경험된 사태도 새롭거나 중요하게 여겨지지 않는다. 이처럼 새로움에 대한 강한 인상을 갖지 못하기 때문에 노년기에 사람들은 시간 역시도 흔적 없이 사라져 버리는 것 같은 경험을 하게 된다.

쇼펜하우어는 노년기에 이르면서 인간의 모든 능력이 점점 쇠퇴해 가는 것은 필연적이고 자연스러운 과정이기 때문에 이 과정이 슬프게 느껴지는 것은 당연한 사실이라고 말한다. 그런데 여기서 우리가 주목해야 할 점은 쇼펜하우어가 이러한 능력의 쇠퇴를 경험하는 노년기가 단지 삶에서 부정적 의미만을 지니는 것이 아니라 오히려 유년기와 청년기에 비해 더 긍정적이고 중요한 의미를 지니고 있음을 역설한다는 사실이다.

그가 노년기를 더 긍정적으로 평가하는 이유는 이 단계에서 인간은 유년기나 청년기에서와는 달리 사물을 인식하는 데 직관이나 인상에 좌우되기보다는 그동안 살아오면서 직관한 것들에 대한 의미나 내용, 관념이 갖추어지면서 사물에 대한 사고가 더 우월해지기 때문이다. 즉, 노년기에는 사물의 근저까지 파헤치는 철저함과 판단력에서 다른 시기보다 우월하다고 볼 수 있다. 따라서 풍부한 경험과 지식을 가지고 있는 이 시기에 우리는 사물들을 모든 측면에서 고찰하고 숙고하여 상호 간의 관련성 속에서 파악하고 이에 대한 종합적 지식을 얻게 되는 능력을 갖추게 된다. 또한 독창적인 아이디어의 기본이 되는 소재는 청년기에 수집되지만 자기가 가진 소재를 마음대로 활용할 수 있는 능력을 갖추는 것은 노년기에 형성된다.

> 청년기에는 직관이 그리고 노년기에는 사고가 지배적이다. 따라서 청년기는 시를 위한 시기이며, 노년기는 철학을 위한 시기다(P1, 429쪽).

또한 쇼펜하우어는 시문학을 고찰할 때 청년과 노인을 다음과 같이 대비한다. 우리가 세상에 대한 지식을 쌓아 가는 과정에서 우리의 주관적 느낌과 객관적인 인식은 점점 분리되어 간다. 이 분리는 삶의 과정에서 유년기가 아니라 청년기에서 성립된다. 왜냐하면 어린아이는 자신의 주변 환경과 자신을 분리하지 못하는 반면, 청년기에 이르러서야 인간은 사물을 직관적으로 파악하게 되기 때문이다. 그래서 청년에게는 먼저 서정시가 어울리고, 더 성인이 되면서 극시가 적합하게 된다. 반면에 노인에게는 서사시가 적합한데,

그 이유는 이야기를 들려주는 것이 노인의 특성에 속하기 때문이다(『의지와 표상으로서의 세계』, 424쪽). 이러한 쇼펜하우어의 주장을 노년과 연결해 본다면 우리는 노년기를 새로운 방식으로 이해할 수 있다. 노년기는 단순히 삶이 쇠퇴하는 시기가 아니라 사람들이 자기 삶의 서사를 완성해 가고 자신의 서사를 거리를 두고 전달할 수 있는 단계라고 볼 수 있다.

또한 쇼펜하우어에 따르면 "청년기는 동요의 시기이고 노년기는 평온의 시기다."(P1, 432쪽) 노년에 이르러서 우리는 정욕으로부터 벗어나 사물을 관조하는 태도를 갖추게 되며, 이때야 비로소 사물의 관조를 방해해 오던 환상, 미망, 편견으로부터 해방되어 사물을 올바르게 인식할 수 있는 통찰을 얻게 된다. 이러한 통찰은 또한 오랜 삶의 체험 속에서 얻어진 삶의 허망함에 대한 통찰도 포함한다. 이와 관련하여 그는 「전도서」 1장과 2장에 등장하는 "모든 것이 헛되고 헛되다"라는 구절의 본질적이고 생생한 의미를 우리가 70세에 이르러서야 비로소 이해할 수 있게 된다고 설명한다(P1, 434쪽).

청년기에 가졌던 모든 욕구가 성취될 것이라는 미망의 세계에서의 헛된 희망이 무상한 것이라는 이러한 통찰과 깨달음은 노인으로 하여금 욕구의 수레바퀴에서 벗어나게 한다. 또한 이 통찰과 깨달음은 노인에게 정신적 안정을 가져다주기 때문에 쇼펜하우어는 지나친 질병에 시달리지 않는다면 역설적으로 이 시기가 인생에서 가장 좋은 때라고 주장한다. 더욱이 무상함에 대한 통찰 능력은 노년기에 가까이 다가와 있는 죽음에 관한 인식에도 적용된다. 사물의 본질과 이치를 통찰하게 되는 노년기에 우리는 삶과 죽음이 어떤 내재적 연관성과 의미를 지니는지, 나아가 삶과 죽음 중에 어떤 것이 더 중요한 것인지에 대해 통찰할 수 있다(P1, 435쪽). 이러한 통찰과 정신적 만족이 육체적 쾌락의 쇠퇴나 신체적 퇴락이라는 자연적 손실을 보상할 수 있다고 쇼펜하우어는 설명한다.

맹목적 의지로부터의 해방과 순수 인식

이상의 논의와 관련하여 우리가 주목해야 할 사실이 있다. 그것은 『단편과 부록』에서 말하는 노년의 가치와 우월함에 대한 쇼펜하우어의 생각은 그의 주저인 『의지와 표상으로서의 세계』에서 개진한 철학적 이론을 바탕으로 하고 있다는 점이다. 그렇기 때문에 노년에 대한 철학적 함의를 탐구하기 위해서 『의지와 표상으로서의 세계』에 나타난 의지와 인식의 관계, 그리고 맹목적 의지로부터의 해방에 관한 쇼펜하우어의 논의에 대한 이해가 필히 요구된다.

먼저 의지와 인식의 관계에 관해 고찰해 보기로 하겠다. 앞에서 상술한 바와 같이 동물과 인간 사이에는 공통점이 있는데, 그것은 동물의 인식과 인간의 인식 모두 의지에 봉사하도록 구조화되어 있다는 사실에서 찾을 수 있다. 이때 인식은 뒤에 상술할 '순수 인식'과는 구분되는, 삶의 의지에 봉사하는 또는 삶을 위한 투쟁에 필요한 도구로서의 지성 능력을 의미한다(Kossler, 2012, 196쪽). 다른 철학자들과는 달리 쇼펜하우어는 인간의 자기성의 본질을 지성이 아닌 맹목적 의지에서 찾는다(Zöller, 1999, 19~20쪽). 하지만 다른 한편에서 인간의 인식은 의지에 봉사하는 데서 자유로울 수 있는 가능성에 열려 있다. 쇼펜하우어의 설명에 따르면 이는 인식주관이 '의지가 없는 순수한 인식주관'으로 전환되었을 때 가능하다. 이러한 순수 인식주관은 단순히 개인적이고 사적인 주관이 아니라 자신의 개체성을 잊고 자신의 의지로부터 탈피한 순수한 주관을 의미한다. 이러한 주관을 쇼펜하우어는 '객관을 비추는 맑은 거울'에 비유하면서 다음과 같이 설명한다.

> 직관하는 사람과 직관이 더 이상 구별될 수 없으며, 의식 전체가 하
> 나의 유일한 직관적인 상에 의해 전적으로 채워지고 점령되면서 둘
> 은 하나가 되어 버린다(『의지와 표상으로서의 세계』, 303쪽).

더욱이 인식주관과 객관이 더 이상 분리되지 않고 하나로 통합
된다는 것은 다음과 같은 사태를 가리킨다. 즉 인식주관은 개별성
을 넘어선 순수 인식주관이 되고, 인식되는 객관은 개별적 사물이
아니라 이념 또는 영원한 형식이 된다는 것이다. 이와 같은 인식 개
념을 기존의 철학적 문맥에서 이해해 본다면 이 인식은 신체와 연
결된 직관이 근거율에 따르는 지성의 활동으로 이행함 또는 이성적
사유에서 형이상학적 사유로의 이행으로 파악될 수 있다(Fischer,
1984, 195쪽). 쇼펜하우어는 이러한 상태에 이른 순수 인식주관은 삶
에 대한 의지와 욕구에 사로잡혀 있는 개체성을 초월해 있기 때문
에 의지와 고통으로부터 벗어나 있다고 말한다.

개별화의 원리에만 천착하는 사람들은 자신의 개별성과 개별
적 사물들에만 집착하기 때문에 이기심에 사로잡힐 수밖에 없다.
따라서 이러한 유형의 사람들은 끊임없이 새로운 사물들을 의욕하
고 추구하게 되지만 사실상 모든 의욕을 충족시킬 수 없기 때문에
결과적으로 고통에 빠지게 된다. 그럼에도 불구하고 그들은 자신들
을 고통으로 몰아가는 희망의 유혹이나 현재의 의욕과 향락을 계속
해서 추구하게 된다.

이와 달리 개체를 넘어선 전체, 즉 물자체를 인식하는 사람은
자신의 삶을 향한 의지의 방향을 바꾸어 개별적 사물들을 의욕하는

모든 의욕으로부터 자유로울 수 있다. 이때 의지는 비로소 삶에 대한 의지와 삶의 쾌락으로부터 멀어지게 되는데, 이는 금욕적인 태도나 자신의 의지를 의도적으로 사상시키는 종교적 고행에서도 찾아질 수 있다(Fahsel, 1927, 11쪽). 또한 쇼펜하우어는 한 예로 기독교 성자나 신비 사상가의 금욕에 관한 설교를 언급한다. 이 설교의 주된 내용은 순수한 사랑과 완전한 체념, 그리고 모든 세속적인 사물에 대한 완전한 무관심과 자신의 의지를 죽이고 신 안에서 다시 태어나는 것이다(『의지와 표상으로서의 세계』, 633쪽). 이러한 태도를 통해 "인간은 자발적인 단념, 체념, 참된 평정과 완전한 무의지의 상태에 도달하게 된다."(『의지와 표상으로서의 세계, 622쪽) 이처럼 이러한 무의지의 상태에 도달했을 때 인간은 삶의 고통으로부터 벗어날 수 있는데, 여기에는 순수 인식이 동반되어 있다(Hamlyn, 1999, 90쪽).

나아가 쇼펜하우어는 사물을 영원의 관점에서 파악하는 스피노자의 정신 개념과 이념만을 파악하는 순수한 인식주관을 연관 짓는다. 삶에 대한 맹목적 의지의 지배를 받는 개체는 개별화의 원리에 따라 자신을 다른 개체와 구분하고 이 구분을 고착화함으로써 개체적인 의지에 바탕을 두고 있는 삶의 형식 속에만 갇혀 있게 된다. 이와 달리 개체의 관점을 벗어난 순수 인식주관은 자신과 다른 개체와의 동일성을 인식한다. 더욱이 순수 인식주관은 존재의 종말로 이해되는 죽음 역시도 밤에도 불타고 있는 태양과 같은 것임을 인지하게 된다. 여기서 맹목적 의지의 소멸은 곧 죽음과 다르지 않고, 이런 방식으로 죽음을 이해한 사람은 신체의 파괴를 가져오는 죽음도 더 이상 두려워하지 않게 된다. 왜냐하면 삶과 죽음은 오로지 현상 세계에서만 구분되는 것이기 때문이다(Jacquette, 1999, 302쪽). 이러한 상태는 물론 맹목적 의지의 지배를 받는 자신과의 투쟁을 통해서만 이루어지는데, 쇼펜하우어는 이에 대해 다음과 같이 말한다.

> 자기 자신의 본성과 수많은 쓰라린 투쟁을 거친 후 결국 완전히 극
> 복하는 그러한 인간은 순전히 인식하는 존재로서만, 세계를 맑게 비
> 추는 거울로만 남아 있다. 아무것도 더는 그를 불안하게 하거나 동
> 요하게 만들 수 없다. 우리를 이 세상에 묶어 두고, 끊임없는 고통에
> 시달리게 하면서, 욕구, 두려움, 질투, 분노로써 우리를 이리저리 휩
> 쓸리게 하는 의욕의 모든 수천 가지 실마리를 그는 끊어 버렸기 때
> 문이다(『의지와 표상으로서의 세계』, 639쪽).

이러한 관점에서 볼 때 물자체의 현상으로서의 신체의 소멸, 즉
생물학적인 죽음은 맹목적 의지로부터의 해방이 아니다. 더욱이 의
지의 부정처럼 보이는 자살도 의지로부터의 자유가 아니다. 역설적
으로 자살은 오히려 의지를 강력하게 긍정하는 현상이라고 쇼펜하
우어는 주장하는데, 그 이유는 자살을 시도하는 사람은 "삶을 원하지
만 그가 처한 삶의 조건에 만족하지 못할 뿐이다. 그 때문에 그는 결
코 삶에의 의지를 포기하는 것이 아니라 개별적인 현상을 파괴하면
서 단지 삶만을 포기하는 것이다."(『의지와 표상으로서의 세계』, 652쪽)
이와 같이 삶의 과정에서 의지를 자발적으로 포기하는 것과 맹목적
의지로부터의 해방으로서의 죽음에서 의지가 자연적으로 사라지는
것은 근본적으로 다른 것이다. 그렇기 때문에 개체가 소멸되는 생
물학적인 죽음은 쇼펜하우어가 강조하는 의지의 부정으로 파악될
수 없다. 이와 달리 의지의 부정은 오로지 개체성을 떠나 이데아를
관조할 수 있는 인식을 통해서만 가능한데, 여기서 개체로서의 인
간 존재는 개체적 성격을 넘어서는 근본적인 변형에 이른다(Gemes

K. and Janaway, C., 2012, 286쪽).

특히 쇼펜하우어는 이러한 순수 인식주관과 관련하여 예술이나 미적 고찰 방식에도 주목한다. 그에 따르면 "예술은 순수직관에 의해 파악된 영원한 이념, 즉 세계의 모든 현상의 본질적인 것과 영속적인 것을 재현한다. 예술의 유일한 기원은 이념을 인식하는 것이고, 예술의 유일한 목적은 이러한 인식을 전달하는 것이다."(『의지와 표상으로서의 세계』, 314쪽)

이 인용문에 나타난 바와 같이 쇼펜하우어에게서 예술의 대상은 영원한 본질을 드러내는 이념이다. 이 이념은 예술가의 창조적인 천재의 능력을 통해 가장 잘 표현되는데, 이 능력은 "자신의 관심, 의욕, 목적을 전혀 안중에 두지 않고, 그에 따라 자기 자신을 한 순간 완전히 포기하고, 순수하게 인식하는 주관으로서, 맑은 세계의 눈으로 남는 능력이다."(『의지와 표상으로서의 세계』, 315쪽)

이처럼 맹목적 의지에 기초한 의욕이 우세한 평범한 사람들과 달리 영원한 이념을 직관하고 재현하는 창조적인 능력을 지닌 천재는 자신의 개체성을 벗어나 자기 포기의 상태에 이를 수 있다. 또한 이러한 천재는 의욕으로부터 벗어나 세상을 무관심성dis-interest에 기초하여 직관할 수 있는 순수 인식주관으로 간주될 수 있다. 천재적인 예술가는 예술 작품을 통해 이념을 다른 사람들에게 전달하고 자신의 눈을 통해 우리에게 이념적인 현실을 보게 해 준다. 그런데 여기서 중요한 점은 쇼펜하우어의 주장에 따르면 위에 언급한 천재의 능력이 미미하고 정도의 차이가 있지만 모든 사람들에게도 내재해 있다는 사실이다. 왜냐하면 평범한 사람들도 예술 작품을 향유하고 만들어 낼 수 있는 능력과, 아름다움이나 숭고함에 대한 감수성을 지니고 있기 때문이다.

그런데 이러한 통찰을 가능하게 하는 전제는 쇼펜하우어 철학의 핵심적인 주제인 삶의 긍정으로부터 방향 전환된 삶의 부정이라는 사실에서 찾아질 수 있다. 여기서 삶의 부정을 통해 얻는 것은 어떤 사태에 대한 부분 부정으로서의 상대적인 무가 아니라 절대적 무를 지시한다는 점에 각별히 유의해야 한다. 우리는 일반적으로 무無를 존재의 반대 개념 또는 존재에 대비되는 비존재의 의미로 사용한다. 이 경우 무는 항상 '무엇'으로서의 존재와 연관을 맺고 있으며, 존재에 대비되는 상대적인 개념으로만 이해된다. 하지만 쇼펜하우어가 말하는 모든 맹목적 의지의 부정과 포기는 절대적인 무를 가리킨다. 이는 바로 의지의 객관성으로서의 표상 세계에 대한 전적인 부정을 의미한다.

통상적으로 사람들은 이 절대적 무에 저항감을 가지고 있는데, 그 이유는 바로 그들이 삶에 대한 맹목적 의지에 속해 있기 때문이다. 그런데 쇼펜하우어에 따르면 의지의 완전한 부정에 도달한 사람들은 절대적 무를 긍정적으로 바라보는데, 그 이유는 그들이 열락, 환희, 깨달음, 신과의 합일 등으로 일컬어지는 상태에 도달했으며, 이 상태에서 주관과 객관의 경계도 사라지기 때문이다. 달리 표현하면 이 절대적 무를 깨닫는다는 것은 삶의 의지로부터 유래하는 욕구, 집착, 고통으로부터의 완전한 해방을 통해 우리가 실재한다고 믿는 현상의 세계가 무임을 깨닫는 것이다. 이러한 깨달음이 우리를 영속적으로 위로해 줄 수 있다고 쇼펜하우어는 다음과 같이 말한다.

우리가 한편으로 치유할 수 없는 고통과 끝없는 비참을 의지의 현상인 세계에 본질적인 것으로 인식하고, 다른 한편으로 의지가 없어지는 것에서 세계가 녹아 없어지는 것을 보고, 눈앞에 단지 공허한 무만을 간직한다면 이러한 고찰은 우리를 영속적으로 위로해 줄 수 있는 유일한 것이다(『의지와 표상으로서의 세계』, 671쪽).

그리고 삶의 마지막 단계인 노년기는 자연스럽게 우리에게 이와 같은 깨달음에 도달할 수 있는 조건을 제공한다.

사실상 삶의 종말을 가리키는 죽음은 절대적인 무로 간주될 수 있다. 이로 인해 죽음 앞으로 다가가는 노년기에 접어든 사람들은 많은 경우 절망감에 빠진다. 하지만 절대적 무가 인간을 삶에 대한 의지에서 기인한 고통으로부터 해방시켜 준다는 쇼펜하우어의 사상에서 우리는 노년기의 새로운 의미를 발견한다. 쇼펜하우어의 철학적 관점에서 볼 때 노년기는 단순히 삶의 퇴락을 의미하는 삶의 단계가 아니라 이기적인 욕구를 벗어나 새로운 사고의 전회를 통해 삶과 죽음의 본질적인 구조를 관조할 수 있는 중요한 삶의 한 단계로 이해될 수 있다. 이와 같은 관점에서 볼 때 사고의 전회와 회심에 다다를 수 있는 노년기는 어떤 면에서 삶의 마지막 단계가 아니라 새로운 삶의 출발점으로 간주될 수 있다.

노년, 새로운 삶의 출발점

일반적으로 삶의 마지막 단계로 간주되는 노년의 삶은 신체와 정신 모두가 쇠퇴하는 단계로 간주된다. 따라서 사람들은 노년의 삶에 큰 의미를 부여하지 않는다. 하지만 쇼펜하우어의 철학적 관점에서 노년기를 고찰할 때 우리는 통상적으로 논의된 노년기에서 간과된 새로운 의미를 발견한다. 유년기, 청년기, 노년기로 나뉘는 삶의 과정에서 노년기는 앞의 두 단계와는 다른 고유한 의미를 지니는데, 이는 삶에 대한 맹목적 의지로부터 어느 정도 거리를 둘 수 있는 중요한 단계를 의미한다. 그리고 이와 같은 노년기의 철학적 함의를 이해한다면 사람들은 노년기에서 사실상 정신적 탁월함을 갖춘 노인의 모습을 지향할 수 있는 계기를 마련할 수 있다.

쇼펜하우어는 일생 동안 육체적인 쾌락과 사교적인 향락만을 추구하면서 정신적인 능력을 함양하려고 노력하지 않았던 사람들은 노년에 삶의 권태로 인해 고통을 받게 되며, 육체적 쇠락을 필연적으로 동반하는 노년기를 불행한 시기로 간주할 수밖에 없다고 지적한다. 이 경우 사람들은 끊임없는 의욕의 충족만을 추구하고 사물에 대한 인식은 언제나 의욕의 자극을 받을 때만 작용하게 된다. 다시 말해 순수한 인식 작용의 기쁨을 누릴 능력을 결여한 채 계속해서 의욕에만 매달려 있을 수밖에 없다. 여기서 우리는 노년을 바라보는 대립적인 위치에 서게 되며, 이에 따라 행복과 불행의 갈림길 속에 처하게 된다. 쇼펜하우어는 우리 삶에서 필연적으로 다가오는 이중적 의미의 노년과 죽음 앞에서 어떤 실존적 선택을 할 것인지를 우리에게 요구한다.

5장

타자의 체험으로서의 늙음

보부아르의 '실감할 수 없는' 노년

김은주

늙을 때 가장 나쁜 것은 우리가 여전히 젊다는 것이다.

(Le pire quand on vieillit, c'est qu'on reste jeune.)

— 장 콕도

1 노년, 불편한 진실과의 대면

노년은 인간의 보편적 운명이지만 늙음에 대한 철학적 성찰은 드물다. 노년에 대한 철학적 관심이 없지 않았던 고대에도 노년을 독자적으로 다룬 철학서로 전해져 내려오는 것은 키케로의 『노년론』이 유일하다. 근대 이후로는 보부아르의 『노년La vieillesse』(보부아르, 1994. 이하 쪽수만 표시; Beauvoir, 1970. 필요할 경우만 인용하고 'V'로 표시)이 독립된 철학서로서는 아직까지 독보적 자리를 차지한다.

두 책 모두 노인의 존엄을 옹호하기 위해 쓰였지만 노년 자체를 바라보는 관점은 상반된다. 키케로는 노년에 대한 사람들의 일반적 '편견'을 반박하면서 노년이 '견딜 만하며' 심지어 '유쾌한' 것이라는 긍정적 입장을 취한다(이 책 1장 참조). 반면 보부아르는 노년에 대한 사회적 멸시의 부당함을 고발하면서도 키케로와 같은 소수의 인간 (남성 엘리트)을 제외하고는 노년이 결코 '견딜 만한 것'이라 말할 수 없다고 주장한다.

이런 입장 차이는 얼핏 보기에 사회 내에서 남성과 여성이 각각 차지하는 지위의 차이, 혹은 노인이 과거 농경 사회에서 차지했던 지위와 근대 산업사회에서 차지하는 지위의 차이에서 기인하는 것 같다. 그러나 보부아르는 인류 역사 내내 노년의 처지가 근본적으로 다르지 않았음을, 노인이 비단 근대사회에서만이 아니라 항상 대개 비참했음을 강조한다. 설령 각 사회가 놓인 경제적 상태나 추구하는 가치에 따라 노인의 지위가 다소간 다를 수 있다고 하더라도 노인의 지위를 결정하는 것은 노인들 자신이 아니었다는 점은 모든 사회에서 동일했다. 이 사실을 지적하면서 보부아르는 근대 산업사회만이 아니라 노인을 홀대해 온 문명 전체를 비판한다. 그래서 이 책은 "한 인간이 노년에도 인간으로 남아 있기"를 요구하는 휴머니즘적 요구와 이를 실현하지 못해 온 문명 비판이나 사회 비판의 맥락에서 읽혀 왔다(강초롱, 2021; 이하준, 2023).

그러나 방대한 분량을 할애하여 노인을 홀대하는 문명의 '수치'를 고발하면서도 보부아르는 노년에 대한 (기술적인 의미로든 가치론적 의미로든) 어떤 **적극적 개념**을 제시하지는 않는다. 오히려 보부아르의 입장은 (역시 기술적인 의미로든 가치론적 의미로든) 부정적이며, 이 부정적 입장은 그녀의 문명 고발에 가려 통상 간과되어 왔다. 보부아르가 노년에 대한 철학자라기보다는 "노인을 위한 정치적 선동가"로서만 환기되어 온 데는(Small, 2006, 2쪽) 이유가 있는 것이다.

대표적인 보부아르 연구자인 페넬로페 도이처에 따르면 『노년』에서 보부아르는 "성인 여성과 관련하여 그녀가 했던 것과는 달리 늙은 주체를 적극적으로 재평가하지 않는다."(Deutscher, 2006, 287쪽) 그 결과 보부아르는 노년에 대한 홀대에 "대항하는 목소리"를 내는데, 즉 "대안적 가능성을 가지고, 늙은 주체에 대한 정형화된 이미지에 대항하는 데 실패한다."(같은 곳) 이 책의 한국어판 부제인 "나이 듦의 의미와 그 위대함"은 보부아르의 논지와 다르며, 심지어 반대된다.

물론 노년 자체에 대한 부정적 입장이나 대안적 전망의 부재가 곧 철학적 이론의 실패를 의미하지는 않는다. 오히려 섣불리 위안을 주는 가상에 빠지지 않고 노년의 불편한 진실에 직면하려는 지적 용기의 발현일 수 있다. 보부아르 스스로도 노년을 예찬하는 키케로보다 노년의 어둠과 노년에 대한 환멸을 있는 그대로 드러낸 몽테뉴를 훨씬 높이 평가한다.

가령 그녀는 키케로의 『노년론』을 노년의 진실을 드러내기보다 "오래전부터 약화된 원로원의 권위 강화"(164쪽)를 위해, 더 일반적으로 특권을 누려 왔던 자가 이 특권을 유지하기 위해 쓴 이해타산적인 글에 불과하다고 간주한다. 반면 30대 중반 이후 이미 스스로를 노년에 접어들었다고 느끼면서 스스로가 진보하기보다 축소되고 무능력해지며 조금도 현명해지지 않았다고 토로하는 몽테뉴에 대해 보부아르는 "나는 전통적이고 (고통을) 완화하는 상투적 표현들을 과감히 버리고, 어떠한 훼손mutilation도 진보라고 간주하기를 거부하며 세월의 단순한 축적을 풍부해짐enrichissement으로 간주하기를 거부한다는 점에서 몽테뉴를 경탄해 마지않는다."(226쪽; V,

218쪽)라고 말한다. 이렇게 볼 때 보부아르의 『노년』 역시 몽테뉴처럼 노년을 멸시하거나 찬양하는 대신 "다만 노년의 진실을 밝히고자 한"(224쪽) 것이고, 이렇게 드러난 진실이 역시 몽테뉴가 밝힌 것처럼 "신랄하고 환멸스러운" 것이었을 뿐일 수 있다. 만일 그렇다면 우리는 보부아르가 노년에 대한 어떤 적극적 개념을 제시했는지를 물을 것이 아니라 **그녀가 마주한 노년의 불편한 진실이 무엇인지**를 물어야 할 것이다.

그렇다면 그녀가 마주한 노년의 불편한 진실은 무엇이었을까? 노인의 사회적 배제라는 실증적 사실보다 그녀가 더 흥미롭게 드러낸 것은 저마다 노년이라는 불편한 진실을 마주하지 않으려 한다는 사실 자체이다. '노년'은 어떤 사회, 어떤 개인에게든 **회피의 양상으로 체험**된다는 것이다. 노년의 불편한 진실이 잘 드러나지 않는다면, 이는 단지 사회가 자신의 치부를 보지 않으려 하기 때문(이것이 이 책 1부의 문명 고발 내용이다)만이 아니다. 그것은 대부분의 인간, 젊은이만이 아니라 나이 든 사람들 역시 늙음을 자기 것으로 받아들이지 않고 저항하거나 회피하기 때문이기도 하다(이것이 이 책 2부 '세계 내 존재'의 내용이다).

뒤에서 다시 언급하겠지만 이 책의 출판 당시 62세였던 보부아르 자신 역시 예외가 아니다. 그녀 역시 '노인'이라는 딱지를 거부할 뿐 아니라 거울에서 자신의 늙음을 확인하고 싶어 하지 않는다. 그렇다면 아마도 '늙음la vieillesse'이라는 이 책의 프랑스어 원제는 이런 회피에서 벗어나 현실을 직시하려는 용기의 표현일 것이다. 반면 보다 완곡한 표현을 쓴 영역본 제목('Old Age'가 아닌 "Coming of Age")이나, 심지어 저자의 의도와 달리 '나이 듦의 의미와 그 위대함'이라는 부제까지 붙인 국역본의 제목은 노년에 대한 사람들의 이런 저항과 회피 양상을 고려한 결과일 것이다.

이와 같은 체험의 양상을 보부아르는 '실감할 수 없음'으로 개념화한다. 그것은 노인이 도처에 있지만 아무도 그 자신이 노인은 아닌 그런 상태를 드러나게 해 준다. 이 개념은 노인에 대한 사회적 배제의 경험적 하부 구조를 드러내 준다. 이 글에서는 보부아르가 노년 배제에 대한 그녀의 다소 마르크스주의적인 사회적 분석으로부터 어떻게 '실감할 수 없는 노년'이라는 현상학적 개념에 도달하게 되는지, 그리고 이로부터 어떤 실천적 결론에 이르는지를 그녀의 실존주의적 관점에서 해석해 볼 것이다.

2 "인간의 노쇠는 사회 안에서만 일어난다"

보부아르는 노년이 일차적으로는 **생물학적 쇠퇴**로 경험된다는 점에 주목한다. 각자가 경험하는 노쇠는 퇴화의 두려움을 불러일으키며, 다른 사람들의 노쇠 역시 즉각적인 거부감을 촉발한다. "노쇠가 무능, 추함, 병으로 정의되는 한에서 자생적인 태도는 노쇠를 거부하는 것"이며, "다른 사람들의 노쇠 역시 즉각적인 거부감을 불러일으킨다." 그리고 "이런 기초적 반응은 관습mœurs으로 억제하더라도 여전히 남아 있다"(56~57쪽)이다. 『제2의 성』에서 심지어 생물학적 결정론이라는 오해(Moi, 1999, 59~72쪽)를 불러일으킬 만큼 여성의 신체 조건을 비중 있게 다루었던 보부아르의 태도는 노년론에서도 유지되는 셈이다. 그러나 마찬가지로 『제2의 성』에서처럼 노년의 신체 역시 '상황 안에' 있다. 보부아르는 '인간의 노쇠'가 어쨌든 **사회 안에서만 일어난다**고 말한다. 이것이 생물학적 현상으로서의 노쇠와 어떤 관련이 있는지는 다음 절에서 드러날 것이다. 여기서는 우선 인간의 노쇠가 사회 안에서만 일어난다는 말의 의미를 짚어 보자.

노쇠를 결정하는 사회적 조건들

인간의 노쇠가 사회 안에서만 일어난다는 말은 노화가 생물학적 조건만이 아니라 성, 계급, 문화 등의 다양한 그물망에 의해 규정된다는 것을 의미하는가? 분명 그렇다. 오늘날 '교차성'이라 불리기도 하는 이 문제에 대해 보부아르는 『제2의 성』에서는 별로 민감하지 않았다. 반면 노인과 관련해서는 이 측면을 특별히 강조한다. 같은 나이라도 부유한 노인보다 빈곤한 노인이 더 노인으로 취급받고 실제로도 더 많이 노쇠한다. 물론 권력 관계가 뒤바뀌기도 하는데, 젊었을 때 상대적으로 더 큰 권력을 가진 남성 노인이 여성 노인보다 더 급격히 노인으로 취급받고 실제로도 더 늙는다. 그녀가 특별히 강조하는 것은 젊은 시기 더 많이 착취받은 사람이 나이 들어 더 노쇠한다는 점이다. "어떤 처방책도 사람들을 일생 동안 희생물로 만들어 온 체계적인 파괴를 씻어줄 수는 없는"데(760쪽) 이는 비단 신체의 문제만이 아니다. 노인에게 온당한 양로원을 지어 줄 수는 있어도 "문화와 흥미, 그들의 삶에 의미를 줄 책임감을 만들어 줄 수는 없다"(760쪽). 이는 파괴의 비가역성을 의미하지만 또한 젊은 시절의 노동 강도나 교육 정도를 통해 노쇠의 진행에 영향을 미칠 수 있음을 함축한다.

노인들에게 강요된 무위 상태 역시 "숙명적인 것이 아니라 사회적 선택의 결과"(325쪽)이다. 가령 운전사는 늙어서 시력은 약화되지만 눈부신 것을 피하는 요령과 더불어 방향을 잡을 줄 아는 요령이 늘어난다. 하나를 잃으면서 그것을 상쇄하는 다른 것을 얻거나, 나이가 초래하는 결함이 있다고 하더라도 쉽게 완화될 수 있는 것이 많다. 그러므로 노인이 쓸모없어지는 이유는 이익의 최대화만을 지상 목표로 삼는 사회가 임금노동자들의 '집중적인' 활용을 좋아하기 때문이지 노인이 실제로 쓸모없기 때문이 아니다. 이 모든 사실은 늙음이 사회적 조건에 의존하는 만큼 사회적 조건을 바꾸면 달라질 수 있음을 함축한다.

보부아르는 이를 부인하지 않는다. 그러나 인간의 노쇠가 사회 안에서만 일어난다고 할 때 그녀의 강조점은 이런 변화 가능성이 아니라 정반대로 노인이 사회로부터 배제당한다는 사실의 **항구성**이다. 흔히 노인의 지위가 특정한 사회 형태에 따라 달라진다고들 생각한다. 가령 노인 홀대는 흔히 산업화와 도시화의 부산물로 여겨진다. 농경 사회에서 늘 할 일이 있었고, 그뿐만 아니라 전통이 중시되는 사회 분위기에서 좋은 대접을 받았던 노인이 오늘날 산업화, 도시화와 더불어 자기 자리를 잃으면서 홀대받고 주변화됨으로써 생겨난 문제라고 말이다. 그러나 보부아르는 『노년』 1부에서 원시적 삶의 형태를 유지하고 있는 부족부터 현대 도시 사회를 한꺼번에 고찰하면서 오히려 이런 통념을 깬다. 그녀의 조사에 따르면 과거 원시사회에서도 사회 지도층에 해당하는 몇몇 노인을 제외하고는 노인이 대접받았던 적은 없었다. 오히려 노인을 홀대하는 것이 일반적이며, 이 자연적 경향이 다만 문명의 진전 정도에 따라 크고 작게 상쇄되었을 뿐이다.

가령 제임스 조지 프레이저 등의 인류학적 보고에 따르면 원시적인 부족 사회에서 사람들은 노인이 스스로 목숨을 끊도록 강요하거나 추방하거나 죽도록 방치한다. 중세에도 "자신의 땅을 스스로 경작하는 것이 불가능해지면 아버지는 자식에게 땅을 물려주고 자식들은 흔히 그들을 굶기고 학대했다."(274쪽) 노인이 위신을 갖는 사회도 있었지만 이를 결정하는 것은 집단이다. 노인의 지위는 노인에 의해 쟁취되는 것이 아니라 '주어질' 뿐이며, **집단이 자신의 이해관계에 따라 노인의 운명을 결정한다.** 그래서 "농경민이건 유목민이건 간에 자원이 부족한 사회에서 가장 흔히 관습적으로 선택하는 것이 노인들을 희생시키는 방법임을 추론할 수 있"지만(110쪽), 절대적인 물질적 빈곤에서 벗어난 현대사회조차 노인에게 "단지 '동물적 생존' 이상을 허용하지 않는 일"(344쪽)이 일어날 수 있다. 다만 이런 사실이 모든 가치를 쓸모로 측정하는 이 사회의 감추어진 원칙을 드러낸다는 점에서 특별히 수치스러운 비밀이 될 뿐이다. 요컨대 노인 홀대는 단지 자본주의 산업화의 부산물만이 아니라 보편적인 인류학적 현상이다.

상호성으로부터의 배제와 노쇠

보부아르에게 인간의 노쇠가 사회 안에서만 일어난다는 말의 더 중요한 의미는 노인이 인간 간의 관계를 특징짓는 상호성의 경계 바깥에 있다는 점이다. 이것은 노인의 운명이 일방적으로 수동적인 위치에서 결정되는 이유이기도 하다. 보부아르에게서 상호성은 하이데거적 공동 존재를 뜻할 수도 있고, 헤겔이 말하는 주인과 노예 사이의 변증법적 상호 인정일 수도 있고, 사르트르가 '타인은 지옥'이라고 할 때의 갈등적 상호성일 수도 있다(Deutscher, 2008, 166~167쪽). 어쨌든 『노년』에서 그것은 인간이 상대방을 일정한 목표를 지닌 존재로 지각하고 그를 내 목표의 객관적인 도구로 삼는 행위를 통해 나 자신도 상대방에게 그의 목표를 위한 대상이며 도구라는 것을 깨닫게 됨을 의미한다.

비활동 인구로서의 노인은 '실천'으로부터 단절되기 때문에 이러한 상호성의 관계 바깥에, 따라서 하나의 사물처럼 놓이게 된다. 사르트르는 이를 '실천praxis'에 대비되는 '습관적 있음(exis)'이라 불렀다(사르트르, 2016, 1권, 314쪽과 옮긴이 주). 'praxis'는 기투하는 대자의 적극적 행동을 의미한다. 'exis'는 라틴어 'habitus'에 해당하는 말로서, 이런 초월 없이 현 상태를 단순히 재생산하는 상태를 의미한다. 이를 따라 보부아르는 노인이 "예외 없이 더 이상 아무것도 할 수 없는 자"로, "실천praxis이 아니라 다만 '있음exis'으로 정의된다"(304쪽, 번역은 수정)라고, 이 점에서 노년은 존재라기보다 "존재의 패러디"라고 말한다. 노인을 '사물'처럼 바라보게 되는 것은 노인이 이처럼 **실천을 매개로 한 상호성의 경계 바깥**에 놓이기 때문이다.

이 점에서 퇴직은 특별히 보부아르의 관심을 끈다. 퇴직은 오랜 숙원을 실현하게 해 주는 선물의 이미지와, '세계 안에 거주함'이 박탈되는 참극의 이미지를 동시에 가지고 있다. 물론 사람들이 퇴직을 바라지 않는 것도 아니고 퇴직 연령을 늦추기를 바라는 것도 아니다. 오히려 그 반대다. 그러나 동시에 퇴직이 "사회 안에서 자기 자리를 잃어버리는 것, 자신의 존엄과 자기 현실을 상실하는 것"(372쪽)이라는 점 역시 의식할 수밖에 없다. 마찬가지 맥락에서 요양원은 인간을 적나라하게 사물로 변신시키고 이로써 노인은 더 급격하게 노쇠하게 된다. 그들은 오랫동안 영유해 온 삶의 조건으로부터 총체적으로 분리되고, "자신들이 생존자의 세계를 떠나 죽음을 기다리는 것 말고는 다른 전망이 없는 곳에 들어온다는 것을 알고"(363쪽) 있다. 그러나 퇴직이나 요양원은 상호성으로부터의 배제를 가시화하는 사례이고, 상호성으로부터의 배제는 성별, 인종, 계급을 막론하고 대부분의 노인이 겪는 운명이다.

노인 배제의 항구성과 노쇠라는 보편적 운명

이렇게 보면 애초 인간이 사회 안에서만 늙는다는 말은 노쇠가 사회의 형태나, 사회 안의 관계에 따라 달라지며 또 달라질 수 있다는 뜻으로 이해되고, 보부아르 역시 이를 의도한 것 같다. 그러나 그녀의 논리를 따라 우리가 도달한 곳은 **어떤 사회형태나 사회적 관계를 막론하고** 노인이 한결같이 사회로부터 배제된다는 항구적인 사실이다. 그렇다면 배제의 항구성은 무엇에 기반하는가?

이 의문을 새삼 제기할 필요가 있는 이유는 실로 성별이나 인종 등 여타의 소수자 규정과 달리 늙음은 누구에게나 닥쳐올 인간의 **보편적 운명**이기 때문이다. 우리는 도처에서 노인을 만나며 아무도 노화를 피할 수 없다는 것을 안다. 그러나 우리는 왜 노인들에게서 우리 자신의 미래를 보려 하지 않는가? 『노년』 서두에서 보부아르가 언급하기도 했지만, 붓다의 출가 계기를 한번 생각해 보라. 붓다는 궁궐 밖 나들이에서 우연히 늙고 병든 남자와 마주친 후 "지금의 내 안에 이미 미래의 노인이 살고 있음"을 깨닫고 출가하게 된다. 이처럼 노년은 모두에게 닥칠 보편적 운명이므로 자신이 요절한다고 믿지 않는 한 붓다처럼 노인 안에서 자신의 미래를 알아본다는 것은 자연스러운 일이다.

그렇다면 어떻게 우리 각자, 그리고 한 사회 전체가 노인을 보편적으로 배제하는 일이 일어나는가? 보부아르의 분석에 따르면 노인은 사회적 관계 안에 있으면서 또한 그 안에서 지각되지 않는 어떤 맹점과도 같다. 노년이 '실감할 수 없는' 형태로 체험된다는 것이다. 배제는 이런 맹점 속에서 일어난다.

3 "타자의 체험"으로서 인간의 노쇠

늙음, 타자의 체험

보부아르가 인간이 사회 안에서만 늙는다고 할 때 '사회 안에서'라는 말은 '타인과의 관계 속에서'라고 이해할 때 비로소 이해될 수 있다. 늙음은 타인과의 관계 속에서 지각되고, 그럼으로써 비로소 나의 것으로 존재하게 된다.

보부아르에 따르면 늙음에 대한 체험은 "타자의 체험"인데, 두 가지 의미에서 그렇다. 첫째, 늙음이 당사자가 아닌 **타인에 의해** 지각된다는 의미에서 타자의 체험이다. 늙음을 받아들이는 방식을 질병을 받아들이는 방식과 대비해 보면 잘 알 수 있다. 질병은 당사자가 먼저 알고 다른 사람들이 나중에 안다. 반대로 늙음은 다른 사람들이 먼저 알아보고 당사자는 일종의 '지적 모욕scandale intellectuelle'(403쪽)을 느끼면서 그것을 거부하거나 마지못해 받아들인다. 둘째, 늙음은 당사자가 그것을 받아들일 때도 **타자에 대한 것인 양** 체험된다는 의미에서 타자의 체험이다. 우리는 타자가 우리 안에서 지각한 늙음을 타자처럼 우리 자신에게 속하지 않는 것으로 지각한다. 그래서 우리는 "나이에 대해서는 코기토의 경험과 같이 명백한 경험을 가질 수 없다."(406쪽)

우리 사회에서 나이 든 사람은 관습에 의해, 또는 남들의 태도에 의해, 또는 어휘 자체로써 나이 든 사람으로 지적된다. 그러므로 나이 든 사람은 이런 현실을 감당해야만 한다. 그것을 수용하는 방법은 무수히 많다. 그 어떤 방법도 나와 내가 수용하는 현실을 일치시켜 주지는 않는다. 노년은 그것에 대해 결코 충만한 내적 경험을 가질 수 없는, 내 삶의 저편과 같은 것un au-delà de ma vie이다(404쪽).

그러므로 노인은 도처에 있지만 어디까지나 다른 사람이지 내가 노인일 수 없다. "내 경우는 달라." 이를 보부아르는 "**정신적 맹점** aveuglement"(408쪽; V. 400쪽)이라 부른다. 보부아르는 다른 늙은이들을 돌보는 할머니의 사례를 든다. 그들을 돌보면서 이 할머니는 자신의 나이를 의식하지 않는다. 그러나 자기 나이를 의식하는 순간이 있다. "나도 늙은이인데……". 이 할머니의 자아는 보이는 나와 그것을 보는 나로 분열되고, '늙은 나'를 마치 타인인 양 지칭한다.

『노년』을 출판할 당시 62세였던 보부아르 자신 역시 이런 경험 구조 바깥에 있지 않았다. 70세가 되었을 때 보부아르는 한 인터뷰에서 다음과 같이 말한다.

제가 더 이상 젊지 않다고 느낀 것은 오래전부터예요. 제가 50세였을 때 젊은 여성들이 "아, 시몬 드 보부아르구나. 늙었네"라고 속삭이는 소리를 들으면서, 혹은 어떤 사람들로부터 "오 맙소사, 당신은 정말로 내 어머니를 생각나게 하는군요"라는 말을 들으면서 저는 충격을 받았습니다(Schwarzer, 1983, 87쪽).

생물학적 노화의 점진성과 대조적으로 늙음은 우리에게 대개 돌연히, 그리고 경악스럽게 체험되는데, 이는 늙음이 정신적 맹점에 놓이기 때문일 것이다.

비대칭적 대타 관계

이와 같은 맹점은 1인칭 관점과 3인칭 관점 사이의 간극(Small,

2016)에서 생겨나는가? 보부아르에게는 그렇지 않다. 여기서 문제는 단지 주관적 관점과 객관적 관점의 차이가 아니다. 중요한 것은 우리가 타인의 규정에 **저항**한다는 사실이며, 이 저항을 어떻게 이해하느냐이다. 이를 위해 보부아르가 여기서 전제하고 있을 사르트르의 대타 존재 개념을 상기해 볼 필요가 있다.

'실감할 수 없음'은 노년만이 아니라 인간 주체에게 붙는 모든 규정에 적용될 수 있는 사르트르의 용어다. 사르트르에게서 자아는 의식이며 이 의식은 초월성을 본질로 한다. 주어진 것을 부정하는 것, 무를 향해 주어진 것을 초월하는 것이 의식의 본질이다. 그러므로 우리는 자신을 '무언가'(곧 즉자)라는 형태로는 결코 경험할 수 없고, 단지 무화하는 활동으로서만 경험한다. 가령 내가 '나는 유대인이다'라고 할 때의 '~이다'는 '이 책은 유대인에 관한 책이다'라고 할 때의 '~이다'와 같지 않다. 이 책의 '~임'은 그저 현상하지만(곧 즉자en-soi로서), 의식으로서의 나의 '~임'은 대상의 자리에 머물러 있지 못하고 끊임없이 스스로를 초월한다(곧 자기 자신에 대한 존재, 곧 대자pour soi로서). 이제 누군가가 나에게 '너는 유대인이다'라고 말한다고 해 보자. 이 타인은 나의 존재를 책의 경우처럼 즉자로서 지각하므로 나는 그가 말하는 바를 실감할 수 없다.

대자는 어떤 것이 될 수 없다. 〔대자적으로는〕 나는 교수도 카페의 종업원도 아니다. 마찬가지로 나는 아름답지도 추하지도 않고, 유대인도 아리아인도 아니며, 영적이거나 비속하지도 않고 또 고귀하지도 않다. 우리는 이런 특징들을 '실감할 수 없는 것irréalisables'이라고 부르기로 하자. 이런 특징'으로 있는'〔즉자〕 나는 이런 특징을 실감할 수가 없다(사르트르, 1994, 855쪽).

우리는 자신을 대자로서, 즉 무로서 혹은 무화하는 활동으로서 체험할 뿐이며, 스스로를 즉자로서 체험할 수 없기 때문에 타인이 우리 안에서 지각하는 즉자, 즉 타자에 대한 우리 자신은 우리에게 타자로서 경험된다.

이와 같은 사르트르의 구도에서 '실감할 수 없음'의 근본 이유는 우리 자신의 **기투**projet, **곧 자유** 때문이다. 자신의 대자는 기투와 더불어서만 "나의 자유가 그것에 부여하는 하나의 의미를 가지고서야"(사르트르, 1994, 857쪽) 나타날 수 있다. 따라서 가령 "그것(가령 유대인 나)은 타인에게 있어서 '존재하지'만 내게는 나 스스로 그것을 '선택'해야만 존재할 수 있다."(사르트르, 1994, 857쪽) 이 점에서 '실감할 수 없음'을 1인칭 관점과 3인칭 관점의 간극으로 설명될 수 없다. 그것은 두 관점의 내용 차이에 기인한다기보다 자신에게 주어지는 어떤 규정도 무화하려는 자아의 자유에 기인하기 때문이다.

'실감할 수 없음'이라는 개념은 보부아르와 사르트르의 상호작용 속에서 만들어진 것으로 짐작된다(Louette, 2008, 42~47쪽). 그러나 둘 사이에는 무시 못할 차이가 있다. 보부아르가 말하는 노년의 실감할 수 없음이라는 체험에도 사르트르적 대타 관계의 갈등적 성격("타인은 지옥")이 들어 있다. 그리고 이 갈등의 밑바탕에는 자아의 자유와 기투가 없을 리 없다. 다만 사르트르적 대타 존재에 비해 보부아르의 경우 낭만성이 부족하다. 적어도 **초월성의 계기가 부족**하다. 여기서의 대타 관계는 사르트르나 헤겔에게서와 달리 **비대칭적**이기 때문이다.

본래 대타 관계는 어느 한쪽의 지배와 다른 쪽의 종속으로 귀결되지만, 투쟁 자체는 동등한 위치에서 벌어진다. 투쟁의 결말도 결정적이지 않다. 하나가 주체로서 인정받고 다른 하나가 대상의 위치에 떨어지지만 둘은 여전히 상호성의 긴장 안에 머물러 있다. 예를 들어 백인 중심의 사회에서 흑인이 백인 타자의 시선 아래에서 대상으로서 사물화될 수 있다. 그러나 보부아르 자신이 미국에서 겪었던 것처럼, 백인 여성이 흑인 거주자들이 많은 거리를 지날 때 그녀 역시 대상으로서 사물화된다. 반면 젊은이들이 보부아르를 '늙었다'라고 규정할 때 보부아르는 꼼짝없이 자신을 대상으로서, 사물로서 내주어야 한다. 흑인 대 백인, 여성 대 남성의 관계에서와 달리 젊은이와 노인의 관계는 상호성의 관계가 아니다. 바라보는 것은 일방적으로 타인이고 바라보이는 것은 나이며 그 역은 가능하지 않다. 그렇기에 타인이 우위를 차지할 수밖에 없다.

『제2의 성』에서 보부아르가 말한 여성의 타자성과 비교해 보아도 노인의 타자성을 낳는 관계에서는 비대칭성이 두드러진다. "여성이 타자"라는 말은 여성이 주인 자리에서 배제된다는 것이 아니라 주인 노예 관계 자체에서 아예 배제된다는 것을 의미한다. 그럼에도 여성이 여성으로 태어나는 것이 아니라 여성이 '되는' 것은 남성에 의한 타자화에 기인할 뿐만 아니라 여성 자신의 공모에 의한 것이기도 하다. 결국 여성 자신이 여성임을 선택하는 것이다. 반면 노년의 경우 이런 공모의 여지조차 주어지지 않는다. 노인이 수동적이기 때문이 아니라 우리가 노년이라는 규정에 오로지 저항할 뿐 그것을 인수하기 위해 **선택하지 않기** 때문이다.

신체를 가진 자아와 변형의 체험

우리는 모든 인간이 늙음을 뻔히 알면서도 이처럼 자신의 늙음에 저항한다. 이는 죽음에 대한 공포 때문이기도 하고 늙음의 기준이 일괄적이지 않기 때문이기도 할 것이다. 그러나 보부아르에 따르면 늙음을 받아들이기 어려운 결정적인 이유는 늙음이 어떤 정태적 상태가 아니라 변화의 과정, 그것도 **불리한 방향으로의 변형 과정**이라는 점 때문이다. 모든 변화는 받아들이기 힘들다. 유아에서 사춘기로 변화할 때, 그리고 사춘기에서 성인으로 변화할 때도 그것은 거북스럽다. 그럼에도 이 변화를 개인적으로나 사회적으로나 순순히 수용할 수 있는 이유는 유아기부터 청년기를 거쳐 성년에 이르기까지 겪는 변화는 유리한 변화로 생각되기 때문이다. 반면 노년이 맞닥뜨리는 변화는 사춘기에 비해 심각한 변화는 아니지만 불리한 것이다.

보부아르는 거울 앞의 자아에 대한 응시의 사례를 자주 든다. '늙음'이라는 변화에 대한 체험에는 바라보는 나인 기본적 자아a default 'myself'(Fisher, 2014, 118쪽)가 있고, 대상화되는 변화된 나가 있다. 후자는 늙은 나다. 반면 전자인 바라보는 나는 삶의 절정에 있었던 더 이른 시기의 자아다. "우리의 무의식은 노년을 모르며, 젊음은 영원할 것이라는 환상을 품고 있다."(406쪽) 그러므로 늙은 나에 대한 체험은 항상 비교를 함축하며, 늙음에 대한 두려움과 저항은 바로 이 두 자아 간의 간극에서 유래한다. 이런 의미에서 늙음은 오히려 죽음보다 더 받아들이기 힘들 수 있다. 죽음이라는 무 앞에서 우리는 형이상학적 현기증을 느낄 수 있다. 그러나 "죽음이라는 소멸 속에서 나는 나의 동일성을 그대로 유지"(13쪽)하며, 따라서 무는 어떤 면에서 우리를 안심시킨다. 그래서 보부아르는 "삶의 반대는 죽음이라기보다는 노화"라고 말한다.

앞 절에서 언급한 노년에 대한 생물학적 규정, 즉 '늙은 신체'를 가진 자아는 바로 이런 대타 관계 구조 속에서 충만한 의미를 띠게 된다. 본래 대타 관계에서 신체는 시선이 향하는 초점으로서 중요성을 띠지만 여기서는 더 결정적인 성격을 띤다. 지금까지 우리는 늙음이 마치 타인의 지각에 달려 있는 양 말했는데, 이제 타인의 시선이 없다고 한번 가정해보자. 이 경우 우리가 '늙지' 않을 수 있을까? 실제로 한 보부아르 연구자는 어떤 소녀가 어린아이 때 무인도에 남겨져 혼자 자라게 되는 경우에 대한 사고실험을 제안한 적이 있다. 이에 따르면 "이 소녀는 전혀 늙지 않을 것"(Arp, 2014)이다. 그녀의 신체가 모든 인간 신체가 나이를 먹을 때 겪어야 하는 동일한 변화를 겪는다고 하더라도 말이다. 저자는 이로부터 보부아르가 "자신의 결론에서 노년이 실질적으로 존재하지 않는 이상적인 사회에 대한 꿈을 꿀 수 있게 해 준다"라고 말한다. 그러나 인간이 대타존재 구조를 벗어날 수도 없거니와, 보부아르가 노쇠의 사회적 성격을 강조하면서도 **신체를 가진 자아**embodied self**의 생물학적 조건**을 강조한 것을 잊지 말아야 한다.

바라보이는 나는 내 늙은 신체이고, 나의 늙은 신체와 생물학적 조건을 나는 자유롭게 초월할 수 없다. 노쇠의 악화는 피할 수 없으며, 질병과 달리 노쇠는 회복 가능성도 없다. 다만 악화가 부분적인가 전체적인가, 완만한가 급속한가에 차이가 있을 뿐이다. 우리가 노년을 실감하지 못한다는 것은 우리 자신의 노년을 지각하는 타인에게 저항한다는 것이자, 우리 자신의 이러한 쇠퇴에 저항한다는 것이다. 이 저항은 한창때의 자아와 비교할 때 쇠퇴를 겪고 있는 자아에 대한 거부에 기인한다. 이 변화의 지평에 죽음이 있어서이기도 하지만 쇠퇴의 과정, **나날이 나빠지는 쪽으로의 변형**을 견딜 수 없는 것이다.

4 실존주의와 '마치 늙음이 없는 양 살라'

노년에 대한 보부아르의 부정적 가치 평가

보부아르는 이렇게 '실감할 수 없음'이라는 개념을 통해 노인 배제를 단순히 고발하는 것을 넘어 이 배제에 노인 자신을 포함한 우리 각자가 어떻게 연루되어 있는지 역시 폭로한다. 인간은 누구나 늙기 마련임을 모두가 잘 아는데도 노년의 열악한 사회적 조건을 선뜻 바꾸려 하지 않는 이유는 인간이 늙기 마련임을 잘 알면서도 늙음을 자기 것으로는 받아들이지 않기 때문일 것이다. 그렇다면 늙음에 맞닥뜨린 분열된 주체가 취할 수 있는 선택은 무엇일까?

보부아르는 어떤 적극적 답변을 내놓기 어려운 입장인데, **노인**에 대한 그녀의 휴머니스트적 태도와 대조적으로 그녀는 **늙음 자체의 가치**를 인정하지 않기 때문이다. 사실 늙음으로의 변화는 모든 면에서 나쁘기만 하지는 않을 수 있고, 이것이 더 일반적인 생각이다. 보부아르도 인정하듯 변화의 유불리함은 삶의 목표에 의거해서만 판단될 수 있고, 이 목표는 사회 속에서 주어진다. 따라서 목표가 무엇이냐에 따라, 그리고 어떤 사회에 있느냐에 따라 노년이 반드시 불리한 변화만은 아닐 수 있다. 가령 지식, 경험, 능력을 획득한 상태로서의 '성숙'을 인간의 정점으로 보는 사회나 그런 사람들에게 노년은 인생의 특혜 받은 시기로 간주될 수도 있다. 그런 사회가 없다 하더라도 적어도 노년의 특성은 이중적으로 평가될 수 있다. 반면 보부아르는 '노년의 지혜'(플라톤), '노년의 자유'(에머슨), 기획의 완결(아리스토텔레스), '노년의 수확'(키케로), '죽음의 준비'(몽테뉴), '인간 조건에 대한 깨달음'(쇼펜하우어)처럼 우리가 떠올릴 수 있는 노년의 어떤 장점도 결코 진지하게 받아들이지 않는다.

가령 "육체가 잃은 것을 정신이 얻게 되는" 시기로서 노년을 긍정적으로 묘사한 플라톤적 담론에 대해 보부아르는 "대다수의 노인들이 겪는 실제적인 여건을 고려할 때, 이런 정신주의적 객설들은 터무니없으며,"(440쪽) "우리 체험은 나이가 들면 육체에서 자유로워진다는 생각을 근본적으로 반박한다"(440쪽)라고 반론을 제시한다. 상호성으로부터의 배제 역시 이중적일 수 있다. 상호성으로부터의 배제는 인간을 사물로 만들지만 또한 노인에게 목표를 추구하지 않아도 되게 하고 경쟁하지 않아도 되게 한다. 그러나 보부아르는 "이러한 관용은 비싼 대가를 요구한다"라고 비판한다. 사람들이 노인의 열등한 점을 세세하게 용서해 주는 것은 노인을 결정적으로 열등하다고 생각하기 때문이다. 노인을 "마치 어린애처럼, 물건처럼 다루기"(645쪽) 때문이다. 노년에 대한 이러한 부정적 평가는 노년의 비참을 방치하고 조장하는 문명사회의 야만성에 대한 그녀의 고발과 야릇한 대조를 이룬다.

초월 없는 내재성의 삶에 대한 실존주의의 단죄

노년에 대한 보부아르의 이런 완고하게 부정적인 평가에는 철학적 토대가 있다. 실존주의자 보부아르에게 인간 삶의 본질은 기투이고 초월이다. 기투 없이 생명은 유지될지 몰라도 더 이상 인간의 삶이 아니다. 젊은 시절에 쓴 『퓌루스와 시네아스』(1944년)라는 책에서 보부아르는 『플루타르크 영웅전』에 나오는 현자 시네아스를 비판하고 퓌루스 왕의 편을 든 적이 있다(보부아르, 2016, 13쪽). 그리스를 이어 아프리카로, 그 다음에는 아시아로 계속해서 정복을 행하고자 하는 퓌루스 왕에게 계속 그 다음을 물으면서 정복이 결국 원위치로 되돌아오기 위한 것임을 깨우쳐 주는 시네아스는 흔히 현자로 칭송받는다. 반대로 보부아르는 퓌루스의 편을 들어 공허할지언정 끊임없이 목적을 추구하는 삶이야말로 인간다운 가치를 갖는 삶이라고 말한다.

『제2의 성』에서도 보부아르는 습관과 반복의 삶을 단죄한다. 엄마로서의 삶을 사는 여성은 기투와 새로움에 대한 추구에서 배제된다. "보부아르는 여성의 가사와 육아에 들어 있을 수도 있는 상당한 창조성과 만족, 능력에는 주목하지 않았다."(Deutscher, 2008, 106쪽). 그것들은 역사의 반복의 연속, 따라서 자유의 근본적 포기에 불과하다. 습관은 초월적 지평의 부재를 특징으로 하며, 이 부재를 보부아르는 '내재성'이라 부른다. 초월성과 내재성에 대한 이런 위계적 가치 평가는 『노년』에서도 이어진다.

초월성은 미래를 향해 기투하는 창조적인 변형의 활동인 반면, 내재성은 생을 유지하는 정태적이고 반복적인 활동과 관련된다. 노년에는 이 내재성이 더 심화된다. 노년에는 **기투가 가로막히며** 이 점에서 노년은 삶의 반대다. "인간에게 있어서 존재한다는 것은 초월한다는 것이다. 생리적 쇠퇴는 초월의 가능성, 열중의 가능성을 박탈하고 계획들을 죽여 버린다."(618쪽) 그렇기 때문에 노년은 거부될 수밖에 없다.

'마치 늙음이 없는 양 살기'와 자기기만

그러나 노년에도 삶은 계속된다. 노년이라는 규정에 직면한 인간이 이런 조건에서 취할 만한 선택지는 하나밖에 없는 것 같다. 마치 늙음이 없는 양 사는 것. 실제로 방대한 여정의 끝에 이르러 보부아르는 노인 문제에 대한 결론으로 결국 **젊을 때와 똑같이 살라, 마치 늙음이 없는 것처럼 살라**고 제안한다. "노년이 우리의 이전 삶의 우스

꽝스러운 하찮은 모방이 되지 않게 하기 위한" 유일한 해결책은 "우리의 삶에 의미를 주는 목표들을 계속하여 추구하는 것", 무언가에 "헌신하는 길밖에 없다."(757쪽) 그리고 사랑이나 우정, 분노, 연민 등의 강렬한 정념을 계속 보존해야 한다. "이 정념들이 우리가 자신에게로 되돌아오는 것을 막아 주기 때문"(758쪽)이다. 그래서 노년을 '준비'하라는 충고 대신 "그날이 와도 우리는 거의 준비가 안 되어 있을 것이므로" "차라리 노년에 대해 너무 생각하지 말고, 정당하고 참여적인 인생을 살아가는 것이 낫다"(758쪽)라고 말한다.

> 노인의 가장 중대한 행운은 역시 양호한 건강 상태보다도 그에게 있어 세계가 아직도 목표들로 가득 차 있는 것이다. 활동적이고 유용한 노인은 권태와 노쇠에서 벗어난다. 그의 노년은 말하자면 불문에 부쳐지는 것이다(689쪽).

『노년』 이후에 진행한 한 대담에서도 '실감할 수 없음'에 대해 말하면서 보부아르는 노년이 "타인들을 위해 실존하는 어떤 것이고 결국 당신(우리 자신)을 위해서는 그다지 실존하지 않는 것"이라면서 이렇게 고백한다. "내가 깨어날 때, 내가 걸을 때, 책을 읽을 때, 나는 결코 나에게 나이가 있다고 생각하지 않습니다. 실상 나는 내가 나이가 없다고 생각합니다. 사람들이 젊을 때 그런 것처럼 말이죠."(Schwarzer, 1983, 92쪽) 그러면서 그녀는 "늙을 때 가장 나쁜 것은 여전히 젊다는 것이다"라는 장 콕토의 말을 인용한다.

내가 보기에 이 결론은 위안을 주는 객설들을 과감하게 털어 내고 노년의 진실에 마주하고자 한 보부아르가 결국 막다른 골목에 이르러 어쩔 수 없이 내놓은 처방 같다. 노년에 대한 부정적 시각 때문에 보부아르는 첫째, **자가당착**을 면할 수 없다. 노년의 가치를 우리는 기투 대신 가령 '카르페 디엠'과 같은 것을 통해 생각해 볼 수도 있다. 80세의 클로델은 이렇게 말한다. "오늘이라는 말의 절대적이며 부인할 수 없고 그 무엇으로도 대체할 수 없는 그 찬란한 의미를 이해하기 위해서는 노년에 도달해야 한다. 그때가 되면 어떤 이들은 단지 살아있다는 사실만으로도 행복을 느낀다."(624~625쪽) 이에 대해 보부아르는 현실적 조건이 이를 거부한다는 것을 지적한다. 사회적 조건상 "현대 사회는 노인에게서 여가를 즐길 물질적 수단을 빼앗음과 동시에 여가를 제공"하며, 따라서 노인은 더 무기력해진다. 특혜 받은 노인들 역시 자신들이 보내는 나날의 불모성을 한탄한다. 과거 속에 현재가 집어삼켜지고, 기투가 적어지면서 세계는 빈곤해진다. 그러나 노인의 기투가 있을 경우조차 보부아르는 그것을 긍정적으로 보지는 않는다. 야심은 노인을 추하게 만들며, 그 야심 역시 대부분 헛된 야심에 불과하다. 드골은 패탱에 대해 "모든 것에 대한 노인의 무관심과 모든 것에 대한 노인의 야심"을 비난했고, 보부아르는 이를 "구체적으로 그 어느 것에도 관심을 갖지 않기 때문에 아무것이나 원하는 것이다."(633쪽)라고 논평한다. 이렇게 볼 때 노년에는 기투의 지평이 축소될 뿐 아니라 그것을 유지하더라도 별로 아름답지 않다. 보부아르는 결국 『제2의 성』에서의 여성과는 다르게 노인에 대해서는 기투가 어렵고 심지어 부적절하다고 평가하는 셈이다.

둘째, 마치 늙음이 없는 양 살라는 것은 결국 사르트르가 말하는 **자기기만**mauvaise foi 속에서 살라는 셈이 아닐까? 자기기만에는 크게 세 가지 형태가 있다. 하나는 사르트르가 유명한 카페 종업원의 예를 들어 보여 주었듯 자신의 즉자적 규정을 그저 받아들이는 것이다. 종업원은 다른 것이 될 수 있는 자신의 가능성을 부정하고 오직 종업원 역할만이 자신에게 주어진 듯이 행동한다는 점에서 자기기만에 빠진다. 다른 하나는 내가 타인에게 보여 주고 싶거나 타인이 나에 대해 갖기를 원하는 이미지에 호소하는 것이다. 이는 의식이 완전한 동일성에 저항한다는 사실을 무시한다는 점에서 자기기만이다. 이 두 경우에서 자기기만이 의식이 대자 존재로서 갖는 가능성과 초월성을 부인하는 데 있다면, 마지막 경우는 반대로 현사실성facticité을 부정하는 데서 성립한다. 상황 안에 처해 있음을 부인하면서 현사실적으로 주어진 요소들을 초월성으로 흩뜨리는 경우다. 보부아르가 말하는 노년의 주체는 셋째 의미의 자기기만을 피할 길이 없어 보인다.

보부아르와 더불어 맞닥뜨리게 되는 이 궁지에서 벗어나고자 한다면 자기기만 역시 기투의 한 형태임을 상기하고, 보부아르가 기투를 너무 협소하게 이해하는 것은 아닌지 물어볼 수 있다. 보부아르는 종종 "기투를 일과 젊은이를 이상화하는 방식으로 기술함으로써 (⋯) 젊음에 대한 가상을 무반성적으로 반복하는 듯"하다고 비판받는다(Bergoffen, 2014, 134쪽). 실제로 그녀의 실존주의 철학적 입장에 따르더라도 인간은 아무리 노쇠하더라도 살아 있는 한 기투할 것이다. 이 때문에 "마치 늙음이 없는 양 살라"는 제안은 무용하고 또 위험하다.

그것은 우선 **무용한데**, 왜냐하면 모두가 실제로 그렇게 살기 때문이다. 보부아르의 입장에 따라 인간이 인간으로서 살아 있다면, 즉 사물이 아닌 주체로서 존재한다면 예상되는 미래가 아무리 짧더라도 기투하기 마련일 것이기 때문이다. 62세의 나이에『노년』이라는 이 방대한 책을 쓴 보부아르 자신의 작업이나, 그녀가『작별의 의식』에서 기록한 철학자 사르트르의 말년의 행위, 그리고『편안한 죽음』에서 철학자도 지식인도 아닌 어머니가 죽음으로 향하는 과정에서 보여 준 모습은 이를 지지하는 증거일 것이다. 이 작품들에서 그녀는 인간이 자기 앞에 남은 시간이 얼마이든 그 어떤 순간에도 기투하며 이것의 본질은 다른 모든 인간의 것과 동일하다는 것을 보여 준다.

"마치 늙음이 없는 양 살라"는 제안은 또한 **위험하다**. 보부아르는 기투를 이상화하고 모든 기투를 긍정적으로 평가하지만 그렇지 않은 경우도 많다. 보부아르 자신이 예로 든 페탱의 사례가 그렇다. 그러나 페탱과 같은 권력자가 아니라도 지난 시대의 가치를 현재의 가치로 여기는 일군의 사람들이 스스로를 정치적으로 조직하여 다른 정치적 집단과 경쟁하는 경우는 어떤가? 이런 사례를 보부아르는 생각하지 못했을 듯하다. 그녀는 다만 자신과 같은 작가나 예술가만이 기투한다고 생각하는 경향이 있고, 이는 그녀 자신이 당대의 노인을 얼마나 수동적인 존재로 보았는지를 방증한다.

노년에도 기투가 이루어진다

보부아르의『노년』은 노인을 홀대해 온 문명사회에 대한 고발로 흔히 읽혀 왔지만, 철학적 관점에서 흥미로운 것은 늙음에 관한 실증적 내용보다는 늙음이 어떻게 회피의 양상으로 체험되는지를 밝혀 준 점이다. 보부아르는 '실감할 수 없음'이라는 개념을 통해 노인 배제가 노년에 대한 우리 각자의 체험 구조에 어떻게 뿌리 내리고 있는지를 보여 준다. 노년이 인간의 보편적 운명임에도 노년의 처지가 그다지 나아지지 않는다면 이는 노년에 대한 이런 회피와 저항 때문일 것이다.

이런 회피와 저항에 어떤 실존적 가치를 부여할 것인가? 미래를 향한 기투를 삶의 의미 원천으로 보는 실존주의의 입장에서 보부아르는 기투의 어려움을 이유로 노년을 부정적으로 보았다. 그러나 노년에 대한 각자의 이런 저항과 회피 자체가 기투의 한 양상일 수 있음을 그녀는 잘 생각해 보지 못한 것 같다.

노년에도 기투가 이루어진다는 점은 고령화 사회인 오늘날 뚜렷하게 나타난다. 오늘날 우리는 노인이 더 이상 사회의 의사 결정에 영향을 발휘하지 못하는 수동적 시민이 아니라 다양한 경제적 처지를 가로질러 이념이든 가치든 그들 세대의 어떤 공통적 이해를 대변하는 특정 의제를 내세우며 정치화하고 있음을 도처에서 목도한다. 이와 같은 오늘날의 상황을 보부아르는 미처 생각해 보지 못했을 것이다. 이 상황을 제대로 이해하기 위해서라도 노년에도 기투가 이루어진다는 사실을 적극적으로 인정해야 할 것이다.

노년의 기투를 사실로 인정할 경우 물음은 이렇게 달라질 것이다. 인간은 나이와 무관하게 보편적으로 동일한 양식으로 기투하는가, 아니면 노년에 고유한 기투 양상이 있는가? 이 물음은 다시 보부아르가 말한 "노인이 인간답게 사는 사회"에 관한 물음과도 연결된다. 노인이 인간답게 사는 사회란 노인이 노인이 아닌 것처럼 살 수 있는 사회일까, 아니면 노인이 노인으로서 잘 살 수 있는 사회일까? "마치 늙음이 없는 양 살라"라는 보부아르의 제안은 결국 전자의 입장일 것이다. 반면 후자의 입장은 죽음이나 늙음과 같이 "통제될 수 없는 것과 대면하는 능력"(Baars, 2006, 83쪽)을 계발할 필요가 있다는 얀 바스와 같은 대표적 노년학자에게서 찾아볼 수 있다. 어느 쪽이 맞는지는 우리 각자의 경험을 통해 답해야 할 열린 물음으로 놔두고자 한다.

철학적

2부

관점에서 본

노년

6장

노화의 자연경제

주재형

1 노화, 하나의 철학적 문제

어린 시절 누구나 죽음을 처음 마주한 경험이 있을 것이다. 할아버지나 할머니 등 가까운 누군가의 죽음이라는 이해할 수 없는 사태는 많은 이들에게 무의식적인 충격을 주기 마련이다. 죽음은 생명으로 가득 차 있던 세계에 최초의 균열이 발생하는 사건이다. 어린아이에게 그런 것처럼 고대인들에게도 그러했을 것이다. 한스 요나스는 근대 이전의 인간에게는 생명이 아니라 죽음이 해명해야 할 대상이었다고 지적한다. 무덤은 죽음을 이해하기 위한 고대인의 형이상학인 셈이다(Jonas, 2001, 8~9쪽).

그런데 생명체는 단지 죽음을 향해 가는 존재자인 것만은 아니다. 생명체는 생과 사 사이에서 늙어 간다. 그간 철학과 과학, 곧 인간의 지식은 죽음이 왜 일어나는지, 생명이 무엇인지에 열렬한 관심을 가져온 반면, 제3항인 늙음, 노화에 대해서는 이상하리만치 무관심했던 것 같다. 어느 역사학자가 보여 주는 바에 따르자면(미누아, 2010) 노화에 대한 혐오는 인간 역사의 상수에 가까워 보일 정도다. 그 혐오는 죽음에 대한 공포에서 비롯될 것이다.

노화 과학자 싱클레어는 자신의 아들이 죽음의 보편성을 처음 깨달은 순간을 짧지만 인상적으로 묘사한다. 그의 아들은 어느 날 다음과 같이 물었다. "아빠, 아빠는 영원히 살지 못해?" 안타깝지만 그렇다는 아버지의 정직한 대답에 대한 아들의 반응은 가슴 아프다. "알렉스는 며칠 동안 울다가 말다가 하다가 이윽고 그쳤다. 그리고 두 번 다시 같은 질문을 하지 않았다. 나 또한 그 일을 결코 언급하지 않았다."(싱클레어, 러플랜트, 2020, 26쪽) 아이는 혼자서 죽음의 공포를 눈물과 함께 삼키고 침묵한다.

죽음의 공포는 망각 속으로 깊이 가라앉는다. 그 망각을 지탱하는 것은, 죽음은 "먼 훗날 늙었을 때야 일어날 것"이라는 사실이다. 노화를 본능적으로 혐오하는 것은 노화가 너무나도 두려운 죽음과 가까이 있는 상태이기 때문일 것이다. 반대로 말하면 노화는 망각된 죽음이 젊은 생에게 남긴 비망록이다. 인생의 긴 시간 속에서 죽음은 한순간 일어나는 일회적 '사건'이므로 망각될 수 있는 반면, 노화는 기나긴 과정이기에 그로부터 눈 돌리고 완전히 망각 속에 묻어 둘 수 없다. 죽은 사람은 곧 보이지 않게 되지만, 늙어 가는 사람은 곳곳에 있다. 잊을 수 없으므로 우리는 노화를 철저히 증오하고 어떻게든 노화의 사실 자체를 삭제하기 위해 분주히 노력한다. 죽음은 극적이고 중대한 사건이면서도 삶의 대부분의 시간 동안에는 망각되어 숨겨져 있다는 사실에 철학자는 놀라움을 표할 수 있다. 캐내기 좋아하는 철학자는 무엇보다도 죽음을 발굴해 내고 싶어 할 것이다. 반면 노화는 죽음과 같은 커다란 사건이라기에는 너무 일상적이고 비루하다. 노화는 부정할 수 없는 인간 삶의 한 면모이면서도 죽음과 같이 중심적인 위치에서 관심의 대상이 된 적은 없는 것 같다.

그러나 곰곰이 생각해 보면 노화라는 현상은 철학적 놀라움의 대상이다. 늙는다는 것은 무엇인가? 한 생물학자는 노화에 대해 다음과 같은 일반적 정의를 내렸다.

노화는 우리 성인의 신체 기능 중 몇몇 양태들이 시간이 흐름에 따라 '자연스럽게', 점진적으로 변질되는 것으로 특징지을 수 있다 (Ameisen, 2003, 347쪽).

그런데 이 변질은 주로 무엇인가의 감소다. 환경에 대한 적응력의 감소, 정상적인 생활기능의 감소, 심신 기능의 감소 등. 증가하는 것이 있다면 '사라질 가능성'뿐이다. 왜 이런 일이 벌어지는가? 모든 물체들이 닳고 낡아 바스러지듯이, 우리의 신체도 그렇게 변질되는 것일까? 하지만 곧 논하겠지만 이러한 설명은 바로 직관적인 반론에 부딪히고 만다. 우리 인간을 비롯한 생명체는 성장의 시기와 노화의 시기를 겪는다. 만약 모든 사물이 그러하듯 자연적 마모에 의해 인간도 노화한다면 왜 태어날 때부터 이 노화가 진행되지 않을까? 게다가 영원히 죽지 않고 늙지 않는 생명체와 세포도 존재한다는 점을 감안하면 노화는 그렇게 '자연스러운' 현상이 아닐 수 있다. 노화의 정확한 원인은 면밀하게 탐구해 볼 가치가 있다.

그뿐만이 아니다. 노화의 원인에 앞서서 노화는 정확히 무엇인가? 노화의 징표들은 다양하다. 싱클레어는 다음과 같은 징표의 목록을 제시한다. DNA 손상으로 생기는 유전적 불안정성, 염색체를 보호하는 텔로미어의 마모, 후성유전체의 변화, 단백질·항상성 기능의 상실, 미토콘드리아 기능 이상, 노화 세포의 축적, 줄기세포의 소진, 세포 내 의사소통의 변형과 염증 분자의 생성(싱클레어, 러플랜트, 2020, 63쪽).

하지만 이것은 단지 생물학적인 징표들일 뿐이다. 우리가 노화라고 부르는 것은 이러한 생물학적 차원의 변이들이 신체의 외형에 초래하는 변화를 가리킨다. 피부는 탄력을 잃고 주름지게 되고, 머리카락 숱은 줄어들고, 근육이 감소하며, 허리는 굽는다. 시각, 청각을 비롯한 오감의 능력이 약화하고 기억력과 언어 능력 등 정신 역시 온전하지 못하게 된다. 이러한 심신의 변형은 단지 변형에 그치지 않는다. 늙은이의 외모는 미적으로 추한 것으로 규정되고, 늙은 정신은 노인을 고집 세고 이기적이고 수다스러운 인간, 혐오스럽고 피하고 싶은 인간으로 만들어 버린다. 노화는 또한 온갖 질병들의 집합명사이기도 하다. 노화와 질병은 떼어 놓을 수 없을 정도로 늙은이는 병약하다. 요컨대 노화는 인간의 분자적, 세포적인 생물학적 차원에서부터 미적, 사회적 차원까지 인간의 모든 차원을 가로지르는 총체적인 현상이다. 이 다차원성에 어떤 개념적 통일성을 부여할 수 있는가?

이 질문을 좀 다르게 제기해 보자. 노화라는 현상의 실체는 생물학적 차원일까? 거꾸로 노화는 인간의 사회적, 역사적, 정치적 차원에서부터 역으로 규정될 수 있을까? 바로 이러한 질문이 노화의 철학의 가능성을 열어 준다. 노화는 단지 생물학적 현상이 아니기에 생물학자나 의학자의 배타적인 탐구 대상이 아니며, 따라서 노화를 개념적으로 규정하기 위해서는 철학적 사유의 개입이 요청되기 때문이다.

철학이 노화에 명석 판명한 개념을 제공할 수 있기 때문이 아니다. 철학은 일의적 개념을 제공하는 종합적 성찰이 아니라, 자크 랑시에르의 말처럼 "동음이의어에 대한 작업"이기 때문이다(랑시에르, 2020, 591쪽). 우리는 노화에 대한 과학적 탐구를 살펴보면서 단일하고 명료한 과학적 해명 너머에 있는 여러 복잡성을 드러낼 것이다. 철학적 성찰은 무엇보다도 이 복잡성이 자리하는 다의성의 공간을 개방하는 일이다.

2 물리적 마모로서의 노화?

노화에 대한 과학적 탐구는 현대 생물학의 상대적으로 짧은 역사 속에서도 이미 다양하게 진행되었다. 그런데 이러한 연구들을 개괄하는 연구서들은 공통적으로 노화에 대한 통일 이론이 없다는 사실을 고백한다(싱클레어, 러플랜트, 2020, 57쪽; 리클레프스, 핀치, 2006, 104쪽; 박상철, 2019, 183쪽). 우리가 노화라고 부르는 경험적 현상은 단순하고 단일해 보일지 몰라도 그 생물학적인 정체는 그렇지 않다는 것이다. 생명체라는 존재자의 물리적, 화학적 구성이 미시적인 분자 차원에서부터 세포, 기관, 유기체, 사회체 등의 다차원에 걸쳐 있는 매우 복잡한 것인 반면, 우리가 '노화'라는 말로 지칭하는 것은 이 생명체가 우리의 육안에 드러내 보이는 거시적이고 결과적인 현상이기 때문이다. 현재까지 제안되었던 노화의 원인을 설명하는 과학 이론들은 대략 다음과 같다. 이 글에서는 이 이론들 중 마모 이론과 길항적 다면 발현 이론을 주로 검토할 것이다.

1) 마모 이론

2) 돌연변이 축적 이론

3) 길항적 다면 발현 이론

4) 손상과 복구 이론

(리클레프스, 핀치, 2006, 285쪽)

이 중 노화를 일종의 자연적인 물리적 해체로 보는 것이 마모 이론이다. 이 이론은 생명체가 살아가는 중에 필수적으로 만들어 낼 수밖에 없는 해로운 결과들이 누적되어 노화가 일어난다고 말한다. 대표적으로 자유기에 의한 손상과 당화 반응이 거론된다. 자유기free radical란 전자를 잃고 불안정한 상태가 된 원자나 분자를 가리킨다. 보통 활성산소라고 부르는 것이 이 자유기다. 자유기는 다른 분자들로부터 전자를 빼앗아 안정한 상태로 돌아가려는 경향이 있기 때문에 다른 분자들을 공격하여 파괴한다. 자유기가 다른 분자로부터 전자를 빼앗을 때 일어나는 현상이 '산화 반응'이다. 쇠가 산화될 때 녹이 스는 것과 마찬가지로 우리의 신체도 햇빛의 자외선, 신체 내 분자들의 충돌 등에 의해 발생하는 활성산소에 의해 서서히 녹이 스는 것이다. 자유기는 특히 유전자에 큰 피해를 가함으로써 노화를 촉진한다고 알려져 있다.

당화 반응은 포도당이 자유기의 산화 반응을 통해 단백질과 결합하여 단백질을 변질시키는 현상이다. 산화 반응이 우리 신체를 녹슬게 한다면 당화 반응은 우리 신체를 맛 좋게 익은 고기처럼 만든다. 고기를 불에 구우면 갈색으로 변하면서 맛이 좋아지는 마이야르 반응이 일어나는데, 우리 신체 내에서 일어나는 당화 반응도 사실 이러한 마이야르 반응과 같기 때문이다. 차이는 체내 당화 반응은 고기를 구울 때처럼 고열이 필요하지 않다는 것뿐이다. 공기 중에 노출되어 산화된 사과가 갈변하듯이 우리의 체내 단백질도 그렇게 변화한다. 당화 반응으로 생성되는 고도 당화 산물AGE: Advanced Glycation Endproducts은 활성산소와 마찬가지로 체내 조직을 공격하고 만성 염증의 원인이 되며, 콜라겐, 알레스틴 등 관절이나 결합 조직을 구성하는 유연한 단백질은 당화되어 제기능을 하지 못하게 된다.

산화 반응과 당화 반응이 체내 조직을 손상하고 세포를 공격하고 유전자를 변질시킨다고 말하지만, 사실 이러한 과정은 무수히 많은 분자를 통해 구성된 거시적인 생명체의 구조가 보다 항구적인 안정성을 위해 사라지는 물리적 과정일 뿐이다. 마치 물리적 세계에서 생명체란 근본적으로 불안정한 것이었기에 영원히 지속되지 못하고 보다 안정적인 미시 분자들의 차원으로 환원되는 것처럼 보인다. 그런 점에서 이 현상들은 생명체뿐만 아니라 상대적으로 거시적인 모든 물리적 구조물의 숙명이 아닐까? 철이 녹슬 듯이, 사과가 갈색으로 변하듯이 우리 신체도 서서히 녹슬고 변색될 것이다. 그런데 이것은 어떤 몰락이나 쇠퇴가 아니라 보다 항구적이고 안정적인 상태로 귀환하는 것이다. 철은 녹슨 상태에서 평온할 것이고, 갈변한 사과는 더 이상 변색의 혼돈을 겪지 않을 것이다.

그러나 노화를 이렇게 분자적 차원에서 마모 과정으로 설명하는 것에는 한계가 있다. 싱클레어는 자유기에 의한 노화 이론을 단호하게 부정한다. "이미 (2010년대에) 과학자들을 통해 그 이론은 뒤집어졌다."(싱클레어, 러플랜트, 2020, 59쪽) 그는 항산화제가 노화를 늦추거나 예방한다는 생각은 오늘날에는 단지 제약 회사와 건강식품 회사의 광고 속에서나 유효할 뿐이라고 일축한다. 하지만 보다 원리적인 수준에서 이 가설은 의문의 여지를 남긴다. 앞서 말했듯이 만약 철이 녹슬고 사과가 갈변하듯이 우리 신체도 그렇게 노화하는 것이라면 왜 태어나면서부터 이 과정이 진행되지 않는가? 왜 특정한 연령대에 들어서야 산화와 당화가 가시적이고 문제적인 방식으로 신체의 거시적 구조를 허물기 시작하는가? 그것은 역으로 생명체의 신체는 일정 기간이나마 이러한 분자적 차원의 공격에 이미 대응할 수단을 가지고 있음을 암시한다.

분자적 요동은 언제나 우리의 신체를 뒤흔들어 놓고 파괴하지만 신체는 정확히 바로 이 분자적 불안정성의 파도 위에서 구축된 것이다. 생명체는 분자적 불안정성을 극복한 안정성, 생명체에 고유한 안정성을 보여 준다. 분자적 불안정성이 노화의 진정한 원인일 수 없는 까닭이.여기에 있다. 마모 이론이 말하는 대로 노화가 물리적으로 안정한 상태로 회귀하려는 현상의 일종이라 할지라도 이러한 회귀는 물리적 마모처럼 단순할 수 없다. 노화는 물리적 마모를 극복한 생명적 안정성이 다시 허물어지면서 물리적 마모로 되돌아가는 과정이기 때문이다. 그렇다면 이 생명적 안정성은 어떤 것일까?

3 소산 구조와 동적 평형

생명체의 특수성을 해명하기 위해 오늘날 자주 거론되는, 매우 유용하고 강력한 과학적 개념이 하나 있다. 그것은 바로 일리야 프리고진이 규명해 낸 소산 구조dissipative structure다. 소산 구조는 미시계의 물리적 안정성과는 다른 종류의 안정성을 제시해 준다는 점에서 우리의 의문에 답하기 위한 실마리가 될 수 있다.

소산 구조는 보통 비평형계에서 자발적으로 출현하는 구조나 질서를 가리킨다. 하나의 물리계는 평형 상태에 있을 때 가장 안정적이며, 따라서 평형 상태에서 멀어질 경우 평형 상태로 되돌아가려는 경향성을 보인다. 이것이 바로 열역학 제2법칙이 서술해 주는 내용이다. 그런데 어떤 특정한 조건하에서 하나의 물리계는 비평형 상태로부터 안정성을 만들어 낼 수 있다. 공을 높이 던지면 공이 아래로 떨어지는 것은 공이 외부로부터 받은 에너지를 최대한 빨리 소진하여 운동하지 않는 안정 상태로 가려는 경향으로 이해될 수 있다. 또 외부에서 너무 큰 에너지가 가해지면 공은 분해되어 작은 조각들로 나누어짐으로써 안정 상태로 회귀할 것이다. 그런데 만약 에너지가 일정한 수준에서 지속적으로 공급되고 몇몇 특정한 요건이 갖추어진다면 공은 운동 상태를 유지하면서 일종의 역설적인 안정에 도달할 수도 있다. 마치 공이 공중에서 원 운동을 그리면서 머물러 있듯이 어떤 안정적인 구조적 질서가 창출되는 것이다.

요컨대 소산 구조는 외부의 에너지를 어떤 질서나 구조의 형성과 유지에 사용함으로써 비평형 상태 속에서 획득된 안정 상태를 가리킨다. 외부로부터 끊임없이 막대한 에너지가 하나의 물리계 내로 유입된다면 이 에너지는 계 내부의 원자들과 분자들을 마구잡이로 운동하게 만들어 계를 비평형 상태로, 즉 불안정한 상태로 멀리 끌고 갈 것이다. 다른 조치가 없다면 이 불안정성이 진정되고 외부로부터 유입된 잠재 에너지가 다 소진되기까지는 오랜 시간이 걸린다. 계가 다시 안정한 평형 상태로 회귀하는 과정은 느리게 진행될 것이다. 외부의 잠재 에너지가 다 소진될 때까지 기다려야 하기 때문이다. 이러한 상황에서 계는 분자들과 원자들을 질서 정연하게 배열함으로써 잠재 에너지를 효율적으로 흡수하여 내부에서 소진하도록 만든다. 외부에서 유입된 에너지는 내부의 이 질서 정연한 배열, 곧 소산 구조를 형성하고 유지하는 데 사용된다. 따라서 소산 구조가 창출하는 질서는 자동적으로 지속될 수 있는 것이 아니라 매 순간 외부로부터 유입되는 에너지를 사용하는 동적인 것이다. 마치 잠시라도 멈추면 바로 떠내려가 버리기에 제자리에 있기 위해서 물 밑에서 끊임없이 발을 저어야 하는 물 위의 백조처럼 소산 구조의 외관상 정적인 질서는 실제로는 지속적인 에너지의 소모에 의한 것이다.

물리학자 제임스 케이와 에릭 슈나이더는 소산 구조를 특징짓는 에너지와 질서의 이러한 역학 관계를 통해 생명체의 자기 조직화 현상을 설명한다.

> 온도, 압력, 화학적 평형을 보이는 열역학 계가 (…) 평형에서 더 멀어질수록, 평형에서 멀리 끌고 가려는 움직임에 저항하는 메커니즘들도 더 정교해진다. 여기서 역학적 및 운동학적 조건들이 허용된다면 〔비평형 상태의 붕괴〕를 촉진하는 자기 조직화 과정들이 출현할 것이다(케이, 슈나이더, 2003, 302~303쪽).

생명체의 자기 조직화는 소산 구조의 논리를 따라 에너지 과잉이 초래하는 물리학적 불안정성(비평형 상태)을 해소하는 정교한 메커니즘이다. 지구상의 생명체들은 태양에서 전달되는 막대한 에너지가 초래하는 비평형 상태를 질서로 전환하여 소모하는 정교한 소산구조로서 출현한 것이다(지구상에서 생태계가 에너지 소모에 기여하는 바에 대해서는 케이, 슈나이더, 2003, 308~310쪽 참조). 그렇지만 생명체를 단순히 정교한 소산 구조의 일종으로 이해하는 것만으로는 불충분하다. 소산 구조가 물리계에서 저절로 창출되는 다양한 질서를 설명해 주는 포괄적인 개념이라면, 생명체는 이러한 소산 구조와 차별화되는 면모를 갖는 존재자이기 때문이다. 소산 구조가 유입 에너지의 소모를 통해, 그리고 그 소모를 위해 생성되고 유지된다면, 생명체는 자기 목적적 관계에 의해 규정된다. 소산 구조와 달리 생명체는 자신을 유지하기 위해 적극적으로 외부 물질의 거시 구조를 파괴하여 얻어낸 기초 미시 입자들을 가지고 자신의 질서를 재구성한다.

일본의 분자생물학자 후쿠오카 신이치는 생명체가 자연적인 물리적 마모보다 더 빨리 스스로를 분해하고 재구성한다고 주장하면서 이를 "동적 평형"이라고 명명했다. 그가 영감을 얻은 루돌프 쉰하이머의 실험에 따르면 사료를 통해 아미노산을 섭취한 쥐는 자신의 신체를 구성하는 단백질을 분해하여 배출하고 새로 들어온 아미노산으로 단백질 합성을 하는 방식으로 끊임없이 자신의 신체 자체를 분자 수준에서 해체-재구성한다. 생명체가 보여 주는 질서의 정교한 안정성은 입자 수준에서 매 순간 무너지고 또 매 순간 재구성되는 부지런한 운동의 외양이었던 것이다.

사실 동적 평형이라는 표현은 쉰하이머 자신이 제안한 것이다 (후쿠오카, 2010, 192~193쪽). 이러한 동적 평형의 개념은 소산 구조 개념으로부터 한 발 더 나아가 생명체의 안정성을 근본적으로 동적인 것으로 만든다. 소산 구조가 보여 주는 질서가 그 물리계 내의 입자들의 배열을 통해 구현되는 것이었다면, 생명체의 신체적 질서는 자신을 구성하는 입자들 자체를 외부와 끊임없이 교환하면서 해체-재구성되는 질서라는 점에서 차이가 있는 것이다. 생명체는 물리적 입자들의 통제할 수 없는 요동 자체를 안정성을 형성하는 질료로 이용할 때 출현한다.

이러한 독특성이 생명체의 물리적 구조에 고유한 취약성을 함축한다. 미시 분자의 수준에서부터 자신을 지속적으로 재구성하기 때문에 생명체는 미시 분자 수준의 요동이 일으키는 변화에 민감할 수밖에 없다. 그리고 물론 이런 경우에 간편하게 활용할 수 있는 진화론의 논리에 따라서 이 미시 분자 수준의 요동에 민감하면서도 그에 비교적 덜 취약한 구조를 가진 생명체만이 살아남아 번성할 수 있었다고 보아야 할 것이다.

이로부터 다음의 결론을 끌어낼 수 있다. 즉, 생명체는 자신을 매 순간 재구성하는 동시에 이 재구성이 필연적으로 초래할 변질이나 오류, 손상을 복구할 수 있는 별도의 기제 또한 발전시켜 왔다. 노화의 문제는 바로 이 별도의 기제와 관련될 것이다.

4 노화, 진화와 정보

생명체에 대한 이러한 자연철학적 고찰에 비추어 볼 때, 노화의 원인은 더 이상 물리적 마모일 수 없다는 점이 분명해졌다. 물리적 마모에 저항하는 손상 복구 기제의 문제가 노화를 초래한다고 보아야 할 것이다. 이는 노화가 불가피한 물리적 현상이 아니라 생명체가 원하고 선택한 현상이라는 것을 함축하지 않을까? 손상 복구 기제가 진화 과정에서 선택되어 발전한 것이라면 그러한 손상 복구 기제가 어느 순간 또는 점차로 기능하지 못하게 되어 노화가 진행되는 것도 일종의 자연 선택의 결과가 아닐까라고 추론해 볼 수 있기 때문이다.

그런데 노화에 무슨 진화적 이점이 있을까? 당장 생각해 볼 수 있는 것은 노화가 세대 교체를 통해 생물 다양성biodiversity을 증가시키는 데 도움이 된다는 가설이다. 앞선 세대가 늙어 죽어야 이후 세대가 사용할 생적 자원의 확보가 수월해져서 세대 교체가 원활하게 진행되고, 그에 따라 환경의 가변성에 대한 종적 적응력도 높아질 수 있기 때문이다.

하지만 이 단순한 가설은 노화와 죽음의 연결 고리를 제대로 설명해 주지 못한다는 점에서 분명한 한계가 있다. 프랑스의 생물학자 프랑수아 자콥이 말한 대로 죽음과 성(유성생식)은 생명의 진화사에서 "가장 중요한 두 가지 발명"(자콥, 1994, 449쪽)이다. 성이 유전자 조합을 통해 생물 다양성을 확대하는 획기적인 수단이었다면, 죽음은 새로운 세대를 위해 이전 세대가 사라져야 할 필요와 관련되어 성과 상반 관계 속에 놓인다. 하지만 왜 세대 교체를 위한 죽음이 노화의 방식으로 일어나야 하는가? 죽음과 연결해서 보자면 노화는 하나의 특수한 죽음의 방식이다. 연어처럼 번식기를 지난 개체는 바로 죽는 것이 늙어 죽는 것보다 이후 세대에게 더 직접적이고 효과적으로 자연 자원을 물려주지 않겠는가? 생명체는 왜 늙어 죽는 방식을 택한 것일까?

진화적 관점에서 노화를 해명하는 보다 세련된 이론은 피터 메다워, 조지 윌리엄스 등이 제안한 길항적 다면 발현 이론이다. 이 이론에서는 진화적 이점과 자연선택의 맹목성이 교차한다. 만약 어떤 유전자가 개체의 생애 시기에 따라 상이한 효과를 낳는다면 그 유전자를 보존하여 유전되게 해 주는 기전은 어떤 것이어야 할까? 자연 선택의 압력은 번식기 연령을 지난 개체에게서는 약하게 작동하므로 만약 어떤 유전 형질이 번식기 연령에 이르기까지는 생존에 유리한 기능을 하지만 그 이후에는 그 개체에 해로운 기능을 한다면 이 유전 형질은 선택되어 후세대에 전달될 수 있을 것이다. 그래서 어떤 유전자가 번식기 연령까지의 기간 동안에는 개체의 신체 기능 활성화나 생존에 도움이 되지만 그 이후 여러 노화성 질병의 원인이 된다면 노화기의 이 해로운 효과는 그 유전자가 선택되는 데 방해 요소로 작용하지 않을 것이다. 이것이 길항적 다면 이론의 아이디어다.

그러나 경험적 사실들은 이 이론을 전적으로 지지해 주지는 않는다. 무엇보다도 유년기에 유익한 영향을 주면서 노년기에 해로운 영향을 주는 유전자의 수는 매우 적다(리클레프스, 핀치, 2006, 301쪽). 그런 만큼 길항적 다면 발현 유전자가 노화를 유발하는 단일하거나 주요한 원인일 수는 없다.

그렇지만 진화와 노화의 연관성까지 부정할 필요는 없을 것이다. 노화의 통일 이론을 위한 몇 가지 기초적인 사실은 확인할 수 있다. 생명체가 물리적, 자연적 마모에 맞서 손상을 복구하는 데는 자원이 든다. 그리고 이 자원은 물론 유한하다. 그런데 생명체에게는 자신의 보존과 유지 외에 또 다른 과제가 있다. 그것은 바로 종의 번식, 곧 유전자의 증식이다. 따라서 생명체는 주어진 상황 속에서 생존과 번식의 양자택일 앞에 서 있게 된다. 유한한 자원을 번식에 전적으로 투자할 때 생명체는 자기 자신의 물리적 마모를 복구하는 데 사용할 자원이 없으므로 노화하게 될 것이다. 반대로 자기의 보존에 전념한다면 생명체는 젊음을 유지할 것이지만 번식력은 약화될 수 있다. 유한한 자원을 생존과 번식에 어떻게 할당할 것인가의 문제가 노화의 자연경제학을 규정하는 근본 문제인 것이다.

최근 데이비드 싱클레어는 이로부터 하나의 간단한 가설을 세우고 이를 부분적으로 입증함으로써 노화의 통일 이론에 한발 다가섰다. 만약 환경이 안 좋을 때 번식을 중단시키는 유전자를 가진 생명체가 있다면 그 생명체는 생존에 유리할 것이다. 이 유전자가 작동하기 위해서는 또 다른 유전자가 필요하다. 상황이 좋을 때는 번식을 해야 하므로 번식 중단 유전자를 '침묵'시킬 필요가 있기 때문이다. 따라서 이 번식 중단 유전자를 침묵시키는 단백질을 만들어내는 침묵 유전자도 있을 것이다. 이렇게 두 개의 단순한 유전자 회로는 많은 종들이 가변적인 환경에 적응하여 생존하기 위해 필수적이다.

그런데 싱클레어는 침묵 유전자에 돌연변이가 생겨 새로운 기능이 추가될 경우를 상상한다. 침묵 유전자는 번식 중단 유전자를 침묵시키는 일 외에 손상된 DNA를 수리하는 일도 하도록 변이한다. 그 경우 번식 중단 유전자는 단지 환경이 나쁠 때뿐만 아니라 개체의 DNA에 손상이 생겼을 때도, 즉 생명체 내부에 문제가 생겼을 때도 활성화되어 번식 활동을 중단하게 만들 것이다. DNA에 문제가 생겼는데도 계속 번식한다면 제대로 생존할 수 없는 개체들이 태어날 것이기 때문에 이 기능은 유용할 것이다. 따라서 DNA 손상이 일어날 때 생명체는 자신의 자원을 최대한 신체의 복구에 소비하게 될 것이다.

이러한 가설이 노화와 무슨 관련이 있을까? 싱클레어의 이론은 유전자의 손상이 노화를 초래한다는 돌연변이 축적 이론과 비슷하다. 그러나 결정적인 차이는 그가 DNA의 손상이나 변질이 곧바로 이상 세포를 형성해서 노화를 일으킨다고 보지 않는다는 데 있다. 문제는 손상 복구 기제에 있기 때문이다. 잦은 DNA 손상으로 인해 침묵-수리 유전자가 수리하는 일을 위해 자꾸 활성화될수록 수리를 마친 뒤에 다시 번식 중단 유전자를 침묵시키는 본연의 업무로 복귀할 때 오류가 발생할 확률이 높아진다. 유전자 손상에 대해 생명체는 복구 기제를 가지고 있지만 이 복구 기제는 번식 중단 유전자의 작동에 연동되어 있다. 유전자 손상은 지속적, 반복적으로 일어나므로 침묵-수리 유전자도 계속 두 가지 임무 사이를 오가야 하며, 이에 따라 "본래 꺼져 있어야 하는 유전자들은 켜지고, 켜져 있어야 하는 유전자들은 꺼진다."(싱클레어, 러플랜트, 2020, 111쪽) 그러다 보면 "많은 유전자들이 엉뚱한 시간에 발현"되는 혼란이 벌어질 수 있는 것이다(싱클레어, 러플랜트, 2020, 116쪽). 싱클레어는 이러한 혼란을 "후성유전적 잡음epigenetic noise"이라고 부른다.

싱클레어 이론의 핵심은 간단하다. 노화는 "세포의 상해와 손상에 대응하는 후성유전 신호 전달자들〔손상 복구 기제〕이 과로해서 생기는 것"이다(싱클레어, 러플랜트, 2020, 112쪽). 그의 이론은 이 과로가 후성유전적 정보의 교란에 의한 것이라는 점을 밝히고, 이러한 과로의 원인이 손상 복구 기제의 유한성에 있다는 점을 지적한다.

후성유전epigenetics은 생명체의 세포 내에 있는 유전 정보를 상황에 따라 활성화하거나 비활성화하는 단백질-유전자 통제 회로를 가리킨다. 한 개체의 모든 세포는 동일한 유전 정보를 각자의 세포핵 속에 담고 있지만, 이 후성유전적 정보를 통해서 이 동일한 유전 정보 중 일부를 선별적으로만 활성화함으로써 상이하고 다양한 가능을 수행한다. 따라서 후성유전적 정보는 생명체가 환경 변화에 대응하고 생을 유지하기 위해 유전 프로그램을 다양한 방식으로 실행하는 것이다. 그런데 DNA 정보는 매우 안정적인 반면, 이 후성유전적 정보는 변화에 민감하고 그런 만큼 변질될 위험성에 노출된다. 그리고 이 후성유전 정보의 변질, 오류는 세포들이 제기능을 하지 못하게 만들 수 있다. 세포들이 특정한 유전 정보에 따라 성장하고 자신의 기능을 수행하도록 만드는 것이 이 후성유전 정보이기 때문이다. 후성유전 정보의 교란으로 인해 세포는 변질되고, 그에 따라 다양한 질병에 취약해짐으로써 죽음에 이른다는 것이 싱클레어의 주장이다. 이 과정 전체를 요약한 그의 도식은 다음과 같다. "젊음 → 끊긴 DNA → 유전체 불안정 → DNA 포장과 유전자 조절(후성유전체)의 교란 → 세포 정체성 상실 → 세포 노화 → 질병 → 죽음."(싱클레어, 러플랜트, 2020, 100쪽)

세포가 정체성을 잃고(즉 제기능을 못하게 되고) 노화하여 질병에 걸리는 과정 전체가 우리가 통상 '노화'라고 부르는 과정에 해당한다. 그런데 이처럼 노화의 근본 원인이 손상 복구 기능을 하는 후성유전체의 과로라면 단순하게 이 후성유전체의 양을 증가시키면 노화를 피할 수 있지 않을까? 싱클레어에 따르면 실제로 그렇다. 침묵-수리 유전자 중 하나로 알려진 SIR2 유전자를 인위적으로 생쥐에 투입하면 수명이 늘어나고 번식력이 더 오래 유지된다. 그런데 생명체가 사용할 수 있는 자연 자원은 언제나 유한하므로 생명체는 무작정 이 후성유전체의 양을 증가시키는 데 자원을 투자할 수 없다. 수리 복구 기제를 위한 자원은 유한할 수밖에 없고 노화는 불가피하다.

5 노화, 자기 보존의 역설적 대가

정보 이론이 싱클레어의 바람대로 노화의 통일 이론인지 판단하는 것은 우리의 능력 범위를 넘어선다. 이 이론의 타당성 여부와 상관없이 확인할 수 있는 것은 노화는 일종의 자연경제적 현상이라는 점이다. 노화는 결국 물리적 마모에 맞서 생명체가 사용 가능한 에너지원이 유한하다는 점에서 비롯된다. 우리는 앞서 소산 구조와 동적 평형 개념을 통해서 생명체가 물리적 불안정성의 바탕 위에서 거시적 질서를 창출한다는 점을 보았다. 그런데 생명체는 또한 더 능동적으로 구조적 안정성을 유지하는 복잡하고 정교한 기제를 발명해 낸 것 같다. DNA 손상 등에 대처하는 다양한 복구 기제가 그것이며, 이를 작동시키기 위해서 생명체는 DNA와 다른 후성유전체라는 더 불안정한 대신 유연한 매체를 활용한다. 동적 평형은 생명체의 신체 해체와 구성의 동시성을 의미한다. 생명체의 신체는 매 순간 해체되는 동시에 재구성된다. 그런데 복구 기제는 이 해체와 재구성의 동시성 자체를 지탱하는 메타 안정성이다. 우리는 여기에서 물리계 속에서 생명체가 갖는 의미를 엿보게 된다. 그것은 토대 관계의 역전이다. 복구 기제는 생명체의 구조에 덧붙은 부가물이고 따라서 그에 의존하지만, 역으로 생명체의 구조는 이 부가물에 의해서만 유지와 존속이 된다. 나중에 오는 것, 뒤따라 오는 것이 앞선 것이자 자립해 있는 것을 이미 앞지르게 된다. 생명체는 이렇게 거꾸로 흘러가는 시간이다.

그러나 이 시간은 독립적이지 않다. 생명체는 물질계 일반의 흐름 안에 발생한 와류渦流이지만, 이 역방향성(물질의 흐름을 '거슬러' 제자리 걸음을 한다는 점에서)은 노화라는 부산물을 낳는다. 노화는 물질계 일반에서 벗어난 생명의 자기 원환성 안에서 다시 등장하는 물질계 일반의 흐름이다. 후성 유전적 잡음으로서의 노화는 유전자 손상의 자연적 마모가 변형된 결과다.

생명체가 물리적 마모와 다른 방식으로 마모된다는 것, 이는 두 가지를 의미한다. 물리적 마모는 불가피하다는 것, 하지만 그것은 다른 형태로 변형되어 다른 곳으로 이전되고 지연될 수 있다는 것이다. 생명체는 물리적 마모를 복구하는 기제를 발명했지만 그 기제의 작동 자체가 다시 생명체 내에 정보 잡음을 증가시키는 결과를 낳는다면 이것은 물리적 마모의 보편적 운명을 벗어날 수 없다는 점만 의미하는 것은 아니다. 물리적 마모가 후성유전적 잡음으로 변형되고 이전된 것은 생명체가 물리적 마모에 맞서는 두 가지 가능성을 가진다는 점을 의미하기 때문이다. 생명체는 현재의 자기를 최대한 유지하고 보존하면서 물리적 마모를 지연시킬 수도 있고, 자신을 희생하고 미래 세대를 산출함으로써 보다 장기적으로 물리적 마모에 저항할 수도 있다. 이 선택이 의식적이고 개체적인 것은 아니더라도 현재의 자기와 미래의 자기 사이에서 자원을 어떻게 배분하느냐와 관련된 선택과 전략의 잠재적 공간이 넓게 펼쳐져 있다.

싱클레어의 노화 이론이 노화의 통일 이론이 아닐지라도 그것이 노화를 적어도 부분적으로 설명해 준다면 이 이론의 철학적 의미는 생적 자원의 자연경제적 배분 문제에 담긴 근본적 난점을 보여 준다는 데 있다. 싱클레어의 이론에 따르면 노화는 현재의 자기를 유지하고 보존하려는 노력이 역설적으로 노화를 야기한다는 것을 보여 준다. 현재 자기를 수리하는 것은 현재의 자기와 미래의 자기에게 나누어지는 생적 자원의 안정적 분배를 교란하여 미래의 자기를 재생산하는 것으로서만 존재하는 현재의 자기를 파괴하기 때문이다. 생명체의 자기는 언제나 현재 지금의 자기인 동시에 미래의 자기다. 현재 존재하는 생명 개체란 오직 미래의 또 다른 자기, 또 다른 세대를 생산하기 위한 도구적 존재이기 때문이다. 이렇게 볼 때 현재의 자기가 겪는 손상에 대한 복구 작업은 미래의 자기를 위한 자원마저도 현재의 자기 유지에 투자한다는 것을 의미한다. 그리고 바로 이렇게 현재의 자기를 위해서 현재의 자기와 미래의 자기 간의 동일성이 깨질 때, 현재의 자기는 스스로 자기 파괴의 길로 들어서는 것이다.

사실 현재의 자기와 미래의 자기 사이에서 생적 자원을 올바르게 배분하는 객관적인 방법은 없다. 현재의 자기와 미래의 자기는 동일하면서도 다른 것이기 때문에 그렇다. 미래의 자기에게 더 많은 자원을 투자하는 일은 현재의 자기를 약화하여 미래를 보장하지 못하게 만들 것이다. 그렇다고 반대로 현재의 자기 보존에 자원을 더 투자하는 일은 바로 노화 현상을 초래한다. 즉, 그러한 일은 오직 미래의 자기를 재생산하는 구조로서만 존재하는 현재의 자기의 구성 자체를 망가뜨린다.

그렇다면 현재의 자기와 미래의 자기 사이에 균등하게 자원을 배분할 것인가? 하지만 미래의 자기는 아직 존재하지 않는데 그러한 배분의 방식이 어떻게 가능할 수 있겠는가? 우리는 다시 현재의 자기가 존재해야만 미래의 자기가 가능하므로 현재의 자기를 보존해야 한다는 문제로 되돌아온다. 노화는 바로 이렇게 출구 없는, 하지만 그 한계 내에서 다양한 가능성이 존재하는 생적 자원의 자연경제적 배분의 문제를 우리에게 일깨워 준다.

6 노화, 현재와 미래의 '자기들' 사이의 경제

노화의 존재론적 실체를 규명하기 위한 우리의 논의는 이제 하나의 중요한 전환점에 도달했다. 처음 제기했던 물음에서 출발해서 논의를 마무리해 보자. 노화는 생물학적 현상인가? 노화 현상을 과학적으로 규명하려는 여러 시도는 현재 진행형이다. 싱클레어의 야심 찬 이론까지 포함하여 이런 시도에 대한 간단한 일별은 노화의 궁극적인 원인은 생존 자원의 유한성에 있다는 것을 보여 준다. 생명체는 무기물질의 마모와 다른 방식으로 닳는다. 이 차이는 일차적으로는 가용 에너지의 지속적 유입으로 인한 불안정성과 가능한 최대한의 안정성을 향하는 물질의 경향성 간의 대립에서 비롯된다. 지구상에 유입되는 태양 에너지는 어느 순간 단순한 무기물질을 통해서는 더 이상 소화 불가능할 정도로 과잉되었기에 이 과잉을 소비하기 위해 생명체와 같은 정교한 구조물이 출현했다. 이 점에서 생명체는 무기물질보다 더 본질적으로 물질적인 물질, 즉 물질의 본성을 더 잘 실현한 물질이라고까지 말할 수 있을지 모른다. 생명체는 무기물질이 해낼 수 있는 것 이상의 속도와 양으로 과잉 에너지를 소비하여 안정 상태를 향하는 물질적 본성을 실현하기 때문이다.

그런데 이 생명체의 출현과 함께 어떤 근본적 애매성이 도입된다. 생명체는 자기를 복제하는 물질, 자기를 재생산하는 물질이다. 이 '자기의 재생산'이라는 관념이 가진 철학적 깊이는 헤아릴 수 없다. 노화의 문제는 자기 재생산에 함축된 양자택일 또는 양가적 애매성, 더 나아가 다의적 애매성에서 비롯한다. 동적 평형에 대한 논의가 가르쳐 주는 바는 자신을 그대로 유지하는 것도 이미 자기의 재생산이라는 사실이다. 자기와 동일한 구조를 자기의 외부에 만들어 내는 것도 자기의 재생산이다. 나아가 이 두 가지 재생산은 서로 구분되지 않을 수 있다. 지금의 자기를 유지할 때만 자기와 닮은 또 다른 자기를 복제해 내는 것도 가능하기 때문이다. 반대로 지금의 자기를 유지하는 것은 오직 미래의 또 다른 자기를 복제하기 위한 것이다. 왜냐하면 생명체의 이 '자기'란 바로 자기 자신을 재생산해 내는 것으로서의 자기이기 때문이다. 자콥은 생명체의 궁극적 목표를 다음과 같이 말한 바 있다.

하나의 박테리아가 쉬지 않고 생산하고자 하는 것, 그것은 두 박테리아다. 그것이야말로 그의 유일한 목표, 유일한 야심인 것으로 보인다.(자콥, 1994, 401쪽)

그러므로 생명체의 자기에 대해 개체와 종의 엄격한 구분을 적용할 수는 없다. 하나의 생명 개체는 무수한 자기의 사본을 생산할 수 있는 것으로서, 하나의 개체인 동시에 이미 그 자체로 종적인 존재자이기도 하다. 생명 개체란 단지 유전자를 증식하는 도구이며, 이렇게 증식된 유전자들은 모체의 유전자와 본질적으로 동일하다. 후속 세대들의 유전적 변이들은 유전자의 관점에서는 근본적 동일성을 침해하지 않을 뿐 아니라, 그 동일성을 보존하기 위한 가변적 수단들이기 때문이다.

DNA의 안정적인 분자 구조나 비평형 열역학의 소산 구조, 또 동적 평형은 생명체의 고유한 특성에 대해 새로운 시각을 전해 주지만 생명체의 전체상을 보여 주지는 않는다. 우리가 보기에 유전자의 양자역학적 안정성이 생명체의 미래 자기와 관련된다면, 동적 평형의 안정성은 현재적 자기와 관련된다. 이 양자를 연결하는 것은 바로 메타 안정성으로서의 생명체의 손상 복구 기제다. 그것은 싱클레어의 이론에 따라 말하자면 후성유전적 기제다. 이 기제를 통해서 현재의 자기는 자기 자신을 재생산할 뿐 아니라, 미래의 자기 또한 재생산할 수 있다.

하지만 이 두 자기의 연결 자체는 결코 안정적일 수 없다. 노화 현상은 이 불안정성을 나타낸다. 물체들과 구분되는 질서와 조직을 구가하는 고도로 복잡한 생명체가 시간이 흐름에 따라 결국 가장 단순한 물체와 마찬가지로 마모된다면 이 마모는 외관과 달리 단순한 것일 수 없다. 물체의 마모와 달리 생명체의 노화는 현재의 자기와 미래의 자기가 재생산의 관계 속에서 연결하는 매듭, 유전자의 분자적 안정성과 생명체 신체의 거시적인 소산 구조적 안정성을 연결하는 매듭 안에 새겨진 균열이다. 현재의 자기는 미래의 자기를 재생산하는 것으로서 수단과 목적의 관계로 연결되어 있지만, 이 연결은 동시에 현재의 자기를 보존하는 일이 미래의 자기를 재생산하는 것으로서의 현재의 자기 자체의 구조를 망가뜨리는 일이 되어 버리는 역설이기도 하다.

이 역설은 해결 불가능하지만, 또한 아무런 선택의 여지가 없는 것도 아니다. 이 역설 안에서 여전히 생적 자원을 현재의 자기와 미래의 자기 사이에서 어떻게 배분할 것인가의 문제가 계속 제기될 수 있기 때문이다. 우리는 늙는 것을 막을 수 없지만, 어떤 방식으로 늙을지는 여전히 선택할 수 있다.

극단적인 경우를 생각해 보자. 노화의 종말 가능성을 이야기하는 싱클레어는 노화가 "지구상에서 가장 치명적이고 가장 비용이 많이 드는 질병"이라고 말한다(싱클레어, 러플랜트, 2020, 164쪽). 그의 강조점은 노화가 치료 가능한 질병이라는 데 있지만, 그의 말에서 우리의 주의를 끄는 것은 이 질병이 가장 비용이 많이 든다는 사실이다. 우리가 노화를 '치료'하기 위해 들여야 할 비용은 얼마나 되는가? 이것은 개체의 생존을 위해 미래의 자기를 희생하는 비용이다. 싱클레어의 지나치게 낙관적인 주장에 따라 우리가 노화를 완전히 피할 수 있다 하더라도 그러한 노화 치료에 들어갈 비용은 막대하며, 그에 따라 우리가 희생해야 할 잠재적 대가도 막대하다. 생명계에 유입되는 에너지가 아무리 과잉이라 할지라도 근본적으로 부족한 것, 원리적으로 유한한 이유는 여기에 있다. 생명체는 에너지를 두 개의 자기, 현재의 자기와 미래의 자기 사이에서 선택하여 투자해야 하기 때문이다. 생존과 번식(그뿐 아니라 번식이 가능하기 위해 필요한 신체적 형성과 안정적인 양육을 비롯한 온갖 다양한 생명체의 과정) 양자에 투입되는 에너지는 언제나 전체 에너지에 비해 적을 수밖에 없다. 전체는 둘로 나뉘고, 각각의 절반은 언제나 전체에 비해서 작기 때문에, 다시 말해 각각의 절반에게는 언제나 더 많은 몫의 에너지가 주어질 가능성이 존재하기 때문에 절반은 각자의 가능성 속에서 외롭고 가난하다. 우리는 이 절대적인 가난 속에서 선택할 수밖에 없다.

　노화의 자연경제적 관점은 이처럼 생적 자원의 계산, 그리고 생적 자원의 배분과 투자에 대한 결정의 문제를 우리에게 제기한다. 생명체들을 노화의 자연경제적 관점에서 새롭게 고찰하는 일, 그리고 나아가 인간 사회의 문명 자체를 이 관점에서 바라보는 일, 이것이 노화가 철학을 비롯한 제반 학문에 제기하는 핵심적인 과제일 것이다. 이 과제는 노화에 대한 생물학적, 물리학적 접근을 넘어서 다의적 복잡성의 사유 공간을 개방한다.

7장

노년, 자기 해석의 창조적 과정

이재환

1 나는 여전히 나인데 다른 사람이 되었다는 말인가?

개인의 정체성에 관한 질문은 오랫동안 철학자들을 괴롭혀 왔다. 나는 누구이고, 나의 정체성을 구성하는 것은 무엇인가? 전통적으로는 시간의 흐름에 따라 변하고 시들고 결국 사라지고 마는 신체가 아니라 정신 혹은 영혼이야말로 지속하는 자아로 간주되었다. 그리고 이러한 정신 혹은 영혼으로서의 자아—대니얼 데닛이 비판적으로 사용하는 표현을 빌리자면 "영혼이 깃든 자아self as a soul-pearl" 혹은 "데카르트적 극장cartesian theater"—는 지시할 수 있는 하나의 존재자entity로 여겨져 왔다. 하지만 시간의 흐름 속에서 이러한 변하지 않는 실체가 존재하는지는 철학의 역사에서 항상 논란이 되어 왔고, 불행하게도 '나' 혹은 자아에 대한 합의된 의미는 아직 존재하지 않는다. 과학의 발전과 더불어 뇌와 신경 시스템에 대한 지식이 늘어났지만 자아의 문제는 해결되기는커녕 점점 더 복잡하게만 되어 갈 뿐이다.

하지만 '자아'는 정말 시간의 시험을 견디는 변하지 않는 존재일까? 인간은 시간 속에서 태어나 시간 속을 살아가고 시간 속에서 생을 마감하는 필멸의 존재다. 시간의 신 크로노스가 자신이 낳은 자식들을 모두 집어삼키는 것처럼 시간은 인간을 포함해 자신이 분만한 모든 것을 소멸시킨다. 특히 시간이 부식시키는 신체의 쇠락을 경험하는 노년은 달라진 나의 모습을 보면서 상실감을 경험하는 시기다. 노인은 거울을 보면서 '나'를 잃었다고 생각하고는 한다. 인간은 과거의 자기 모습과 현재의 자기 모습의 불일치를 느낄 때 정체성에 대해 고민하기 시작하지 않는가(맥아담스, 2015, 101쪽). 이런 이유로 심리학자 에릭 에릭슨과 조앤 에릭슨은 노년의 가장 큰 특징 중의 하나가 정체성 혼란이라고 주장한다. 왜냐하면 "나이가 들면서 우리는 자신의 지위와 역할에 대해 현실적 불확실성"을 느끼기 때문이고, 따라서 "이전의 태도나 목적의 견고함에 비추어 볼 때 [노년에] 우리의 역할은 불분명"(에릭슨, 2019, 172쪽)해지기 때문이다.

보부아르는 자신이 62세에 출간한 『노년』에서 거울에 비친 자신의 모습을 대면할 때 느끼는 낯섦의 근원을 다음과 같이 서술한다. "나는 여전히 나인데, 내가 다른 사람이 되었단 말인가?" 노년에는 이전의 나의 모습과 현재의 나의 모습의 불일치뿐만 아니라 내가 생각하는 나의 모습과 다른 사람들이 생각하는 나의 모습의 불일치도 존재한다. 보부아르는 계속해서 "노년의 진실, 그것은 객관적으로 정의되는, 타인에게 보이는 나의 존재와 그것을 통해 내가 나 자신에 대해 갖는 자의식 사이의 변증법적 관계"라고 말한다. 무슨 의미인가?

나는 천천히 변하기에 나의 노화를 인식하지 못하지만 타인은 나의 노화를 인식하게 된다는 말이다. 보부아르에 따르면 나의 나이 듦을 인식하는 것은 대체로 다른 사람을 통해서다. 그래서 보부아르는 "내 나이 50세에 어느 미국 여학생에게 '그렇다면 시몬 드 보부아르는 늙은 동지 중 하나군요!'라는 말을 듣고 나는 얼마나 소스라쳐 놀랐던가"라고 말한다. 그렇기에 "우리가 받아들이기를 가장 꺼려하는 것, 그것은 바로 자기 나이를 인정하는 것이다. 이러한 사실로 우리는 노인들이 자신의 상황에 대해 어리둥절해하는 태도들을 이해할 수 있다."(보부아르, 2002, 393쪽, 399쪽, 406쪽)

또한 정신적으로도 노년은 시간이 새겨 놓은 수많은 삶의 흔적들, 자국들, 흩어진 사건들을 기억하고 응시하고 곱씹는 시기다. 하지만 많은 경우 우리의 기억은 정돈되지 않은 채 혼돈, 무질서, 분열로 남아 있기도 하다. 왜냐하면 우리의 경험은 그 자체로는 혼돈스럽고, 정해진 형태가 없으며, 아무런 말도 하지 않기 때문이다. 이런 의미에서 노년은 살아온 시간을 돌아보면서 '나'는 누구인가라는 물음을 다시 떠올리는 시기이고, 따라서 정체성을 재정립해야 하는 시기이기도 하다.

그렇다면 '노년의 정체성'을 이해하기 위해서 우리가 할 수 있는 일은 무엇인가? 한나 아렌트의 다음 말에서 우리는 실마리를 찾을 수 있지 않을까?

유일하고 일회적인 '누구임who'이라는 것이 행위와 말을 통해 사후 死後에 표출될 수 있는 유일한 매체가 바로 이야기다. 어떤 사람이 누구였고 누구인지는 오직 그의 전기biography를 알 경우에만 가능하다. 소크라테스가 한 줄의 글도, 한 편의 작품도 남기지 않아서 우리가 그에 대해 플라톤과 아리스토텔레스에 대해서보다도 알지 못한다 할지라도 우리는 소크라테스가 누구인지 잘 안다. 왜냐하면 우리는 그의 이야기story를 알기 때문이다. 우리가 아리스토텔레스의 견해나 학설을 잘 알지만 우리는 그가 누구인지보다는 소크라테스가 누구인지 더 잘 아는 것이다."(아렌트, 1996, 247쪽, 번역 수정)

인용문에서 볼 수 있는 것처럼 아렌트에 따르면 '내가 누구인지'에 관한 정체성은 결국 나에 관한 '이야기'를 통해서 알 수 있다. 왜냐하면 인간의 삶을 이해 가능하게intelligible 하게 만드는 것이 바로 이야기이기 때문이다.

하지만 우리가 누구인지는 소크라테스의 경우처럼 사후에만 알 수 있는 것인가? 꼭 그렇지는 않다. 아렌트는 "생물학적 삶 자체, 탄생성과 사멸성"을 인간 실존의 조건이라고 본다(아렌트, 1996, 60쪽). 인간의 삶은 생물학적으로 탄생과 죽음 사이에 있고, 노년은 탄생과 죽음 사이에서 죽음에 가까운 시기다. 아리스토텔레스가 『시학』에서 주장한 것처럼 이야기에는 시작, 중간, 끝이 있듯이 인간의 삶 역시 태어나서 살다가 죽는다(아리스토텔레스, 2022, 165쪽). 따라서 죽음(결말)에 가까운 노년은 탄생과 죽음처럼 인생-이야기를 이루고, 나아가 더 큰 이야기인 역사를 이루는 하나의 '전-역사적 조건 pre-historical condition'이라고 할 수 있을 것이다. 아렌트에 따르면 "탄생과 죽음 사이의 모든 개별적 삶이 결국에는 시작과 끝을 가진 하나의 이야기로 말해진다는 사실은, 시작도 끝도 없는 커다란 이야기인 역사의 전-정치적이고 전-역사적인 조건이다. (…) 어떤 사람이 누구였고 누구인지를 알 수 있는 것은 그 자신이 주인공인 이야기를 할 때에만 가능하다."(아렌트, 1996, 147쪽) 따라서 노년 역시 이러한 '전-역사적 조건'의 일부가 될 수 있다면 노년을 부정적으로만 바라볼 필요는 없을 것이다.

우선 노년은 "생활과 관련되는 일은 더 이상 긴급하지도, 우선적이지도 않게 되는 시기"이고, "이전의 그에게 대단히 중요했던 많은 일들이 중요하지 않게 되는 시기"다. 이런 이유로 삶의 "무게 중심이 이동하고, 새로운 척도가 모습을 드러낸다. 이러한 변화는 삶 전체를 바라보는 시각에까지 영향을 미친다."(과르디니, 2016, 183~184쪽) 노년은 이러한 조건으로 인해 자신의 정체성을 새롭게 할 수 있는 특별한 시기이기도 하다. 과르디니가 말한 것처럼 노년에 고유한 '가치형상wertfigur'이 존재할 수 있다. 그리고 이러한 노년의 고유한 가치형상을 만들어 내는 것이 우리의 '과제'로 놓여 있다(과르디니, 2016, 15쪽).

하지만 요즘 우리 시대는 노년의 가치형상을 부정적으로만 정의하는 경향이 있다. "오늘날 우리는 오직 청춘의 삶만이 인간적으로 가치 있는 것이며 노년의 삶은 몰락에 지나지 않는다는 식의 태도가 광범위하게 확산"(과르디니, 2016, 186쪽)되어 있다. 노년에 고유하고 본질적인 의미가 있다고 생각하기보다는 그저 막연한 삶의 연장으로 보는 것이다. 사실 어떤 인생의 단계도 노년의 경우처럼 부정적으로만 그려지는 경우도 없을 것이다. 최근 '성공적 노화', '긍정적 노화'를 강조하는 담론처럼 노년을 젊음의 연장으로서 이해하려는 시도 역시 "가령 긍정적인 자아상에 대한 끊임없는 강조는 힘 있는 개인의 이미지를 유지해야 한다는 문화적 압력을 그대로 반영한다"라고 할 수 있다. 그래서 "우리의 삶은 생애 과정의 각 단계마다 일종의 '삶의 시간표'에 따라 움직이지만 노년에 이르면 이러한 문화적 지침이 증발해 버리고 노년의 생애 과정에 고유하게 추구될 수 있는 삶의 가치나 의미에 대해 이야기하지"(정진웅, 2012, 12~13쪽, 54쪽) 않게 되었다. 노년을 그저 '물러남'의 시기로 규정한다(과르디니, 2016, 92~100쪽). 하지만 이미 이야기한 것처럼 그저 막연한 삶의 연장으로서의 노년이 아니라 노년의 고유한 가치, 본질적 가치 형상은 자신의 삶을 이야기하면서 자신의 정체성을 새롭게 할 수 있는 것에서 찾을 수 있을 것이다. 이 글에서는 노년의 고유하고 본질적인 가치를 '이야기 정체성' 혹은 '서사적 정체성narrative identity'에서 찾아보고자 한다.

2   우리는 모두 이야기를 짓는 존재다

그럼 '서사적 정체성'이란 무엇인가? 앞서 인용한 아렌트처럼 리쾨르 역시 서사적 정체성을 강조한다. 아렌트의 말과 공명하면서 리쾨르는 다음과 같이 이야기한다.

한 개인이나 공동체의 정체성identité을 말한다는 것은 '그러한 행위를 누가 했는가? 누가 그 행위의 행위자이고 당사자인가?'를 묻는 이 물음에 답하는 것이다. 우선 어떤 사람을 지명함으로써, 즉 고유명사를 통해 그 사람을 지칭함으로써 그 물음에 답한다. 하지만 고유명사의 지속성을 담보하는 것은 무엇인가? 출생에서 죽음에 이르기까지의 삶 전체에 걸쳐 자신의 이름으로 지칭된 행위의 주체를 동일한 그 사람이라고 간주할 수 있는 근거는 무엇인가? 이런 물음에 대한 대답은 서사적narrative일 수밖에 없다. '(어떤 사람이) 누구인가?'라는 물음에 대한 답은 (⋯) 그 사람의 삶의 스토리를 이야기하는 것이다. 이야기된 스토리는 행동의 누구를 말해 준다. '누구'의 정체성은 그래서 서사적인 정체성인 것이다(리쾨르, 2004, 471쪽).

인간은 "본질적으로 이야기를 말하는 동물a story-telling animal(매킨타이어, 1997, 318쪽)", 즉 '호모 나란스homo narrans'다. 동물도 놀이를 하고 도구를 사용한다는 점에서 인간과 동물을 구별하는 '종적 차이'는 자신의 이야기를 할 수 있는 능력의 유무일 것이다. 이런 맥락에서 데닛은 자기를 보호하기 위해서 거미가 거미집을 잣고spin 비버가 댐을 만들 듯이 인간은 본능적으로 이야기를 짓는다spin고 말한다.

우리의 이야기는 술술 풀려 나오지만 대부분의 경우 우리가 그것을 짓지 않는다. 그것이 우리를 짓는다. 우리 인간의 의식, 그리고 우리의 이야기 같은 자아의식은 우리 이야기의 산물이지, 그것의 원천이 아니다(데닛, 2013, 535쪽).

그래서 데닛은 우리 모두가 '소설가novelist'(Dennett, 1998)라고 주장한다. 강한 서사주의자인 테일러 역시 다음과 같이 주장한다.

내가 어디에 있는지, 내가 무엇인지에 대한 의식은 내가 어떻게 거기에 갔는지, 어떻게 그렇게 되었는지에 대한 일정한 이해가 없다면 가질 수 없다. 나 자신에 대한 내 의식은 성장하고 있고 무언가로 되어 가고 있는 존재에 대한 의식이다. 이것은 성격상 순간적으로 이루어질 수 없다. 나 자신을 이해하는 문제는 내가 오랜 시간과 많은 사건을 거치며 나의 성격, 기질, 욕망 중 상대적으로 고정되고 안정된 부분을 변덕스럽고 변화하는 부분으로부터 골라내는 차원에 그치지 않는다. 나는 성장하고, 뭔가로 되어 가는 존재이기 때문에 내가 나 자신을 알 수 있는 길은 성숙과 퇴보의 역사, 극복과 패배의 역사를 거치는 길밖에 없다는 것이다. 나의 자기 이해는 필연적으로 시간적 깊이를 갖고 있으며 서사를 내포하고 있다(테일러, 2015, 112~113쪽).

서사학과 정신분석학을 연결하는 피터 브룩스 역시 "정신분석에 따르면 인간이란 허구를 만드는 동물이며, 환상과 허구에 의해 정의되는 존재다"(브룩스, 2017, 158쪽)라고 주장한다. 사르트르는 인간이 모두 '이야기꾼'이라는 사실을 마음에 들어하지는 않지만 그것을 인정할 수밖에 없었다. 그는 "사람은 언제나 이야기꾼이다. 그는 그 자신의 이야기와 다른 사람의 이야기에 둘러싸여 살아간다. 그는 자기에게 일어난 모든 것을 이 이야기들의 방식으로 파악하며, 그는 마치 자신의 삶을 이야기하는 것처럼 살아가려고 노력한다"(사르트르, 1999, 80~81쪽, 번역 수정)라고 말한다.

그렇다면 서사적 정체성의 특징은 무엇인가? 실체적이고 자기-동일적인 정체성과는 달리 서사적 정체성은 고정되고 균열 없는 실체가 아니라 끊임없이 만들어지고 해체되는 과정 가운데 있다. 따라서 이야기하는 행위를 통해 우리는 언제든 자기 삶을 이전과는 다른 이야기로, 심지어는 매우 상반되는 이야기로 엮어 낼 수 있다. 하지만 우리의 삶을 하나의 이야기로 만든다는 것은 불가능에 가까워 보일 만큼 어려운 일이다. 누구에게나 인생 이야기는 수수께끼와 여백으로 가득할 수밖에 없다. 우리 삶에는 이해할 수 없는 일들이 빈번히 일어나고, 설명되지 않는 모순들이 너무 많기 때문이다. 우리 삶은 우연하고 불연속적인 사건들로 가득하고, 예기치 못한 불행과 납득하기 어려운 실패는 삶을 일관성 있는 이야기로 만드는 일을 좌절시키기 일쑤다. 그럼에도 서사적 존재인 인간은 이야기를 통해 삶의 의미를 추구하며, 모순과 파탄을 해소하는 자기 통합을 절실히 필요로 한다. 그렇기에 우리는 인생 이야기에 일관성을 부여해 줄 탄탄하고 안정된 플롯을 원한다. 즉 이야기는 우리의 삶을 묶어 주는 하나의 끈인 것이다(김상환, 2021).

이런 의미에서 '서사적 자아'는 과학적 연구의 대상들과는 다르다. 테일러에 따르면 과학적 연구의 대상은 객관적으로 또는 있는 그대로 취급되어야 하고, 주체(연구자)가 제공하는 해석이나 기술에 원칙적으로 독립적이어야 하며, 원칙적으로 명시적 기술記述로 포착 가능한 것이어야 하고 그것을 둘러싼 환경/주변surroundings에 무관하게 기술되어야 한다(테일러, 2015, 77~78쪽). 하지만 자아는 객관적으로 존재하는, 그런 있는 그대로의 존재가 아니라 각자에게 고유하게 의미 있는 방식으로 만들어지는 존재다. 즉 자아는 자기 해석과 무관하게 존재하지 않는다. 해석의 언어를 통하지 않고서는 나의 정체성을 찾을 수 없다. 다시 말해 어떤 사람의 자기 해석과 무관하게 그가 어떤 사람인가를 묻는 것은 잘못된 물음이다. 제롬 브루너가 강조한 것처럼 "우리의 자아가 단지 거기에 존재한다면 그것에 대해 우리 스스로 이야기할 필요가 없을 것이다. 그런데 우리는 혼자서 또는 친구들과 함께, 또는 카톨릭 교도라면 고해성사를 하거나 아니면 그 대신 정신과 의사 앞에 나가서든 자기 자신에 대해 말하는 것에 상당한 시간을 소비한다."(브루너, 2010, 98쪽)

물론 이러한 자아 해석은 과학적 연구 대상의 경우처럼 완전하게 명시적일 수는 없다. 늘 부분적으로나마 자기 해석에 의존하는 언어는 어느 정도 불명료할 수밖에 없지만 그렇다고 해석적 언어를 떠나서 존재할 수 없다. 따라서 우리는 이미 일어난 사실을 바꿀 수는 없지만 삶에 대한 기존의 해석을 다르게 할 수 있다. 받아들이기 어려웠던 고통과 억울함, 혹은 분노를 유발했던 돌발적인 사건들은 내 이야기의 전체성 안에서 필연성을 입고 의미 있는 역할을 하게 된다. 부정적인 서사가 긍정적인 서사로 이행하면서 삶의 흔적과 사건들을 재조직하게 된다. 이러한 자기 해석은 '무엇을 이야기하는가?', '어떻게 이야기하는가?', '누가 이야기하는가?', '누구의 또는 어떤 관점으로 이야기하는가?'에 따라 달라질 수 있다(박진, 2021, 38쪽). 이런 의미에서 앞서 이야기한 '이야기의 끈'은 정적인 것이 아니라 항상-이미 운동 중에 있는 '이야기의 끈 운동'이라고 할 수 있을 것이다.

3 삶에 형태를 부여하는 것으로서의 서사

그렇다면 서사는 왜 우리 삶에서 이러한 힘을 가지는가? 무엇보다도 서사는 우리 삶과 떼려야 뗄 수 없이 긴밀하게 얽혀 있기 때문이다. 소설, 영화 같은 허구적 스토리뿐만 아니라 가까운 사람에게 내게 일어났던 일을 말해 주는 일상적인 대화까지 서사는 예술가든 보통 사람이든 모든 사람의 삶과 연관되어 있다. 그래서 롤랑 바르트는 서사는 "거의 무한대에 가까운 형식들을 통해, 서사는 모든 시대와 모든 장소, 모든 사회에 걸쳐 나타난다. (…) 서사가 없었던 시공간에 살았던 사람들은 어디에도 없다."(Barthes, 1982, 251~252쪽)라고까지 말한다.

그렇다면 정확하게 서사는 무엇인가? 서사는 "사건의 재현 혹은 사건의 연속을 의미"한다. 더 정확하게 정의하자면 서사는 "스토리story와 서사 담화narrative discourse로 구성되는 사건들의 재현이다. 스토리는 사건 혹은 사건의 연속이며, 서사 담화는 재현되고 있는 사건"(애벗, 2010, 35쪽, 47쪽)이다. 즉 서사는 일어난 사건들(스토리)을 다양한 방식으로 전달하는 것을 포괄적으로 의미한다. 그런데 서사에서 주목해야 할 사실은 인간은 서사를 통해서 시간을 이해하고 구조화한다는 사실이다. 왜 그런가?

> 스토리는 '시간의 흐름에 따른 상황과 사건의 추이'를 가리킨다. 정교하게 구성된 사건들의 복잡한 연쇄가 아니라도 스토리의 범주 안에 포함되지만, 시간이 흐르지 않는 정지 상태는 스토리를 이룰 수 없다. 시간이 흘러가지만 아무 일도 일어나지 않거나 아무 변화도 생기지 않는 경우 역시 스토리가 될 수 없다(박진, 2021, 37쪽).

이처럼 서사는 인간이 시간에 대한 이해를 구조화하는 가장 중요한 방법이다.

이것이 시사하는 바는 무엇인가? 앞서 살펴본 것처럼 아리스토텔레스에 따르면 이야기에는 시작, 중간, 끝이 있듯이 인간도 역시 태어나서 살다가 죽는다. 이러한 삶의 사건들을 연결하여 시간으로 경험하게 해 주는 것이 바로 이야기이고, 이 이야기를 통해서 인간의 삶은 통일성을 가질 수 있게 된다. 리쾨르가 이야기한 것처럼 시간은 서사적으로 엮일 때에야 비로소 '인간의 시간'이 된다. 서사는 무정형의 시간에 형태를 제공하고 우리의 시간 경험을 다시 형상화한다.

우리가 만들어 내는 줄거리는 혼돈스럽고 형태가 없으며 궁극적으로 아무런 말도 하지 않는 우리의 시간 경험을 다시-형상화시키는 어떤 특별한 수단을 제공한다고 생각한다. 아우구스티누스는 묻는다. "도대체 시간이란 무엇인가? 아무도 나에게 그 질문을 하지 않을 때에는 나는 알고 있다. 그러나 누군가 나에게 그것을 묻고 내가 그것을 설명하려 한다면 나는 더 이상 알 수 없다." 줄거리의 대상 지시 기능은 바로 철학적 사색의 논리적 모순들에 시달리는 이러한 시간 경험을 다시-형상화하는 허구의 능력 속에 있다(리쾨르, 1999, 9쪽).

즉 인간은 시간 속에 무의미하게 흩어져 있는 인생의 사건들을 모으고 거기에 모양을 부여하는 이야기를 통해서 자신만의 '시간'을 살게 되고, 이것이 바로 인생-이야기가 된다. 다시 말해서 "우리는 내러티브를 통해서 어제와 내일을 구성하고 재구성하며, 어떤 점에서는 새롭게 만들어 내기도 한다. 이 과정에서 기억과 상상력은 하나로 합쳐진다. 허구라고 하는 가능 세계를 창조할 때조차도 우리는 친숙한 것을 버리는 것이 아니라 그것을 존재했을지도 모르고 틀림없이 존재했을 것으로 가정법화하는 것이다. 인간의 마음은 그것이 아무리 기억을 연마하고 그 기억 체계를 세련시킨다고 해도 과거를 완전히 그리고 믿을 수 있을 만큼 재현할 수 없으며, 또 과거로부터 벗어날 수도 없다. 기억과 상상은 서로를 보충하고 서로를 소비하는 것이다."(브루너, 2010, 134쪽)

브룩스도 강조하는 것처럼 '플롯'의 정의는 다양하다. 이 단어에는 "한 내러티브 내지 드라마에서 행위의 윤곽을 구성하는 일련의 사건들"이라는 의미도 있지만 "한 건물에 관한 토지 계획, 도표chart, 그림표diagram"라는 의미도 있다. "이 단어에 내재된 의미들의 공통점은 범위 제한, 경계 표시, 구분과 순서의 설정 등의 개념"이다. 즉 플롯 혹은 서사는 "이전에는 차이가 없던 것을 구분하고 도식으로 나타낸다."(브룩스, 2011, 34쪽) 따라서 우리는 서사를 통해서 우리 인생을 기존과는 다르게 (다시) 구획하고 분할하고 순서를 정해서 하나의 차트, 지도, 다이어그램으로 나타낼 수 있게 되는 것이다. 이야기가 우리 삶의 사건들에 시간을 입히고 모양을 지을 수 있는 것은 바로 이런 이유 때문이다.

사실 '서사narrative'는 '연관시키다relate', '말하다'라는 뜻을 가진 라틴어 'narro'에서 유래했다. 한편 'narro'는 산스크리트어 'gna'에서 유래했는데, 이 단어는 말하는 것narro과 아는 것gnarus 두 가지 의미를 가지고 있었다(애벗, 2010, 34쪽). 이를 통해서 '서사'라는 말이 함축하고 있는 의미는 이야기를 말함으로써 어떤 것을 알게 된다는 것이다. 혹은 알기 위해서 말해야 한다는 것을 의미한다. 그러면 말함으로써 알게 되는 것, 알기 위해서 말해야 하는 것은 무엇인가? 바로 인간의 삶이다. 만약 자신의 삶을 이야기의 끈으로 묶어 낼 수 없다면, 혹은 잘못 묶는다면 우리는 자신을 제대로 알지 못하는 것이다.

정신분석학에서 개인의 파편화된 기억과 경험을 하나의 의미 있는 스토리로 만드는 것이 왜 그토록 중요한지 알 수 있다. 자기 인생 이야기가 모순적이면 '환자'가 되는 것이다. 그래서 분석가의 임무는 피분석자의 모순된 이야기를 재구성하여 더 이해 가능한 이야기를 건네주는 것이다. "결국 정신분석이 다루는 설명은 본질적으로 일종의 내러티브"이고, 분석가의 임무는 "환자의 내러티브를 재구성하여 그 이야기에 더 나은 재현 방식을 부여하는 것, 내러티브에 포함된 사건들을 시간순으로 다시 나열하고 주된 테마를 전경화함으로써 환자의 내러티브 내부에서, 내러티브를 통해서 발화하는 욕망의 힘을 이해하는 것"(브룩스, 2017, 77쪽)이다.

정신분석에서 말하는 '환자'뿐만 아니라 이야기를 통해서 자신의 삶을 이해 가능하게 만들지 못하는 '코르사코프 증후군' 역시 이야기가 없이는 정체성도 불가능하다는 사실을 보여 주는 사례다. 코르사코프 증후군은 자신에 대한 연속적이고 통일적인 이야기를 상실하여 자기 자신을 상실하는 것이다. 통일적인 자신의 이야기를 상실한 코르사코프 증후군 환자를 관찰한 후 올리버 색스는 다음과 같이 결론을 내린다.

> 이야기에 대한 필요성, 아마도 그것이 (코르사코프 증후군 환자인) 톰슨 씨가 장광설 만들기에 필사적인 이유를 설명해 주는 단서이기도 할 것이다. 연속성, 즉 연속적인 내면의 이야기의 상실이 그를 일종의 이야기광이 되게끔 내몬 것이다. (…) 진실한 이야기 혹은 연속성을 유지할 수 없기 때문에, 다시 말하면 자기의 내적 세계를 유지할 수 없기 때문에 꾸며 낸 이야기를 쉬지 않고 지껄여대는 것이다(색스, 2016, 193~194쪽).

반면 일반적인 사람들은 "누구나 우리의 인생 이야기, 내면적인 이야기를 지니고 있으며, 그와 같은 이야기에는 연속성과 의미가 존재한다. 그리고 그 이야기가 곧 우리의 인생이기도 하다. 그런 이야기야말로 우리 자신이며, 그것이 바로 우리의 자기 정체성이기도 한 것이다."(색스, 2016, 193~194쪽) 이처럼 서사가 스토리를 배열해서 하나의 연속적이고 통일적인 세계를 만들어 내듯이 인간은 이야기를 통해서 자신의 삶을 연속적이고 통일적으로 배열한다. 이런 의미에서 "내러티브는 이 세계에도 형태를 부여할 뿐만 아니라, 이 세계에 의미를 부여하려고 애쓰는 정신에도 형태를 부여한다."(브루너, 2010, 53쪽)

그렇다면 왜 이야기는 우리 삶에 통일성을 제공하는가? 인간의 삶에서 (불)연속적인 개별적 행위가 이해되기 위해서는 맥락이 필요한데, 이야기가 인간의 삶에 맥락을 제공하기 때문이다. 그래서 '이야기로서의 역사narrative history'가 이야기의 주인공인 개인의 통일성을 가능하게 한다.

알래스데어 매킨타이어는 자신의 이야기를 말할 수 있다는 것은 자기 자신의 삶을 이해 가능하고intelligible 설명 가능한/책임질 수 있는 것accountable으로 만드는 것이라고 주장한다(매킨타이어, 1997, 304~311쪽). 즉 내가 특정한 순간에 왜 다른 행동/선택이 아니라 이 행동/선택을 하는지에 관하여 나와 다른 사람이 이해 가능하게 설명할 수 있다는 것이고, 내 삶을 구성하는 행위와 경험에 대하여 해명할 수 있다는 것을 의미한다. 리쾨르 역시 이해 가능한 양식으로서의 서사를 다음과 같이 제시한다.

이해한다는 것은 (…) 상황, 목적과 수단, 자발성과 상호작용, 운명의 역전과 인간의 행동에서 비롯되는 원하지 않았던 모든 결과들로 이루어지는 다양한 것을 전체적이고 완전한 하나의 행동 안에 다시 통합하는 작업이다(리쾨르, 1999, 9쪽).

이처럼 이야기는 우리 삶을 이해 가능하게 만들고, 더 작게는 우리가 삶의 어떤 순간에 왜 그런 선택이나 행동을 할 수밖에 없었는지 이해 가능하게 만든다.

실제로 이야기는 자신의 행동에 대한 이유를 설명하는 데 자주 사용된다. 영화 〈택시운전사〉에서 김만섭(송강호 분)은 외국인으로서 광주의 상황을 세상에 알리려는 기자 피터(토마스 크레취만 분)를 도울 용기를 내지 못하고 결국 광주에서 혼자 도망갈 생각을 한다. 그러고는 피터가 알아듣지 못한다는 것을 알면서도 이야기를 시작한다. 자신의 아내가 암으로 죽고 술에 빠져 살던 어느 날 일어나 보니 딸이 아내의 옷을 붙잡고 엄마가 보고 싶어 울고 있었다는, 그 뒤로 술을 끊고 하나뿐인 딸을 지키며 살고 있다는 이야기. 광주에서 벌어지고 있는 사태를 알리는 것이 중요함을 알고 있으면서도 왜 자기가 그 일에 참여하지 못하고 떠나야 하는지를 설명하기 위해 자신의 삶을 이야기하는 것이다. 단지 "나는 이기적인 사람이다. 나는 딸을 지켜야 한다"라는 말로는 미처 다 설명할 수 없는 김만섭 자신만의 사정은 이야기를 통해서야 제대로 전해진다(박선웅, 2020, 46~47쪽).

이렇게 서사는 우리 삶을 이해 가능하게 만드는 양식이다. 서사는 불확실하고 모호한 삶 속에서 삶의 의미를 찾으려는 우리의 노력이다. 우리 삶이 시간의 혼돈과 공허 속에서도 의미 있는 경험으로 변형될 수 있는 것은 이야기를 만들어 내는 인간의 서사적 능력 때문이다. 이야기를 만든다는 것은 이질적인 것들을 종합하여 통일성과 연속성을 창안하는 일이기도 하다. 삶에서 벌어지는 무수한 사건들은 스토리가 되기 전에는 순간순간의 조각난 경험들로 흩어져 있다. 우리는 날마다 조각난 경험들의 전후 맥락을 찾아내고, 그것들 사이에 관련성을 부여하고, 개별적인 상황과 사건들을 결합하여 이야기를 만들면서 살아가고 있다. 그러지 않고서는 살아갈 수 없는 존재라는 의미에서 인간은 누구나 서사적 존재다.

4 서사적 정체성과 공동체

하지만 이야기를 통한 정체성 형성 혹은 자기 해석은 텅 빈 지평이나 진공 속에서 이루어지지는 않는다. 우리는 우리가 동일시할 수 있는 '마스터플롯'을 찾아 그 플롯에 맞는 '유형type'의 주인공으로 나를 해석한다. 마스터플롯은 "다양한 형태로 반복되며 우리의 근저에 위치한 가치, 희망, 그리고 공포에 대해서 말하는 스토리"(애벗, 2010, 99쪽)다. 예를 들어 어떤 이는 자기 삶을 '권위에 도전하는 반항아'의 이야기로 구성할 수 있고, 또 다른 이는 '고뇌하는 방랑자'의 이야기로 엮어 낼 수도 있다. 그런가 하면 '자유로운 모험가'의 이야기나 '예술적인 몽상가'의 이야기로 인생을 서사화할 수도 있다(박진, 2021, 49쪽).

이런 점에서 우리 삶의 이야기는 삶의 윤리와도 연관될 수 있을 것이다. 나의 인생 이야기는 나 혼자만의 공허한 독백 같은 것일 수 없다. 서사를 통해서 우리는 공동체의 규범을 배우고 공동체의 역사 속에서 자신의 삶의 의미를 발견하게 된다. 나의 이야기가 더 좋은 이야기가 되는 것은 그저 자기 위안이나 자기만족을 위한 행위 그 이상을 의미한다. 이런 맥락에서 매킨타이어는 다음과 같이 주장한다.

사악한 계모, 버려진 아이들, (…) 돼지들과 함께 사는 장남에 관한 스토리를 들음으로써 아이들은 아이는 어떠해야 하고, 부모들은 어떤 존재이며, 세상 일이 어떤 방식으로 이루어지는지를 배우거나 또는 잘못 배운다. 아이들에게 이야기를 박탈하면 그들은 그들의 행위뿐만 아니라 언어에서도 말을 제대로 못 하고 겁먹은 말더듬이로 남게 된다. 이런 시원적 이야기들을 통하지 않고서는 우리 자신의 사회를 포함하여 모든 사회를 이해할 길은 없다. 근원적 의미에서 신화는 만물의 심장이다(매킨타이어, 1997, 318쪽).

탈근대 이전 사회에서 서사의 역할을 강조한 장 프랑수아 리오타르 역시 이야기, 특히 민담에서 이야기를 통해서 전달되는 공동체의 규범에 대해 강조한다.

민담은 주인공의 활동이 도달하는 성공과 실패를 이야기한다. 이 성공과 실패의 이야기는 사회제도에 정당성을 부여하거나(신화의 기능), 기존 제도(전설과 동화)로의 긍정적 또는 부정적 편입 모델(성공한 주인공이나 성공하지 못한 주인공)을 제시한다. 그러므로 서사는 그것이 이야기되는 사회로 하여금 한편으로는 스스로의 능력 기준을 정의할 수 있게 해 주며, 다른 한편으로는 수행되거나 수행될 수 있는 행위들을 그 기준에 따라 평가할 수 있게 해 준다(리오타르, 2018, 83~84쪽).

이처럼 자기 삶에 적합한 서사적 모델 또는 자기 인생 이야기의 플롯을 찾아내는 일은 자신의 삶의 모순적인 경험들을 통합하여 서사적 일관성을 회복할 수 있게 해 줄 뿐만 아니라 공동체의 가치를 삶의 의미로 수용할 수 있게 돕는다.

서사적 정체성의 관점에서는 내 삶의 이야기가 나만의 이야기가 될 수는 없다. 사실 우리는 태어나기 전부터 다른 사람 이야기의 일부이기도 하다. 나의 부모와 가족은 내가 태어나기 전부터 내 이름을 부르며 나를 그들 이야기의 일부로 만든다. 또한 나는 내가 죽은 후에도 살아 있을 사람들 이야기의 일부이기도 하다. 이런 의미에서 앞서 살펴본 아렌트의 주장, 즉 인간의 '생물학적 삶 자체, 탄생성과 사멸성'이 '전-역사적 조건'이 된다는 것은 오직 서사적 정체성의 관점에서만 이해될 수 있을 것이다.

이에 더해 나의 이야기는 공동체의 역사 속에서만 이해될 수 있다고 할 수 있다. 매킨타이어에 따르면 우리는 이야기가 진행되는 중반부에 뛰어든 등장인물과 같다.

> 내가 역사라고 부른 것은 하나의 실행된 극적 이야기an enacted dramatic narrative로서, 그 속에서는 등장인물들이 작가들이기도 하다. 등장인물들은 물론 문자 그대로 '처음부터ab initio' 시작하는 것이 아니라 '사건 중반부에in medias res' 뛰어든다. 그들의 이야기들은 이미 그 시작이 그들을 위해 만들어져 있다. 그들에 앞서 이루어진 것과 그들을 앞서간 사람들이 만든 것이다. (…) 그들이 마음에 드는 곳에서 이야기를 하지 않는 것처럼 원하는 대로 이야기를 진행할 수도 없다 (매킨타이어, 1997, 215쪽).

이와 같이 내가 하는 이야기 속에는 내가 의식하든 그렇지 않든 간에 타인의 목소리와 어조와 시선들이 촘촘히 새겨져 있다. 나는 내 삶의 이야기를 이해 가능하게 설명하는 사람인 동시에, 다른 사람의 행위에 대하여 이해와 설명을 요구하는 사람이다. 나는 다른 사람의 이야기의 한 부분이고, 그들 역시 내 이야기의 한 부분이기 때문이다. 타인은 자신의 이야기를 가지고 우리의 이야기에 끊임없이 개입하는 존재이고, 동시에 우리 자신이 그들의 이야기의 한 부분으로 편입하게 되는 존재다. 나의 이야기는 항상 '지평', '세계', '맥락' 속에서, 테일러라면 "대화의 망webs of interlocution"(테일러, 2015, 83쪽)이라고 부를 곳에서 전개된다.

이런 의미에서 내 삶의 이야기의 독특성을 지나치게 강조해서도 안 된다. 앞서 살펴본 것처럼 서사적 정체성은 이미 존재하는 서사의 역할과 연결되어 있다. 그런 역할이 의무와 책임을 함축하고 있는 것처럼 내 삶의 이야기가 내 주변 사람들의 이야기를 억압하거나 훼손하지는 않는지 돌아보는 한편, 다른 사람들의 삶의 이야기와 어떤 식으로 얽혀 어떤 영향을 주고받는지를 거듭 되짚어 보는 태도야말로 자기 인생을 서사화하며 살아가는 우리 각자가 감당해야 할 책임이자 윤리일 것이다. 나아가 서로서로 얽혀 있는 우리 삶의 이야기들이 어떻게 하면 더 좋은 이야기가 될 수 있을지 고민하는 일은 이야기하기의 실존적 의미를 넘어 사회문화적 실천의 차원으로도 이어지게 된다. 결국 공통의 이야기를 공유하는 것은 하나의 해석의 공동체를 창조하는 것으로, 그것은 우리 사회의 문화적 결속을 촉진하는 일인 것이다(브루너, 2010, 51쪽).

이런 서사적 정체성 혹은 서사적 자아의 윤리에 대해 매킨타이어는 나의 존재는 오로지 나의 선택과 결정에 의해서 정해진다는 자아관, 자신이 추구하는 도덕적 가치는 그 어떤 사회적 공간이나 역사적 흐름과도 무관하게 내 개인의 선호와 주관적 결정에 따라 형성된다는 자아론, 그 어떤 사회적 내용이나 역사적 역할이나 지위로부터 분리되거나 구분될 수 있다고 믿는 자아관과 구분된다고 주장한다.

(자유주의적) 개인주의는 '나는 어떤 노예도 소유한 적이 없습니다' 라고 말함으로써 흑인 미국인들에 미친 노예제도의 효과에 대한 어

떤 책임을 지는 것도 거부하는 현대의 미국인들에 의해 표현된다. 그것은 또한 자신들이 개인으로서 노예제도로부터 간접적으로 받은 이익을 통해 정확하게 측정할 수 있는 효과들에 대한 정확하게 계산된 책임을 수용하는 다른 현대 미국인들이 미묘하게 대변하는 관점이기도 하다. 두 경우에 있어서 '미국인으로 존재한다는 것'은 그 자체 개인의 도덕적 정체성의 한 부분으로 간주되지 않는다. 물론 이러한 태도가 현대 미국인에게 고유한 것은 아니다. '나는 아일랜드에 대해 어떤 나쁜 짓도 행하지 않았다. 마치 그것이 나와 무슨 관련이 있는 것처럼 이 오랜 역사를 끄집어 내야하는가'라고 말하는 영국인, 또는 1945년 이후에 태어났다는 것이 의미하는 바는 나치가 유태인들에 대해 행한 것이 현재 유태인들과의 자신의 관계에 있어 도덕적으로 아무런 문제가 되지 않는다는 것이라고 믿는 독일 청년은 모두 동일한 태도를 보여주고 있는데, 이 태도에 의하면 자아는 그의 사회적, 역사적 역할과 지위로부터 분리될 수 있다는 것이다. (…) 즉 그것은 아무런 역사를 가질 수도 없는 자아다. 자아에 관한 서사적 관점과의 대립은 명백하다(매킨타이어, 1997, 325쪽).

5 서사적 정체성의 관점으로 본 노년 혹은 나이 듦

그렇다면 서사 혹은 서사적 정체성의 관점에서 노년이나 나이 듦에 대해 얻을 수 있는 철학적 의미는 무엇인가? 서사적 정체성은 나이 듦을 단순히 일련의 변화나 사건 혹은 일련의 경험이 아니라 전체 삶에 대한 관점의 변화로 이해하게 한다. 즉 나이 듦이나 노년의 삶을 고통을 겪는 과정이 아니라, 자기 형성과 자기 해석의 창조적 과정으로 볼 수 있는 가능성을 열어 준다(Carr, 2016, 184쪽). 우리는 나이가 들어감에 따라 신체적 쇠락을 경험하지만 이러한 자기 해석에서는 '더' 잘할 수 있는 가능성을 가지게 된다. 노년은 그저 경험의 축적이 아니라 관점의 진보 혹은 변화인 것이다.

노년기의 사람은 그렇지 않은 사람보다 자신이 살아온 삶을 통합하여 이해하고자 하는 욕구를 더 크게 느낀다. 즉 인간의 기본적인 욕망인 '서사적 욕망'이 더 커지는 시기가 바로 노년이다. 우리는 독서의 경험을 통해 이야기에 대한 욕망을 추동하는 힘은 바로 결론 혹은 의미의 종결에 대한 욕망이라는 것을 알고 있다. 즉 우리는 이야기가 어떻게 완성되는지가 궁금하다. 이러한 종결에 대한 욕망을 바르트가 말한 "의미의 열정"으로 이해할 수도 있을 것이다. 그래서 브룩스는 다음과 같이 말한다.

> 바르트가 이전 글에서도 썼듯 내러티브의 독자인 우리를 생동하게 하는 것은 의미의 열정la passion du sens이며, 나는 이것을 의미에 대한 열정이면서 동시에 의미의 열정이라고 번역하고 싶다. 역동적 독서 과정을 종료하면서 독자는 시작과 중간에 의미와 중요성을 부여하는 결말을 모양 짓고자 적극적으로 추구한다(브룩스, 2011, 45쪽).

죽음과 가까운 노년은 이러한 종결에 대한 욕망이 어느 때보다 큰 때라고 할 수 있다. 이 욕망은 연관성이 없어 보이는 사건들을 재해석하여 살아온 인생을 이야기로 구성하고 전체를 반영하는 일부분으로서 우리 경험에 새로운 의미를 부여한다. 삶을 순간순간 산다면 우리는 영원히 현재에 갇히게 되고, 우리의 '인생'은 일관성 없는 무의미와 혼돈의 연속일 것이다.

수명이라는 수적numerical 관점에서 보면 출생부터 죽음 사이의 수명은 일정하지만, 그리고 노년을 향해 갈수록 삶이 변화할 가능성은 점점 줄어들지만, 우리 삶의 역사history를 새로운 이야기story로 엮어 낼 해석의 여지는 더 커진다. 이처럼 노년은 우리에게 더 많은 자기 해석의 가능성을 열어 주는 시기이고, 이 가능성은 이야기를 통해서 현실화된다. 발터 벤야민은 「이야기꾼」에서 이야기에 권위를 주는 것은 죽음이라고 말한 적이 있다.

> 중요한 것은 인간의 지식이나 지혜만이 아니라 무엇보다 그가 살아온 삶―이야기가 되는 소재로서의 삶―이 임종에 이른 사람에게서 비로소 전수될 수 있는 형태를 취한다는 점이다. (…) 제아무리 하찮은 사람이라도 죽음의 순간에는 살아 있는 사람들에 대해 그런 권위를 갖는다. 이야기의 기원에는 바로 이러한 권위가 있다. 죽음은 이야기꾼이 보고할 수 있는 모든 것에 대한 인준이다. 그는 죽음으로부터 자신의 권위를 부여받는다(벤야민, 2012, 434쪽).

벤야민의 의도는 이야기를 추동하는 욕망이 이야기의 완결에 있다면, 그래서 경험에 의미를 부여하고 완성하는 것이 이야기의 무의식이라면 우리는 오로지 삶의 끝, 즉 죽음에서만 이야기를 할 수 있다는 의미일 것이다. 만약 이런 의미라면 꼭 죽음이 아니더라도 죽음에 가까운 노인의 삶의 이야기에는 '권위'가 존재한다고 할 수 있을 것이다.

하지만 벤야민의 주장은 역설적으로 죽음 이전에는 끊임없이 이야기를 다시 쓰고 고쳐 쓸 수 있다는 것을 의미할지도 모른다. 같은 글에서 벤야민은 "이야기는 보고하는 사람의 삶 속에 일단 사물을 침잠시키고 나중에 다시 그 사물을 그 사람에게서 건져 올린다.

그래서 이야기에는 옹기그릇에 도공의 손자국이 남아 있듯이 이야기하는 사람의 흔적이 남아 있다"라고 말한다. 그렇다면 노년은 인생의 그 어느 시기보다 인생의 사건들을 침전시킬 수 있는 시간의 깊이가 깊은 시기일 것이고, 자신의 이야기에 선명한 손자국을 남길 수 있는 시기일 것이다. 노년의 긍정성은 바로 이야기의 힘에서 비롯된다. 이야기를 통해 인생의 모든 주기는 연결되고, 각 시기는 전체 이야기를 위해서 존재하게 된다. 어느 특정한 시기가 빠지거나 훼손된다면 삶 전체 이야기가 훼손되거나 변하게 될 것이다. 따라서 우리 삶의 전체 이야기에서 노년이 차지하고 있는 의미가 다른 시기보다 덜 중요하지 않다.

　노년은 불완전한 기억의 틀에 안주하지 않고 다양한 이야기 형태로 재탄생하는 '역동적인 정체성'을 가진 시기다. 이야기는 과거와 미래에 대해 수동적으로 변화하는 관점이 아니라 능동적인 평가이기 때문이다. 삶의 이야기는 고정된 것이 아니라 다른 시간의 관점에서 끊임없이 새로 쓰이고 재편집된다. 이것은 무질서를 질서로 바꾸는 것이 아니라 하나의 질서를 버리고 새로운 질서로 대체한다는 의미이기도 하다. 예를 들어 갑작스러운 실직이나 사랑하는 사람과의 이별이 40세에는 비극처럼 보였지만, 그 사건의 나중 결과를 경험한 80세에는 축복일 수도 있다. 이처럼 우리 삶의 이야기는 항상 다시 쓰이고 있으며 편집 중에 있다. "자아-구성의 이야기는 새로운 상황, 새로운 친구, 새로운 기획에 맞출 필요가 있기 때문이다."(브루너, 2010, 99쪽) 따라서 우리 삶에 단 하나의 이야기는 존재하지 않는다. 이런 의미에서 데닛은 나의 삶의 이야기뿐만 아니라 자아 자체가 편집 중에 있다고 주장하면서 이런 모델을 데닛은 '다중 원고 모형Multiple Draft Model'이라고 부른다.

뇌가 판별한 특정 내용이 의식적인 경험을 구성하는 요소로 나타날지 말지는 언제나 미결 문제다. '그것이 언제 의식되느냐' 하는 것도 혼란스러운 문제다. 이렇게 분산된 내용 판별은 시간이 지나면서 이야기의 흐름이나 순서 같은 것을 산출하고, 뇌 전반에 걸쳐 있는 여러 과정을 거치면서 계속 편집 중인 것으로 생각할 수 있으며, 이런 편집 과정은 무한히 계속된다. 이런 내용의 흐름은 그 다양성 때문에 마치 하나의 이야기 같다. 뇌의 여러 곳에는 다양한 편집 단계에 있는 다양한 이야기 조각의 여러 '원고draft'가 있다. (…) 다중 원고 모형에서 가장 중요한 점은 의식의 실제 흐름이라고 공인된 단 하나의 이야기('최종 원고' 또는 '출판된 원고'라고 할 수 있을 것이다)가 있다고 가정하는 오류를 범하지 않는다는 것이다(데닛, 2013, 158쪽).

한 사람이 쓴 자서전이라도 언제 쓴 이야기이냐에 따라 달라질 수 있는 것처럼 어떤 사건이 선택되고 해석되느냐에 따라 끊임없이 달라진다. 즉 다른 관점 혹은 종점end-point이 다른 이야기를 만들어 낸다. 이때 나이가 '종점'의 역할을 할 것이다. 나이가 든 '작가'는 삶의 의미에 대해서 매우 다른 관점을 가질 수 있다. 전체로서의 한 삶의 역사는 주체가 자신에 대해 말하고 있는 이야기에 의해 끊임없이 재구성된다. 과거는 새롭게 주조되고 해석된다. 지나간 삶을 주로 반추하는 노년기의 사람에게는 과거의 사실을 정확하게 기억하는 것보다 그 사실을 어떤 의미로 받아들여 삶의 이야기를 구성하느냐가 더 중요하다고 할 수 있다. 이런 의미에서 노년은 현재의 해석과 의미에 집중할 수 있는 시기이기도 하다. 이를 통해서 노년기의 사람은 그동안의 자기 이야기를 (다시) 쓰고 수정하는 자기 해석을 통해 불일치하는 개별적인 사건들, 돌발적인 일들을 하나의 이야기 질서 속에 편입하여 조화를 만들어 낼 수 있고, 우연성으로 점철되어 이해 불가했던 삶의 요소들 속에서 보편성을 길러 낼 수 있을 것이다.

　노년의 인생 이야기는 아직 종결되지 않은 것이고 '잠정적인 것'이다. 그렇지만 그런 이유로 노년의 '나'는 '여전히' 다른 이야기를 쓸 수 있고, 다시 이야기를 시작할 수 있다. 우리는 '항상-이미' 새로 시작하는 이야기이고, 편집 중인 이야기이고, 'A=A'라는 동일률을 벗어나 있는 이야기다.

8장

노년의 시간

임건태

1 노년의 시간을 어떻게 이해할 것인가?

노년은 가시적이고 물질적인 요인으로 결코 다 설명할 수 없으며, 깊은 성찰을 요구한다. 이에 대한 무시나 간과는 한국을 비롯해 초고령 사회를 이미 맞이했고 또 조만간 맞이하게 될 여러 나라가 현재도 여전히 보여 주고 있는 현실이라고 해도 과언은 아니다. 이 글에서는 노년에 대한 한 가지 철학적 성찰을 시도한다. 이는 노년이 마주한 시간을 어떻게 이해할 수 있는지 밝히고, 그런 시간 규정을 통해 노년에 대한 태도를 바꿀 수 있는 가능성을 타진하는 일이다.

우선 노년이란 다른 시기보다 더 분명하게 유한성을 마주한 시간이라고 규정하고, 유한성에 대한 부정적 태도의 중요한 근거가 연대기적 시간관이라는 점을 보인다. 이어서 서양 근대 이후 노년에 대한 대표적인 철학적 접근을 보여 주는 보부아르 역시 암암리에 연대기적 시간관에 사로잡혀 있다는 점을 밝힌다. 다음으로 보부아르의 연대기적 시간관을 극복할 수 있는 두 가지 방식을 제시한다. 넷째, 이 방식을 구체적으로 실현할 수 있는 모델로 리쾨르의 서사적 시간관을 살펴본다. 마지막으로 유한성의 시간이라고 정의할 수 있는 노년에 대한 부정적 태도를 바꾸기 위해 리쾨르의 서사적 시간관이 가질 수 있는 몇 가지 함축을 끌어낸다.

2 유한성을 마주한 노년에 대한 부정적 태도의 근거

늙고 나이 들어가는 과정인 노년이 시간 안에서 발생하고, 시간을 통해 진행된다는 점에서 노년과 시간은 불가분의 관계에 있다. 물론 인간은 태어날 때부터 이미 시간적 흐름 속에서 살아간다. 그렇다면 노년의 시간을 삶의 다른 시기에 체험하는 시간과 결정적으로 구분해 줄 수 있는 특징은 무엇인가? 그것은 노인이 마주하는 노년의 시간이란 바로 자신의 유한성을 명확히 의식하게 되는 유한성의 시간이라는 점이다.

마르틴 하이데거가 죽음이란 현존재가 존재하게 되자마자 떠맡는 존재 방식이라고 주장하면서 "인간은 태어나자마자 죽기에 충분히 늙었다"라고 누군가의 말을 장난스럽게 인용하듯이, 인간은 탄생할 때 이미 항상 죽음을 조건으로 할 수밖에 없기에 삶의 유한성은 어느 특정 시기에만 해당하지 않는다. 삶의 모든 시기에 유한성은 항상 편재한다. 하지만 젊은이나 중장년층은 가까운 사람이 죽거나 특별한 경우를 제외하면 삶의 유한성을 제대로 직시하기 어렵다. 반면 노인들은 삶의 유한성을 생생하게 의식하면서 그것과 직면할 확률이 훨씬 높다. 이는 노인들 자신에게 죽음이 멀지 않았기 때문이기도 하지만, 노년에는 인간이 필연적으로 마주칠 수밖에 없는 여러 가지 취약성vulnerability이 두드러지게 나타나기 때문이다. 이런 취약성에는 몸의 질병이나 노화로 인해 생겨나는 신체적 취약성뿐만 아니라 사회적 관계의 취약성 역시 포함된다. 사회적 관계의 취약성은 자기 주변 인물들, 가령 부모나 친구들이 이제 더는 존재하지 않게 되거나, 존재하더라도 과거처럼 친밀한 교류를 할 수 없는 상황을 일컫는다.

그런데 이런 취약성은 인간이면 누구나 겪을 수밖에 없다. 달리 말해 인간 자신의 본래성을 구성하는 것이 바로 그런 취약성이다. 단지 그것이 노년에 이르러 비로소 노골적으로 나타날 뿐이다. 따라서 인간 삶을 깊이 성찰하고 제대로 이해하기 위해서는 유한성의 구체적 현상이라고 할 수 있는 이 같은 취약성을 기꺼이 포용하는 태도가 반드시 필요하다. 그렇지 않으면 인간과 그의 삶에 대한 피상적 접근에 그칠 수밖에 없다. 이런 의미에서 노년이 뚜렷하게 보여 주는 인간의 본래적 취약성은 인간에 대한 깊은 철학적 통찰을 얻기 위한 소중한 계기라고 할 수 있다.

그렇다면 인간의 취약성을 극명하게 보여 주는 유한성과 맞닥뜨린 노인들은 거기에 대해 어떤 태도를 취할까? 대다수 노인들은 자신이 청장년 시절에 살던 활기찬 삶을 똑같이 그대로 살지 못하며, 그런 삶마저도 이제 곧 떠나야 하기 때문에 삶의 유한성을 부정적이고 우울하게 바라보는 듯하다. 삶의 유한성에 대한 이런 부정적 태도가 노년의 삶을 고통스러운 과정으로 간주하게 만드는 여러 핵심 요인 중 하나라고 할 수 있을 듯싶다.

근대 이전 서양 사회를 배경으로 『노년론』이라는 저술을 남긴 키케로와 같이 노년을 나름대로 긍정적으로 바라보려는 입장이 있기는 했다. 하지만 이 역시 노년 자체를 있는 그대로 온전히 받아들이려는 시도에서 나온 결과라고 보기에는 무리가 있다. 그보다는 오히려 청장년의 삶과 비교하여 노년의 삶 역시 여러 가지 차원에서 그에 못지않게 충분히 보람되고 건강하게 영위할 수 있다는 견해를 피력한 것에 가깝지 않을까 싶다. 근대 이후 노년에 대한 거의 유일무이한 철학적 접근을 담고 있는 『노년』이라는 저술을 남긴 보부아르 역시 예외는 아니다. 그녀는 일단 노인들을 주변부로 내몰고, 더 이상 인간으로 취급하지 않는 비인간적이고 몰지각한 사회에 대해 신랄하게 고발한다. 그녀는 궁극적으로 노인들이 존엄하고 인간다운 삶을 살 수 있는 사회를 모색하려는 윤리적 시도를 하고 있다고 평가할 수 있다. 그러나 그녀 역시 인간의 유한성과 취약성이 극명하게 드러나는 노년에 대한 부정적 시각에서 크게 벗어나지 못하고 있다.

한편 노년의 유한성을 직접 논하지는 않았지만 죽음과 관련된 인간의 유한성을 기꺼이 인정하고, 그것을 삶의 일부로 간주하도록 하기 위한 노력은 드물지 않았다. 예컨대 플라톤은 유한성을 삶 안에 통합하는 행위를 "죽는 것을 수행修行하는"(플라톤, 2020, 44쪽) 올바른 철학으로 규정하면서 죽음의 한계를 의식함에 의해서만 의미있는 삶을 사는 일이 가능하다고 주장한다. 몽테뉴 역시 "죽는 법을 아는 것, 그것이 우리를 모든 종속과 속박에서 해방시킨다"(몽테뉴, 2022, 171쪽)라고 말하면서 죽음을 유한한 삶의 일부로 자연스럽게 긍정하는 태도의 중요성을 강조한다. 하이데거는 죽음으로의 선구 das Vorlaufen zum Tode가 자신의 고유한 모습과 대면함으로써 삶이 의미와 가치를 가질 수 있게 해주는 필수 조건이라고 간주한다. "죽음으로의 선구는 (…) 현존재를 (…) 그 자신이 될 수 있는 가능성 앞으

로 데려온다."(하이데거, 1998, 355쪽)

다른 한편 최근 철학적 인간학의 관점에서 본격적으로 노년을 조명하고 있는 토마스 렌취Thomas Rentsch는 노년이란 유한성을 직시함으로써 자신만의 독특한 총체성을 형성해 진정한 자신이 될 수 있는 과정이라고 규정하고, 노년에서 시간은 비로소 삶의 온전한 시간이 된다고 주장한다(Rentsch, 2016, 347~364쪽). 인간 삶의 시간적 특성은 스스로 선택하지 않은 삶에 태어나서 여러 가지 우여곡절을 거쳐 죽음에 이른다는 인간의 근본 조건을 나름대로 수용하는 과정에서 잘 드러난다고 할 수 있다. 이 과정에서 인간 삶은 독특한 총체성으로 실현된다. 그렇기에 삶의 유한성은 삶의 독특한 총체성을 가능하게 하는 조건이다. 결국 유한성을 자각하는 노년에 인간은 자기 자신으로 완성된다고 할 수 있다.

그렇지만 삶의 유한성을 죽음이나 노년과 관련하여 인간 삶의 불가피한 측면으로 긍정하려는 여러 가지 지속적인 노력에도 불구하고 일반 사람들에게서 흔히 관찰할 수 있는 유한성에 대한 태도는 여전히 부정적이고 비관적으로 남아 있다. 이처럼 삶의 유한성을 꺼리는 탐탁지 않은 시선이 노년을 고통스럽고 우울한 시기로 만드는 주요 요인이라고 할 수 있다면 한 걸음 더 들어가 유한성에 대한 부정적 태도의 근거는 무엇일까? 사실 이에 대한 근거를 하나로 명확하게 적시하기는 쉽지 않아 보인다. 여러 가지 요인이 복합적으로 작용해서 그런 어둡고 부정적인 태도가 계속 유지되고 있을 수 있기 때문이다. 이런 맥락에서 이 글에서는 그런 여러 가지 요인 가운데 한 가지가 많은 사람들이 암묵적으로 받아들이고 있는 시간관이며, 따라서 시간에 대한 그 같은 태도를 바꾸면 유한성에 대한 부정적 시선에서 탈피할 수 있는 가능성이 생길 수 있다는 가설을 세워 보고자 한다.

삶의 유한성에 대해 많은 사람들이 보여 주는 부정적 태도의 바탕에는 특정한 시간관이 자리하고 있다고 볼 수 있다. 이는 시계로 측정할 수 있고 계산할 수 있는 물리적 시간으로 시간을 바라보는 시간관이며, 연대기적 시간이라고 불린다. 연대기적 시간이란 흔히 나이나 연령 등을 셈할 때 사용되는 물리적 시간이며, 측정과 계산이 가능한 시간이다. 물론 이런 시간은 노인과 관련된 여러 가지 통계 자료를 뽑거나, 연금 수령과 퇴직 시기 등을 결정할 때 유용하다는 의미에서 지금껏 중요한 역할을 해 오고 있다.

그런데 연대기적 시간이 이 같은 제한된 역할을 넘어설 때 여러 문제가 생긴다. 네덜란드의 노년학자인 바스는 같은 연령 집단 cohort의 노인들이 보여 주는 신체적, 문화적 차이 등을 단순히 나이를 통해서는 결코 설명할 수 없으며, 쉬지 않고 재깍거리며 가는 시계처럼 시간의 진행 속도에 맞춰 내달려야 하고, 그렇지 않으면 고쳐야 하는 물건처럼 노인과 노인의 삶을 취급하게 만드는 등 연대기적인 시간의 여러 가지 부작용을 지적한다.

> 시계는 인간의 노년을 포함한 삶의 많은 영역에 해로운 결과를 갖는 문화적 우상이 되었다. 시계의 지배 아래서 삶은 매 순간이 다음 과제에 의해 압도될 정도로 가속화된다. '정상적인 성인 됨'이란 보수와 유지를 통해 무한히 확장될 수 있고, 확장되어야 하는 인간 유기체의 기능, 즉 나이를 먹지 않는 시계 같은 기능으로 재정의된다 (Baars, 2017, 291쪽).

그러나 무엇보다 연대기적 시간관의 가장 큰 문제점은 인간을 단순히 물리적 시간에 종속된 존재로 만들어 버려 유한성 속에서 스스로 의미와 가치를 발견하려는 노력을 원천적으로 봉쇄해 버리기 쉽다는 사실에 있다.

3 보부아르의 연대기적 시간관

근대 이후 거의 유일하게 노년에 대한 철학적 성찰을 한 보부아르는 노인을 다른 사회 구성원과 똑같은 인간으로 대우하는지 그렇지 않은지 여부가 한 사회의 위상과 수준을 가늠한다는 점을 분명히 한다. 그녀는 노인의 존엄성을 인정하는 성숙한 사회의 도래를 바란다. 그렇지만 보부아르 역시 노년이 맞닥뜨린 유한성을 흔쾌히 받아들이지 못하며, 그 원인은 그녀가 여전히 연대기적 시간관에 사로잡혀 있기 때문으로 보인다.

『노년』이라는 저술에서 그녀가 노년의 시간을 직접 논의하고 있는 부분보다 먼저 주목해야 하는 내용은 노인이 자신을 노인으로 자각하게 되는 독특한 구조다(이에 대해서는 특히 이 책 5장 참조). 보부아르는 상식과 달리 노년이 점진적이고 순차적으로 진행되어 일정한 시점에 도달하는 결과가 아니라, 급작스럽게 엄습하는 사건이라고 이해한다. "보편적 시간의 진행이 사적이고 개인적인 변형을 초래할 수밖에 없다는 사실은 우리를 완전히 놀라게 하는 어떤 것이다."(Beauvoir, 1972, 283쪽) 이러한 갑작스러운 "노년의 사건에서 변화하는 것은 우리 전체가 아니라 우리의 일부다."(Heinämaa, 2014, 172쪽) 그리고 이런 일부는 다른 사람에 대해 존재하는 우리, 즉 내 안의 타자다. 따라서 노년의 변화는 우리 스스로 깨닫게 되는 것이 아니라, 다른 사람에 의해 먼저 경험된 다음 우리에게 알려진다. 다시 말해 누군가 우리를 보고 우리에게 나이가 든 노인이라는 점을 알려 주고 나서야 우리는 스스로 노인이 되었음을 비로소 깨닫는다. "나이가 드는 것이 우리 안의 타자이기 때문에 우리 나이의 계시가 외부로부터, 타인들로부터 우리에게 올 수밖에 없는 것은 당연하다."(Beauvoir, 1972, 288쪽)

그렇지만 이런 타자는 타자임에도 불구하고 여전히 우리 자신을 구성할 수밖에 없다. "그런 타자는 나 자신이다."(Beauvoir, 1972, 284쪽) 노년의 변화에서 확인할 수 있는 이 같은 역설적 구조를 가능하게 하는 중요한 조건이란 우리 신체가 스스로 감각하고 운동하는 중심인 동시에 타인에게는 대상이나 물체로 나타나게 된다는 분리할 수 없는 이중성이다. 보부아르는 루 살로메가 60세에 병을 앓고 머리카락을 잃었을 때, 비로소 늙었음을 느꼈다고 지적한다.

보부아르는 다음을 강조한다. 노년의 변형을 일으키기 위해 어떤 현실적 타자도, 어떤 경멸스러운 시선이나 동정 어린 말도 필요하지 않다. 세계와 우리의 개인적 교섭 속에서 우리에게 주어진 우리 자신의 신체는 항상 타인의 시선을 함축한다(Heinämaa, 2014, 175쪽).

그런데 중요한 점은 노년이라는 급작스러운 사건에서 드러나는 역설적 구조와 그 가능 조건이라고 할 수 있는 신체의 이중성에는 우리가 체감하는 주관적 시간과, 물리적이고 객관적인 시간 사이의 간격과 위계가 이미 작용하고 있다는 사실이다. 타인이 바라보는 우리는 일차적으로 물리적 시간 속에서 다른 사물과 마찬가지로 객관적으로 나이를 먹어 가는 신체로 지각되며, 그런 물리적 시간을 통한 규정, 즉 연령 혹은 나이에 의해 우리는 자신의 노년을 인지하게 된다. 그러나 이와 동시에 우리가 주관적으로 체감하는 내면적 시간은 여전히 그런 나이와 낯설고, 그런 나이를 결코 쉽게 받아들이기 힘들게 만들며, 타인의 객관적 규정에 의해 마지못해 받아들인 나이와 다른 상태를 항상 염두에 두게 만든다.

> 물리적 개념들, 즉 (디지털시계에 의해 가장 잘 이루어지는) 시간 계산이 우리에게 지금이 나이 든 시간이라는 사실을 상기시켜주지 않는다면 우리는 결코 나이 든 시간을 깨닫지 못할 것이다. (…) 그러므로 유한성을 충격과 좌절로 깨닫는 일은 나, 즉 나이 든 개인의 영혼이 객관적이고 물리적인 시간 개념 아래 자신을 종속시켰다는 사실을 의미한다. (…) 그 혹은 그녀는 자아와 물리적인 것, 내적 시간 개념과 객관적 시간 개념 사이의 갈등에 사로잡혀 있다고 느낀다 (Schües, 2014, 223쪽).

결국 보부아르가 분석하는 실감할 수 없는 노년의 고유한 구조에도 주관적 시간과 물리적 시간의 간격과 갈등 및 주관적 시간에 대한 물리적 시간의 우위가 잘 나타나고 있다고 볼 수 있다.

다음으로 보부아르가 노인이 마주한 노년의 시간을 본격적으로 논의하는 과정을 따라가 보자. "인간의 현실에서 실존한다는 것은 시간적으로 실존함을 뜻한다"(Beauvoir, 1972, 361쪽)라고 마치 하이데거를 연상시키는 듯한 주장을 하면서도 보부아르는 기본적으로 물리적 시간을 우선시하고, 당연한 전제로 삼는 듯하다. 보부아르에 의하면 노년에는 미래가 더 이상 열린 가능성이 아니라 닫힌 지평으로 다가오며, 그에 따라 과거는 요지부동하고 무거운 짐으로 느껴진다. "제한된 미래와 얼어붙은 과거. 그런 것이 노인들이 마주할 수밖에 없는 상황이다."(Beauvoir, 1972, 378쪽) 달리 말해 우리에게 남은 미래의 물리적 시간이 점차 줄어듦에 따라 과거는 달리 어찌해 볼 도리가 없는 무거운 부담이 될 수밖에 없는 셈이다. 왜냐하면 "과거를 소유하기 위해서 나는 기획 투사를 통해 과거를 존재하게 해야 하기 때문이다."(Beauvoir, 1972, 361쪽)

보부아르가 이렇게 주장하는 토대는 객관적이고 물리적인 시간이라고 할 수 있다. 즉 우리에게 앞으로 남은 측정할 수 있는 물리적 시간의 양이 축소되기 때문에 과거의 일을 바로잡거나 새롭게 시도할 수 있는 여지가 그만큼 줄어들 수밖에 없으며, 따라서 미래의 축소와 과거의 무거운 무게는 노년의 유한성을 부정적으로 바라보게 한다. 그럼에도 그녀는 책 마지막 부분에서 이런 우울한 진단에 맞설 수 있는 유일한 방법은 흡사 노년에 도달하지 않은 듯이 여전히 계속해서 기획하고 투사하는 삶을 사는 일이라고 사르트르처럼 실존주의 색채를 띤 주장을 펼친다.

노년이 우리의 이전 실존에 대한 하찮은 패러디가 되지 않으려면 한 가지 유일한 해결책이 있다. 그것은 우리 삶에 의미를 부여하는 목표들, 즉 개인이나 집단들에 대한 헌신, 대의에 대한 헌신, 다시 말해 정치적이고, 지적이고, 창조적인 작업에 대한 헌신을 계속해서 추구하는 일이다. (…) 우리 삶은 사랑, 우정, 분노, 연민에 의해 타인들의 삶에 가치를 부여하는 한에서 가치를 지닌다(Beauvoir, 1972, 540~541쪽).

물론 보부아르는 사르트르와 달리 이처럼 기획 투사하는 능력과 그 능력의 발휘는 보편적이지 않고 학자나 예술가, 지식인 등 소수의 사람에게만 해당한다고 여긴다. 어쨌든 노년에 대한 보부아르의 진단에는 물리적 시간에 종속된 유한성을 있는 그대로 받아들이지 못하는 염세주의적 기조가 여전히 깔려 있다고 볼 수밖에 없다.

4 보부아르의 연대기적 시간관에 대한 두 가지 비판

보부아르의 연대기적 시간관을 비판할 수 있는 첫째 방식은 미래의 상실이나 그로 인한 과거의 돌이킬 수 없음에 초점을 맞추지 말고, 현재 행위에 초점을 맞추는 것이다. 이는 인간의 시간을 적절하게 설명해 줄 수 있는 관점은 주관적 시간도 아니고, 객관적이고 물리적인 시간도 아니라는 점을 함축한다. 오히려 중요한 점은 인간이 현재 행동하는 시간이며, 그런 시간은 질서를 갖는다는 사실이다. 여기서 "질서라는 단어는 행위의 **특정한** 시간적 조직화를 나타낸다."(Schües, 2014, 226쪽)

우리는 자주 타인이 정한 시간 질서에 맞추거나 사회의 시간 질서에 따르기도 하지만, 인간은 행동 자체의 질서를 스스로 구성할수 있다. 인간의 삶이 항상 행동을 통해 이루어진다는 점에서 인간은 누구나 나름대로 그런 시간의 질서를 만들어 낸다. 가령 우리가책을 읽을 때 몇 시간 동안 읽고, 언제 읽었는지보다는 그 시간 동안어떤 것을 느끼고 무슨 생각을 했는지, 즉 어떤 의미와 내용으로 자신만의 시간을 채웠는지가 더 중요하다. 읽은 책에서 어떤 깨달음을 얻었다면 그런 활동은 특정한 질서를 갖는 시간으로 채워진 셈이다. 이처럼 행동이 갖는 시간의 특정한 질서에 주목하는 일은 우리가 더 이상 과거에 비가역적으로 사로잡히지 않고 미래를 크게 걱정하지 않으면서 현재 삶에 몰두하게 해서 노년의 삶 역시 고유한 질서와 가치를 지닌 시기로 만들 수 있을 것이다. 이는 보부아르 식의 비관주의에서 벗어날 수 있는 한 가지 방향이다.

우리가 활동들을 그것들 각각의 적절한 시간 질서에 따라 고려하기를 배운다면, 그리고 각각의 활동이 미래가 아니라 현재에 시간적으로 조직된다는 것을 인정한다면, 우리는 삶의 매 국면을 그 특정한 시간에 따라 받아들이고, 그 각각의 국면을 고유한 권리와 가치 속에서 깨닫기를 배울 것이다(Schües, 2014, 228쪽).

보부아르의 시간관을 비판할 수 있는 둘째 방식(Stoller, 2014, 195~210쪽)은 보부아르가 노인에게 벗어던질 수 없는 무거운 짐으로 체감된다고 파악했던 과거를 달리 이해하는 것이다. 모리스 메를로퐁티는 과거란 잠재적 형태로라도 이미 항상 현재 속에 존재한다는 점을 강조한다. 우리가 자신의 과거를 모두 기억할 수 없다고 해도 그런 과거는 우리 안에 여전히 존재한다. 그래서 메를로퐁티는 노년에도 우리는 자신의 젊은 시절과 접촉하고 있다고 말한다. 이런 식으로 보면 과거는 더 이상 우리에게 미래를 가로막는 짐으로 느껴지지 않을 수 있다. 왜냐하면 현재 삶을 어떻게 살아가느냐에 따라 현재 속에 포함된 과거 역시 항상 다시 새롭게 구성된다고 할 수 있기 때문이다. 그리고 과거가 미래의 짐이 되지 않는다면 노년의 시간은 현재 삶을 창조적으로 살아가면서 삶을 완성할 수 있는 시간이 될 것이다. 메를로퐁티가 명시적으로 윤리적인 주장을 하지는 않지만 과거를 항상 포함하고 있는 현재라는 그의 주장에서 끌어낼 수 있는 윤리적 함축은 바로 이와 같은 것이다.

물론 메를로퐁티의 이런 주장은 시간에 대한 좀 더 세부적인 논의에 토대를 두고 있다. 그는 『지각의 현상학』에서 시간을 주체라고 주장한다. 다시 말해 시간은 우리 밖에도 존재하지 않으며, 그렇다고 우리 내면에 속하는 의식 상태도 아니다. 시간이 우리 밖에 존재한다거나 의식 상태라는 이해방식은 우리 경험의 대상이든 의식 상태든 우리가 마주한 대상이나 우리가 속해 있는 배경처럼 시간을 실제 우리 자신과 다른 어떤 것으로 이해한다는 문제점이 있다. 메를로퐁티는 이런 문제점을 해결하기 위해 항상 대상이나 배경처럼 간주했던 시간을 주체로 보자고 제안한다. "시간을 주체로, 주체를 시간으로 이해하지 않으면 안 된다."(메를로퐁티, 2002, 630쪽)

물론 이런 주체는 데카르트식의 의식적 주체가 아니다. 오히려 그것은 세계로 항상 열려 있는 몸으로서의 주체이며, 시간을 구성하는 주체다. 요컨대 메를로퐁티는 시간으로서의 주체를 몸으로 이해하고, 세계로 열려 있는 구체적 존재라고 여김으로써 주관적 시간과 객관적 시간의 이분법을 넘어 삶을 살아가는 구체적 과정 자체를 시간과 같은 차원으로 간주하는 셈이다.

보부아르의 시간관에 대한 두 가지 비판은 물리적 시간과 다른 관점을 제안하여 유한성에 대한 부정적 태도를 벗어날 수 있는 단서를 제공한다고 보인다. 그러나 이런 두 가지 비판적 접근을 좀 더 구체적인 수준으로 옮길 수 있어야 노년을 유한성의 시간으로 긍정적으로 자리매김할 수 있을 것이다. 우리는 그런 한 가지 가능성을 리쾨르에게서 찾아볼 것이다. 앞서 언급한 바스 역시 연대기적 시간의 제한성을 비판하면서 그 대안으로 인간이 살아낸 시간에 주목하고, 리쾨르가 말하는 서사적 시간을 구체적 모델로 제시한다. 하지만 바스는 서사적 시간이 노년에 대해 갖는 함축이 무엇이 될 수 있는지 명확하게 제시하지 않는다(Baars, 2016, 69~86쪽).

5 리쾨르의 서사적 시간

많은 철학자들이 시간 논의의 출발점으로 삼았던 견해는 아리스토텔레스에게서 찾을 수 있다. 아리스토텔레스는 시간이란 운동이나 변화와 분명 관련되어 있고 그것 없이 존재할 수 없지만, 운동이나 변화와 같지는 않다고 여긴다. "시간은 운동이 아니기도 하고, 운동 없이 존재하지도 않는다는 것은 분명하다."(아리스토텔레스, 2023, 220쪽) 운동이나 변화는 빠르게 혹은 느리게 운동하는 것이나 변화하는 것 속에 있지만, 시간은 어디에나 모든 것 속에 똑같이 있고, 속도를 포함할 수 없으며, 운동이나 변화를 지각하지 않고서는 시간을 지각할 수는 없기 때문이다.

다음으로 아리스토텔레스는 움직이는 것은 어떤 곳에서 다른 곳으로 움직이므로 크기를 갖고, 그런 크기란 연속적이기 때문에 운동 역시 연속적이며, 운동과 불가분의 관계에 있는 시간 역시 연속적이라고 주장한다. 나아가 크기에는 이전과 이후가 있고, 운동 역시 이전과 이후를 가지기 때문에 시간도 이전과 이후를 갖게 된다. 그래서 우리는 앞과 뒤를 정해서 운동을 한정할 때 시간에 대해 알게 되며, 운동의 앞과 뒤를 지각할 때 시간이 있었다고 말한다. "시간이란 이런 것, 즉 앞과 뒤를 따르는 운동의 수이기 때문이다. 따라서 시간은 운동은 아니지만, 운동이 그것에 의해 수를 갖게 되는 것이다."(아리스토텔레스, 2023, 222쪽) 그런데 이 같은 우주론적이고 물리적인 시간관의 난점은 "아리스토텔레스의 시간 정의가 오직 정신의 작업일 수밖에 없는 작용들, 즉 지각하고 구분하며 비교하는 작업을 각 단계마다 참조하고 있음에도 불구하고 정신을 명백하게 논하지 않는다"(리쾨르, 2004, 33쪽)는 사실에서 드러난다.

리쾨르가 『시간과 이야기』에서 시간과 이야기의 관계를 풀어내기 위한 출발점으로 선택한 견해는 아리스토텔레스의 입장과 대비되는 아우구스티누스의 시간관이다. 아우구스티누스는 『고백록』에서 아무도 시간에 대해 묻지 않을 때 우리는 시간에 대해 알고 있는 듯하지만, 막상 누군가 시간이 무엇인지 묻게 되면 답하기 어렵다는 점을 지적한다.

시간이라는 것은 무엇입니까? 아무도 내게 묻지 않는다면 나 자신은 시간이 무엇인지 알고 있습니다. 하지만 누군가가 내게 물어서 내가 설명해 주려고 하면 나는 시간이 무엇인지 모릅니다(아우구스티누스, 2016, 386쪽).

그가 부딪힌 시간의 아포리아aporia는 과거란 이미 지나갔고, 미래는 아직 오지 않았으며, 현재는 항상 지나가고 있어서 시간이 존재한다고 말하기 힘들다는 것이다.

시간의 존재에 대한 이런 난점은 시간 측정에서도 나타난다. 우주론적 견해에 따르면 시간 측정이 가능하기 위해서는 태양이나 달 등 천체의 움직임을 기준으로 삼아야 한다. 그런데 천체의 움직임이란 변할 수 있거나 멈출 수 있지만, 시간은 그럴 수 없기에 시간이란 물체의 운동에서 측정할 수 없다. 이런 난점에 대해 아우구스티누스는 시간이 우리 외부 어딘가에 객관적으로 연장을 갖고 존재하기 때문에 측정 가능한 것이 아니라, 우리 영혼 안에 남은 인상을 통해 시간을 측정할 수 있다고 답한다.

모든 사물은 지나가면서 내 영혼에 인상을 남기는데, 나는 그렇게 지나가면서 인상을 남기는 사물 자체가 아니라 그것이 남긴 인상을 측정하는 것입니다. 만일 이런 식으로 측정된 것이 시간이 아니라면 시간을 측정하는 것은 불가능합니다(아우구스티누스, 2016, 405쪽).

결국 아우구스티누스의 시간관은 과거의 기억과 현재의 주의와 미래의 예견이 한 점으로 집결되는 동시에 퍼져나가는 주관적 시간이라고 할 수 있다. 이를 영혼의 집중intentio과 확장distentio이라고 부를 수 있다. 그러나 리쾨르는 아우구스티누스의 시간관 역시 다음과 같이 비판한다.

아리스토텔레스 이후 펼쳐지는 우주론적 전통에 따르면 시간은 우리를 둘러싸며 우리를 감싸고 우리를 지배하지만, 정신은 그러한 시간을 만들어 낼 힘이 없다. 나는 정신의 확장과 집중이라는 변증법이란 시간의 이 고압적인 특성을 만들어 내기에는 무력하며, 역설적으로 정신은 시간의 이런 특성을 감추는 데 기여한다고 확신한다(리쾨르, 2004, 25쪽).

결국 리쾨르는 아리스토텔레스와 아우구스티누스의 시간관을 대조함으로써 다음과 같은 결론에 이른다. 시간의 문제를 정신이든 운동이든 한쪽 측면에서만 공략하는 일은 불가능하다. 다시 말해 "정신의 확장만으로는 시간의 연장을 만들어 낼 수 없으며, 운동의 역동성만으로는 세 겹의 현재라는 변증법을 산출할 수 없다."(리쾨르, 2004, 48쪽) 이를 통해 볼 때 리쾨르의 궁극적 의도는 시간에 대한 이론적 접근이 분리한 두 가지 차원을 합치는 데 이야기가 어떻게 기여할 수 있는지 입증하는 데 있다고 볼 수 있다. 리쾨르에 의하면 "이야기의 시학은 시간의 내적 의식과 객관적인 연속 사이의 대조뿐만 아니라 그 둘의 공모를 필요로 한다."(리쾨르, 2004, 48쪽)

요컨대 이런 검토 과정을 거쳐 리쾨르가 마주한 시간의 핵심 아포리아는 인간 영혼에 존재한다고 상정되는 주관적 시간과 운동이나 변화와 관련된 객관적 시간의 아포리아다. 이런 아포리아에 대해 리쾨르는 주관적 시간과 객관적 시간 어느 쪽으로 치우치지 않으면서 그 둘을 종합하고 매개할 수 있는 차원으로 이야기를 제안한다. 다시 말해 객관적이고 물리적인 시간은 이야기를 통해 인간의 주관적 시간과 매개된다.

> (객관적) 시간은 이야기의 방식에 따라 조직되는 한에서 인간의 시간이 되며, 이야기는 역으로 (인간의) 시간적 경험의 특징들을 그리는 한에서 의미를 지닌다(리쾨르, 1999, 25쪽).

리쾨르는 이야기 모델을 역사 이야기와 허구 이야기 모두에서 찾는다. 즉 역사 이야기는 객관적 시간 속에서 실제로 발생한 사건이나 행위를 주관적 관점을 통해 재배열하는 데서 성립한다. 이는 달리 말해 연대기적 시간 안에 주관적 시간을 기입하는 것이다. 반면 허구 이야기는 객관적 시간 안에서 실제로 발생한 행위나 사건의 모방을 통해 줄거리를 구성해 내고, 이 가운데 연대기적 시간과 비연대기적인 시간이 모두 동원됨으로써 성립한다. 둘의 차이에도 불구하고 역사 이야기와 허구 이야기 모두 주관적 시간과 객관적 시간의 종합과 매개를 통해 성립한다는 측면에서 공통점을 갖는다고 할 수 있다.

모든 이야기는 두 가지 차원, 즉 연대기적 시간과 그 외의 비연대기적 시간을 다양한 비율로 결합한다. 첫 번째 차원은 사건들로부터 만들어진 것으로 이야기를 특징짓는 삽화적 차원이라고 불릴 수 있다. 두 번째 차원은 줄거리 구성plot이 흩어진 사건들로부터 의미 있는 전체를 구성하는 형상적configuratonal 차원이다. (…) 나는 이 후자를 연속에서부터 유형을 끌어내는 줄거리 구성의 작용으로 이해한다(Ricoeur, 1980, 178쪽).

리쾨르는 한편으로는 우주론적인 시간관을 내세웠음에도 『시학』에서 이질적인 사건들의 통일과 부조화의 조화를 가능하게 만드는 뮈토스mythos(줄거리 구성)에 초점을 맞추었던 아리스토텔레스에게서 허구 이야기의 범형을 발견한다. 리쾨르는 허구 이야기 일반이 아니라 오직 비극에만 초점을 맞추고, 표면적으로 시간적 차원의 논의가 감추어져 있던 아리스토텔레스의 논의를 시간과 명시적으로 관련시키고 허구 일반으로 확대한다. 리쾨르는 미시적으로는 행위의 모방으로서 미메시스와 거시적으로는 그런 미메시스를 바탕으로 이루어지는 줄거리 구성으로서 뮈토스가 무질서하게 연속적으로 발생하는 사건들을 시작과 진행과 끝이 있는 완결된 이야기로 만들어 낼 수 있다는 점을 강조한다.

나는 줄거리 구성plot을 어떤 이야기에서든 사건들의 연속을 통제하는 이해 가능한 전체라고 정의한다. 이런 잠정적 정의는 사건 혹은 사건들과 이야기 사이를 연결하는 줄거리 구성의 기능을 직접 보여 준다. 이야기는 줄거리 구성이 사건들을 하나의 이야기**로 만드는** 한에서 사건들**에서부터 만들어**진다. 그러므로 줄거리 구성은 우리를 시간성과 서사성narrativity의 교차점에 위치시킨다(Ricoeur, 1980, 171쪽).

리쾨르는 허구 이야기의 형성을 전형상화, 형상화, 재형상화 세 단계로 설명한다. 첫째, 전형상화preconfiguration, mimesis 1는 날것 그 대로의 삶이 진행되는 단계다. 중요한 점은 이런 삶이 시간의 질서를 구성해 내는 행동으로 이루어지며, 따라서 일정한 의미를 부여할 수 있는 얼개를 이미 지니고 있다는 사실이다.

줄거리 구성은 행동의 세계에 대한 선이해, 즉 행동의 의미 있는 구조들, 행동의 상징적 원천들, 그리고 행동의 시간적 특성에 대한 선이해에 뿌리 박고 있다(리쾨르, 1999, 128쪽).

여기서 구조란 행위의 주체, 동기, 상황 등으로 구성된 것으로 행위를 이해할 수 있는 바탕을 가리키며, 상징적 원천은 언어나 기타 제스처 등을 말하고, 시간적 특성이란 하이데거가 말하는 염려 Sorge의 과정으로, 즉 주변 사물을 고려하고, 상대편을 배려하며, 자신에 대해 심려하는 과정으로 행위를 설명할 수 있다는 사실을 가리킨다.

둘째, 형상화configuration, mimesis 2란 행동으로 이루어져 있는 그런 삶을 모방하여 이야기로 만들어 내는 과정이다. 이것은 아리스토텔레스가 말하는 행동의 모방으로서 미메시스 과정이다. 그리고 행동의 모방을 기초로 전체로서 완결된 이야기를 만들어 내기 위해 작동하는 것이 바로 뮈토스라고 할 수 있다. 뮈토스로서 줄거리 구성은 리쾨르가 마주한 객관적 시간과 주관적 시간의 상호 전제라는 아포리아를 반영하는 동시에 이론적인 방식이 아니라 시적인 방식으로 그 아포리아에 대응한다.

> 줄거리를 구성하는 행위는 두 개의 시간적 차원, 즉 연대기적 시간과 비연대기적 시간을 가변적인 비율로 결합한다는 점에서 그 역설을 반영한다. 연대기적 시간은 이야기의 삽화적 차원을 구성한다. 다시 말해서 연대기적 시간은 이야기가 사건들로 이루어진 한에서 이야기를 특징짓는다. 비연대기적 시간은 적절하게 말해 형상화하는 차원인데, 그 덕분에 줄거리는 사건들을 이야기로 변형시킨다. 이러한 형상화 행위는 세부적인 행동이나 내가 이야기의 사건들이라고 불렀던 것을 '함께 파악하는' 데서 성립한다. 형상화 행위는 사건들의 이러한 다양성에서 하나의 시간적 전체라는 통일성을 끌어낸다."(리쾨르, 1999, 151쪽)

셋째, 재형상화reconfiguration, mimesis 3란 그렇게 구성된 이야기를 우리가 독자로서 듣거나 읽음으로써 그 내용을 자신의 삶 안으로 다시 환류시키는 과정이다. 달리 말해 이런 재형상화를 통해 우리는 자기 삶의 이야기를 심화하고, 확장해 재구성한다고 할 수 있다. 재형상화 과정은 철학적 해석학을 주창한 한스 게오르그 가다머가 말하는 텍스트와 독자의 만남이라고 할 수 있는 지평 융합Horizontverschmelzung으로 이해할 수 있다.

독자가 수용하는 것은 단지 작품의 의미만이 아니라 그 의미를 관통하여 작품이 지시하는 것, 다시 말해서 작품이 언어로 옮긴 경험이며, 결국은 작품이 이런 경험이라는 결과 앞에서 밝히는 세계와 시간성이다(리쾨르, 1999, 173쪽).

이 세 단계 가운데 객관적 시간과 주관적 시간의 매개와 중재가 명시적으로 발생하는 단계는 물론 형상화 단계다. 객관적 시간이나 연대기적 시간 속에서 무질서하게 발생한 사건이나 행위를 바탕으로 그것을 모방하고 시간적 통일성 속에서 일관된 줄거리를 구성함으로써 인간은 거기에다 주관적 시간이라는 옷을 입힌다. 이를 통해 시간은 인간의 시간으로 거듭나게 된다. 물론 이러한 허구 이야기의 기본 구조는 역사 이야기의 경우에도 마찬가지로 해당한다.

6　서사적 시간이 노년의 유한성에 대해 갖는 함축

우선 서사적 시간은 노년에 도달한 사람들이 자기 삶에 대해 특정한 이야기를 구성해 내거나, 이미 존재하는 타인의 이야기를 읽어서 자기 삶을 새롭게 바라볼 수 있는 여지를 가질 수 있게 한다. 이는 달리 말해 노년에 맞이하는 시간 흐름을 단순히 물리적 시간으로만 이해함으로써 거기에 수동적으로 떠밀려 갈 수밖에 없다는 비관적 사고방식에서 벗어나 나름의 입장에서 시간에 능동적 대처할 수 있음을 뜻한다. 거꾸로 표현하면 시간에 대한 이 같은 능동적 대처를 가능하게 해주는 것은 바로 이야기를 통해 물리적 시간과 주관적 시간을 매개하여 삶에 의미를 부여하는 과정이라고 할 수 있다. 물리적 시간은 돌이킬 수 없고, 그 흐름을 결코 바꿀 수 없지만, 그런 시간의 필연성에 맞서 삶의 이야기를 만들어 냄으로써 우리는 나름대로 시간의 필연성에 유연하게 능동적으로 대처할 수 있다.

　　리쾨르는 이런 유연한 대응의 한 가지 예를 이야기된 시간과 이야기하는 시간의 차이와 변주를 통해 설명하기도 한다. 가령 역사나 소설 속에서 오랜 기간에 걸쳐 발생한 사건을 역사가나 소설가는 단지 몇 분 안에 짧게 이야기할 수 있다. 요컨대 실제 발생한 행위나 사건의 물리적 시간과 그런 사건을 서술하는 화자의 시간은 어긋날 수 있고, 그런 어긋남이 바로 이야기의 시간이 갖는 독자성과 고유성을 잘 드러내며, 이런 "불균형에서 필연적으로 생겨나는 것이 의미의 구조"(Dowling, 2011, 47쪽)라고 할 수 있다. 이 지점에서 바로 물리적 시간에 대한 인간의 능동적 대응 가능성을 다시 한번 확인할 수 있다.

다음으로 물리적 시간에 능동적으로 대처하는 이야기를 구성하거나, 자기 삶의 이야기를 독서를 통해 심화하고 확장하여 우리는 삶을 단순히 끝내는 것이 아니라 완성할 수 있다. 다시 말해 노년이 맞는 유한한 삶의 종말은 단순히 물리적 시간의 끝이 아니라 의미를 갖는 작품의 완성이 될 수 있다. 그런데 이는 오직 삶이 무한하지 않기 때문에만 가능하다. 보부아르가 쓴 『모든 인간은 죽는다』라는 소설의 주인공 불멸하는 존재 포스카는 삶의 가치와 의미를 찾지 못해 다음과 같이 한탄한다.

나는 무릅쓸 생명의 위협도 없고, 그들에게 미소를 지을 수도 없고, 결코 내 눈에 눈물도 없고 내 심장에 불꽃도 없었다. 과거도, 미래도, 현재도 없는 한 사람, 나는 아무것도 원하지 않는 자, 그 누구도 아닌 자였다. 나는 한 발 한 발 내밀었다. 걸음걸음마다 뒤로 물러서는 지평선을 향해. 물방울이 솟구쳤다가 떨어졌고, 순간은 순간을 파괴했고, 내 손은 영영 비어 있었다. 낯선 사람, 죽은 사람. 그들은 사람들이어서 살아가고 있었다. 나, 나는 그들의 일원이 아니었다. 나는 희망할 것이 아무것도 없었다. 나는 문을 넘어섰다(보부아르, 2014, 592~593쪽).

만약 포스카처럼 어떤 이의 삶이 영원히 끝없이 이어진다면 노년에 도달한 사람이 자신의 삶을 이야기로 만들어 냄으로써 의미를 갖는 작품으로 구성하는 일은 결코 불가능할 것이다. 따라서 서사적 시간을 바탕으로 구성할 수 있는 이야기라는 측면에서 볼 때, 인간 삶의 유한성은 삶을 각자 하나의 의미 있는 이야기로 완결할 수 있는 필수 조건이 틀림없다.

끝으로 보부아르가 사르트르와 달리 미래를 향한 기획 투사와 전망이 오직 지식인이나 예술가 등 제한된 소수에게만 가능하기에 노년의 모든 삶을 긍정적으로 받아들이기 힘들다고 주장했지만, 노년에 이른 대다수가 반드시 특출한 재능을 통해 뛰어난 업적을 남기지 않더라도 자신이 더는 존재하지 않게 될 미래에 대해 우울해하거나 좌절하지 않을 수 있는 한 가지 방법이 있다. 그것은 자신의 유한한 삶과 그 완성을 향후 이어지는 세대들의 연속 안에서 이해하는 일이다(Coors, 2014, 333~337쪽). 인간은 개인적으로 늙어가고 노화할 뿐만 아니라 자신이 속한 세대 속에서 나이가 든다. 따라서 우리 세대가 이전 세대의 연속이듯이 우리 다음에 오는 세대는 우리 세대의 연속이다. 이처럼 인간 개인의 유한한 삶을 세대의 차원에서 역사적으로 진행되는 것으로 바라볼 수 있게 된다면 우리는 더 이상 우리 자신이 스스로 없어지게 될 미래의 세계에 대해 슬퍼하지 않을 수 있을지 모른다. 이처럼 역사적 차원에서 인간 개인의 유한한 삶을 세대의 연속으로 이해할 수 있게 해주는 일 역시 우리 삶의 시간을 이야기로 구성하는 일을 통해 비로소 가능하게 될 것이다.

7 삶의 과정을 거쳐 가는 인간

노인학에서 다루는 노인은 사회 주변부에 속하는 시혜의 대상이며, 그런 대상에게 소위 정상적인 사회 구성원들이 어떻게 얼마만큼 처우 개선을 해 줄 수 있는지의 문제만 지금껏 주로 논의되어 왔다. 노인에 대한 연구가 노인을 위한 연구가 되지 못하고 오히려 노인에 대한 비뚤어진 시선을 부추기고, 조장해 왔던 셈이다. 이런 상황은 예부터 지금까지 많은 사람들이 자기 삶을 전체적 과정으로, 즉 유년기에서 시작하여 청장년기를 거쳐 노년에 이르는 과정으로 파악하는 데 어려움을 겪어 왔다는 사실과도 연관될 수 있다.

가령 이는 그리스신화에 나오는 오이디푸스와 스핑크스 이야기를 통해 확인할 수 있다. 반인반수의 괴물 스핑크스가 사람들을 잡아먹기 위해 낸 수수께끼 내용은 어려서는 네 발, 성숙해서는 두 발, 늙어서는 세 발로 걷는 존재가 무엇인지였고, 그에 대해 인간이라고 제대로 답한 사람은 오이디푸스뿐이었다. 이 수수께끼의 어려움과 매력은 "명백히 신화적 시대의 인간도 현재의 인간도 오이디푸스처럼 인간을 **삶의 과정을 거쳐 가는 존재**로서 바라보는 데 익숙하지 않았다"(Grossheim, 2010, 78쪽)라는 점에 있다. 오히려 사람들은 대부분 인간을 전성기의 성장한 사람, 즉 **"무시간적 표본"**(Grossheim, 2010, 78쪽)처럼 여겨 왔다고 할 수 있다.

이런 단편적 인식에서 탈피하기 위해서는 삶을 과정을 거쳐 가는 인간의 모습에 주목하면서 노인 역시 존엄성을 지닌 존재로 바라보려는 관점이 필요하다. 물론 이 같은 관점을 아직 구체적으로 제시하기는 어렵다. 그러나 큰 틀에서 판을 바꾸려는 노력이 요구된다고는 분명히 말할 수 있다. 다시 말해 지금까지는 국가나 사회가 노인들을 위해 무엇을 해 줄 수 있고, 얼마만큼 해 주어야 하는지 고답적인 자세로 논했다면, 이제부터는 오히려 반대로 기후 위기나 전쟁 등 현대 문명이 부딪힌 위기 앞에서 노인이나 그들이 직면한 노년에서부터 무엇을 어떤 식으로 배울 것인지 머리를 맞대고 숙고할 필요가 있다.

윤리의 관점에서 판을 바꾸면 우리는 제한되고, 불리하며, 장애가 있고, 쓸모없으며, 느리고, 타인들의 도움과 행위에 의존하는 존재가 세련되고, 아주 복잡하며, 빨리 변화하는 현대 사회에 어떻게 대처할 수 있는지 묻지 않고, 오히려—이것이 윤리적 전환이다—이런 사회가 노년의 사실과 의미로부터 무엇을 배울 수 있는지 물으려 해야 할 것이다."(Rentsch, 2016, 360쪽)

9장

노년의 인격 동일성과 연명 의료

이재영

1 마고를 어떻게 해야 하는가?

우리나라에서는 2018년 2월 4일부터 연명의료결정법이 시행되고 있다. 원래의 명칭은 '호스피스·완화의료 및 임종 과정에 있는 환자의 연명 의료 결정에 관한 법률'이며, '존엄사법'이라고도 부른다. 담당 의사와 전문의 한 명 등 두 명이 치료해도 회복할 가능성이 없고, 수개월 안에 사망할 것이라고 진단한 암, 에이즈, 만성폐쇄성호흡기질환, 만성 간경화 환자는 '연명 의료를 받지 않겠다'는 내용의 사전연명의향서를 쓸 수 있다. 이 환자에게 죽음이 임박하면 윤리위원회가 설치된 의료 기관에서 의사 두 명의 판단에 따라 연명 의료를 받지 않게 된다. 사전연명의향서를 쓰지 않아도 가족 두 명 이상이 평소 환자가 연명 의료를 거부했다는 뜻을 전하면 연명 의료를 받지 않을 수 있다.

사전연명의향서와 관련하여 미국의학협회지에 보고된 실제 사건을 토대로 하여 1994년에 드워킨이 재구성한 마고라는 환자의 경우를 예로 들어 보자(S. Holm, 2022, 114쪽; N. S. Jecker, 2022, 162쪽). 마고는 치매癡呆(일본에서는 2004년부터 공식 용어로 '認知症'을 사용하며, 이 글에서도 '인지증'으로 표기함)에 걸렸지만 그녀가 보내고 있는 삶과 그 삶이 갖는 즐거움 속에서 대부분의 시간 만족하고 있음이 밝혀졌다. 그녀는 폐렴이 발전하여 항생제로 치료해야 할지 그 여부를 결정해야 한다. 이전에 그녀는 만약 자신이 인지증에 걸린다면 잠재적으로 치명적인 어떤 상태에서도 치료를 받지 않겠다는 의사를 밝힌 사전연명의향서를 작성했다. 우리는 마고를 치료하기로 결정해야 하는가, 그렇지 않은가?

드워킨은 자기 삶이 어떻게 진행되기를 원하는지에 관해 정상적인 인지 상태에 있던 과거의 마고가 내린 판단이 인지증 때문에 더 이상 그러한 이해관심을 가질 수 없는 현재의 마고의 판단보다 중요하며, 따라서 우리는 사전연명의향서를 따르고 치료를 보류해야 한다고 주장한다. 그러나 만약 마고가 인지적 쇠퇴에도 불구하고 여전히 충분한 권리를 가진 인격person이라면 이 주장은 문제가 된다. 마고는 어느 정도 인지적으로 쇠퇴해야 충분한 권리를 가질 수 없는가? 인격과 비인격을 가르는 기준은 절대적인가? 우리는 인지적 능력이 다소 떨어진다 해도 인간human being이면 누구나 동등한 권리를 누리는 것을 당연시하는 사회에 살고 있지 않은가?

만약 인지증에 걸린 현재의 마고가 과거의 마고와 질적으로 동일하지 않다면 그 주장은 역시 문제가 된다. 즉 육체적으로는 동일하지만 인격이 동일하지 않다면 현재의 마고와 과거의 마고는 다른 존재이기 때문이다. 그런데 과거의 마고와 현재의 마고는 당연히 육체적으로 동일한 인간인가? 육체가 동일해도 인격은 동일하지 않을 수 있다는 말은 무슨 뜻인가? 현재의 마고가 하나의 인격이든 아니든 만약 그 인격이 동일하지 않다면 왜 과거의 마고가 현재의 마고와 관련해서 어떤 특별한 의사 결정력을 가져야 하는가?

마고의 사례가 제기하는 물음은 마고의 과거 인격 A와 현재 인격 B가 서로 다른 인격 동일성personal identity을 갖는 경우, B에 관해 이루어지는 결정과 관련해서 A에 의해 이루어진 결정은 어떤 권위를 갖는가 하는 것이다. 이 물음은 사전연명의향서를 구속력이 있는 것으로 보아야 하는지 없는 것으로 보아야 하는지와 관련해서, 그리고 의사 결정자들이 더 이상 결정할 능력이 없는 누군가가 이전에 표명한 선호를 고려해야 하는지 하지 말아야 하는지와 관련해서 대단히 실천적으로 중요하다. 이 물음에 대답하기 위해서는 먼저 인간, 인격, 인격 동일성 같은 용어의 정확한 의미를 따져 보아야 한다.

2 인간과 인격에 대하여

이러한 용어들을 본격적으로 다룬 철학자는 로크다. 그는 말한다.

> 인격은 이성을 가지고 반성을 하며, 자기 자신을 자기 자신이라고 간주할 수 있는 생각하는 지적 존재자로서, 각기 다른 시간과 장소에서 같은 생각을 하는 사물이다. 그것은 생각과 분리될 수 없고, 내게는 생각에 본질적이라고 여겨지는 그 의식에 의해서만 행해진다. (…) 그것은 항상 우리의 현재 감각과 지각에 관한 것이고, 이것에 의해 모든 사람은 그 자신에게 그가 자아라고 부르는 것이 된다. 이

경우 동일한 자아가 계속해서 동일한 실체에 있는지 또는 다른 실체에 있는지는 생각할 수 없다(E., 2.27.9).

인격은 "자아에 대한 이름"(E., 2.27.26)이며, "자아는 쾌락과 고통을 감지하거나 의식하고, 행복하거나 불행할 수 있으며, 나아가 그 의식이 미치는 한 그 자신에 관해 관심을 가지는, 의식하고 생각하는 사물이다(정신적인 것이든 물질적인 것이든, 또 단순한 것이든 복합적인 것이든 어떤 실체로 구성되는가는 문제가 되지 않는다)."(E., 2.27.17) 그는 동일성의 원리를 "시작이 하나인 것은 같은 사물이고, 그 사물과 시간과 장소에서 시작이 다른 사물은 같은 것이 아니라 상이한 것"(E., 2.27.1)이라고 표현한다. 동일한 종류에 속하고 존재의 시작이 동일하다는 것이 동일성의 필요충분조건이다.

실체의 본성에 대한 회의주의

로크 당시 아이작 뉴턴으로 대표되는 근대과학이 세력을 키워 가고 있었지만 여전히 기독교적 패러다임의 지배를 받고 있었던 철학자들에게 가장 중요했던 것은 기독교의 핵심 교리인 부활과 최후 심판의 문제였다. 영원히 산다는 것은 어떤 것이며, 다시 살아난 몸을 구성하는 것이 이승에서 살았던 몸을 이루고 있었던 물질과 정확히 동일한 것인지 아닌지에 대한 답변은 서로 달랐지만 본성상 나누어질 수 있는 물질적 실체는 일찌감치 영생의 후보에서 탈락했다. 그들에게 진정한 자아는 단순하고 비물질적이며 순수한 실체, 곧 영혼이다. 아직까지 영혼과 인간과 인격을 구별하지 않았던 그들에게 인격의 동일성은 영혼의 불변하는 비물질적 본성에 의해 확보되었다(U. Thiel, 1998, 890쪽).

로크는 어떤 사람도 인격의 동일성이 영혼의 동일성에 의존한다는 이론이 참이라고 주장할 수 없음을 지적한다(L. Newman, 2007, 210쪽). 로크에게 단순한 비물질적 실체로서 영혼은 자연의 일부가 아니며, 자연의 일부가 아니면서 존재하는 것은 무엇이든지 신비로운 것이다. 우리는 다른 사람의 영혼을 관찰할 수 없다. 경험적 탐구의 대상이 되는 것은 단지 영혼의 활동이므로 다른 사람을 관찰해서 영혼이 동일한 채로 있는지 그렇지 않은지 알아낼 방법은 없다. 시간을 넘어서 인격을 통합하는 것은 경험적으로 접근할 수 있어야 한다는 근대과학의 요구 사항을 수용한 로크에게 데카르트 철학의 영혼관에 따른 인격 동일성은 본질적으로 신비로운 것이다(R. Martin & J. Baressi, 2003, 4, 37쪽).

실체의 본성에 대한 회의주의적 시각은 로크가 본질을 두 가지로 분류하는 것의 직접적인 결과다. 본질이란 '한 사물을 바로 그 사물이게 하는 어떤 것'이라는 개념으로서 사물의 이해에 필수적이며, 많은 철학자들은 이것을 알 수 있다고 주장해 왔다. 로크는 금을 예로 든다(E., 3.6.6). 우리는 어떤 사물이 누렇고, 쉽게 펴 늘릴 수 있으며, 일정한 무게를 지니고, 왕수에 녹는 성질을 가졌다면 그것을 금이라고 부르기에 충분하다고 생각한다. 하지만 우리는 금이라고 부르는 그 사물을 구성하는 입자들의 실제 구조를 완전히 알 수는 없다. 로크는 앞의 것을 명목적 본질nominal essence, 뒤의 것을 실재적 본질real essence이라고 부른다.

로크에 따르면 우리가 사물을 종으로 분류하는 것은 마음이 만드는 명목적 본질에 있으며 사물 자체의 실재적 본질에 있지 않다는 점은 정신 관념에서 훨씬 명백하다(E., 3.6.11). 마음은 자신이 정신에 귀속하는 관념을 단지 자신의 작용을 내성함으로써 얻으므로 마음 자체 안에서 발견한 모든 작용을 물질을 전혀 고려하지 않고 일정한 종류의 존재에 귀속하는 것 외에는 정신에 대한 다른 개념을 갖고 있지도 않고 가질 수도 없다. 신 관념마저도 우리가 자신 안에서 발견하는 것을 내성함으로써 얻은 것이다. 이처럼 명목적 본질과 실재적 본질의 구분은 영혼 불가지론과 연결되며, 그가 '생각하는 물질이 있을지도 모른다'라고 말하는 계기가 된다.

인간과 인격

인간의 동일성은 어떤 순간에 시작해서 계속 하나의 생명 조직 아래 결합된 물질 입자들의 변화 가운데서 지속되는 하나의 육체에 있다(E., 2,27,6). 우리가 마음속에 가진 인간의 관념은 어떤 형상을 가진 동물의 관념일 뿐이다. 어떤 사람도 자기 자신의 모습과 체격을 가진 피조물을 본다면 그가 고양이나 앵무새보다 많은 이성을 갖지 못한다고 해도 여전히 그를 인간이라고 부를 것이며, 고양이나 앵무새가 이야기하고 추리하며 철학을 하는 것을 듣는다고 할지라도 그것을 단지 고양이나 앵무새라고 부르거나 생각할 것이다. 사람들의 감각기관에 인간의 관념을 만드는 것은 생각하거나 이성적인 존재자의 관념만이 아니고 그 관념과 결합된 특정한 모습의 육체 관념이다.

로크 주장의 핵심은 비물질적인 영혼의 동일성, 곧 정신적 실체의 단일성이 결코 인간의 동일성일 수 없다는 것이다. 만일 영혼의 동일성만이 같은 인간이게 하는 것이라면 다른 시대에 살고 다른 기질을 가진 인간들이 같은 인간이었을 수도 있다. 그것은 환생을 용인하고, 인간의 영혼이 잘못 태어나서 야수의 몸에 들어가는 일을 가능하게 할 것이다.

인간을 영혼 또는 비물질적 실체 개념과 분리해서 유형적인 용어로 정의한 로크는 한 걸음 더 나아가 인간과 인격을 구별한다. 그는 인간을 포함한 유기체의 동일성이 생명의 동일성에 있듯이 인격의 동일성은 의식의 동일성에 있다고 생각한다. 의식은 인격의 생명이다. 그에게 인간은 생각하는 이성적 존재이지만 유형적이고 생물학적 유기체인 반면에, 인격은 본질적으로 의식을 가진 존재다.

인격 동일성의 물음은 동일한 인격을 만드는 것이 무엇인가에 관한 것으로서 동일한 인격에서 언제나 생각하는 것은 동일한 실체인가 하는 물음과는 전혀 관계가 없다. 별개의 실체들이 그 실체들이 참여하는 동일한 의식에 의해 한 인격에 결합되는 것은 별개의 물질이 동일한 생명에 의해 하나의 동물에 결합되어 변화 가운데서 하나의 지속적인 생명의 단일성에 의해 그 동일성이 보존되는 것과 같은 것이다.

인간과 인격이 전혀 다른 사물을 나타내는 것은 아니다. 의식, 인격, 자아는 1인칭의 내부 관점에서 파악된 존재에 붙인 명칭이라면 육체, 정신적 실체, 인간은 모두 3인칭의 외부 관점에서 파악된 존재들에 붙인 명칭이다. 인격과 인간은 개념적 차원에서는 배타적이지만 사실적 차원에서는 공존할 수 있다. 나는 내가 의식할 수 없는 다른 사람의 의식 자리에 정신적 실체를 상정하고, 그를 하나의 정신적 실체를 가진 존재로 대한다. 다른 사람에게 나는 인격이 아니라 육체를 가진 인간이다(안세권, 2000, 221~222쪽).

인격 동일성과 책임

인간은 자연의 일부인 생물학적 종류를 말하는 과학적 용어다. 인격은 행위나 가치에 고유한 법률 용어로서, 법률을 알고 행복과 불행을 아는 지적인 행위자에게만 속한다(E., 2, 27, 26). 로크에게 인격 동일성 문제는 책임의 조건과 결부되어 있다. 내가 과거에 한 행동에 책임을 지려면 나의 의식이 그 행동에 대한 기억과 현존하는 나의 자아의 동일성에 관한 생각에 의해 중재되어야 한다. 동일한 실체나 동일한 인간이라 하더라도 과거의 행동을 기억하지 못한다면 동일한 인격이 아니며, 따라서 과거의 행동에 대해 책임질 필요가 없다.

술 취한 사람이 제정신이 아니었을 때 범죄를 저지르고 정신을 차렸을 때 기억하지 못한다면 로크의 이론에 따르면 제정신인 사람은 제정신이 아니었을 때와 동일한 인격이 아니므로 처벌될 수 없다. 그러나 술 취했을 때 한 일로 제정신인 사람을 처벌하는 것은 예나 지금이나 마찬가지다. 로크는 이 경우 재판관은 의식 결여를 항변으로 받아들여서는 안 된다고 주장한다. 그 항변이 진정한 것인지 재판관이 확실히 알 수 없기 때문이다. 술 취한 사람이 자신의 의식 결여를 증명하기 위해서 자신의 기억에 도움을 청할 수는 없고, 자신의 과거를 알기 위해 다른 사람의 기억에 의존해야 한다면 기억은 인격의 동일성을 밝히는 데 아무런 기준이 될 수 없다. 술 취한 사람에게 의식의 결여가 증명될 수 없다는 사실은 기억이 인격 동일성의 필요조건이 아님을 말해 준다(J. W. Yolton, 2004, 87쪽).

로크는 의식을 넘어서서 도덕적 책임이 확장되는 것을 인정한 셈이며, 이것은 그의 이론에 더 일반적인 문제점을 초래한다. 인격 동일성이 재판관이 내리는 판단의 토대이며 인격 동일성은 내적인 의식을 통해서만 구성된다고 하는데, 어떻게 재판관이 원리상 진정한 의식 결여와 거짓 의식 결여를 구별할 수 있는가? 재판관은 인격이 아닌 인간으로서의 동일성에 관해서만 판단할 수 있다. 여기서 우리는 로크가 3인칭의 외부 관점을 허용하고 있음을 알 수 있다.

로크는 이 문제를 최후의 심판과 연관시킨다. 최후의 심판에서는 술 취한 사람이 범죄를 저지른 경우처럼 의식을 통해 행동을 자기에게 귀속하는 일이 진정한 것인지 거짓인지 하는 문제가 발생하지 않는다. 신은 완벽한 앎을 갖기 때문이다. 로크는 자신의 이론에서 발생할 모든 문제를 최후의 심판과 연결함으로써 피할 수 있게 된다(Thiel, 1998, 894~895쪽).

3 영혼의 자연화

부활은 18세기에도 철학자들의 중대한 관심사였다. 로크 이전 철학자들은 현세와 내세에서 인격의 동일성은 비물질적인 영혼의 지속성에 의존하는 것으로 여겼다. 물질과 달리 나누어지지 않는 본성을 가진 영혼은 자연히 불멸하는 것으로 생각했다. 로크는 인격의 동일성이 동일한 육체의 지속이나 동일한 영혼의 지속에 의존한다는 생각에서 벗어나 의식이 인격을 구성한다고 주장했다. 그는 인격을 단순히 지속하는 사물에서 찾는 실체적 설명에서 벗어나 생명체의 서로 다른 시간적 단계들이 심리적 관계로 구성된다는 관계적 설명을 함으로써 인격에 관한 논의를 경험적 탐구의 영역으로 끌어들였다. 1720년대에 의식은 철학자들의 중심 주제가 되었으며, 로크의 주장에 대한 찬반 논쟁이 이어졌다(Thiel, 2006, 287쪽). 로크의 주장에 대한 비판은 그가 의식과 기억을 동일시하며, 기억 이론은 순환논법에 빠지고, 이행성 논리를 위반하며, 미래에 대한 관심을 결여하는 난점을 보인다는 것이다(Savonius-Wroth, 2010, 198쪽). 여기서는 동일성은 논리적으로 이행적인 반면에 의식은 이행적이지 않다는 토머스 리드(Reid, 1785)의 비판에 관해서만 살펴보자.

리드의 비판

리드는 로크의 이론에 따르면 한 인간이 특정한 행동을 한 인격일 수도 있고 동시에 아닐 수도 있는 결과를 낳는다고 주장한다(Reid, 1941, 212~216쪽). 소년(a) 시절 과수원 서리를 한 것 때문에 학교에서 매질을 당했던 용감한 장교(b)가 첫 전투에서 적군의 깃발을 빼앗았고, 나중에 장군(c)이 되었다고 상상해 보자. 또 장교가 적군의 깃발을 빼앗았을 때, 그는 자기가 학교에서 매질을 당했음을 알고 있었고, 장군이 되었을 때 자신이 적군의 깃발을 빼앗았다는 것을 알고 있었지만 자기가 매질을 당했다는 의식은 완전히 잃어버렸다고 상상해 보자.

로크의 이론에 따르면 소년은 장교와 동일한 인격(a=b)이고, 장교와 장군은 동일한 인격(b=c)이므로 동일성 이행의 원리에 따라 소년과 장군은 동일한 인격(a=c)이다. 그러나 장군의 의식은 매질을 당했던 소년 시절에 이르지 못하므로 로크의 이론에 따르면 장군은 매질을 당했던 인격이 아니다. 그러므로 장군은 매질을 당했던 인격과 동일한 인격인 동시에 동일한 인격이 아니다. 이것은 반직관적인 일에 해당하며, 동일성 이행의 원리를 위반한 것이다. 이처럼 로크의 이론이 다른 결과를 가져온다면 그가 인격 동일성을 잘못 이해했음을 보여 준다는 것이다(Kaufman, 2016, 253쪽).

로크에 의하면 의식은 반성적 앎이며, 자아를 구성할 때 과거의 행동이나 생각을 향해 과거로 확대될 수 있는 만큼 멀리 도달하게 하고, 항상 우리의 현재 감각과 지각에 관해 성찰하게 하는 이중의 역할을 한다. 의식을 기억으로 해석하는 것은 의식의 이중 역할을 설명하지 못한다. 그러나 이 해석은 리드의 비판과 같은 결정적 반론에 취약하므로 비물질적 영혼을 옹호하는 철학자들은 로크가 말하는 의식은 기억과 같은 것일 뿐이라고 고집한다. 물론 의식을 단순히 기억과 동일시하는 이 견해도 인격 동일성을 영혼으로 보는 견해보다는 발전한 것이다(Martin & Baressi, 2000, 16쪽). 인격 동일성을 의식과 같은 심리적 관계에서 찾고자 하는 로크의 이론은 20세기에도 그 후계자들에게 계승된다.

생각하는 물질

17세기에 뉴턴은 실험적 방법을 사용하여 외부 세계에 관한 자연 철학에서 성과를 거두었고, 18세기에 철학자들은 내부 세계에 관한 철학에도 뉴턴의 방법을 적용하려고 했다. 그들은 마음도 성장과 발전의 일반 법칙에 종속된 역동적 자연 체계로 보았다. 비물질적인 실체로서 종교적 자아였던 영혼은 로크에 의해서 인격이라는 철학적 자아가 되었다. 부활을 설명해 온 비합성적이고 비물질적인 영혼의 완전한 단일성은 시간을 통한 의식의 동일성과 단일성으로 대체되었다. 비유물론자들은 로크를 공격했지만 유물론자들은 환호했다. 물질은 끊임없이 변하므로 유물론자들은 비물질적 영혼을 거부하고 인격 동일성을 의식이나 기억에 두었다. 그들에 의해서 인격은 물질적 마음이라는 과학적 자아가 되어 가고 있었다(Martin & Baressi, 2006, 141쪽; Thiel, 2006, 296쪽).

생각은 비물질적인 실체에 부가되는 것이라고 보는 것이 더 그럴듯하다는 중립적인 의견도 있었지만, 로크가 생각하는 물질에 관해 스쳐 지나가듯이 말했던 것이 철학자들의 주목을 받기 시작했다. 그는 실제로 물질이 생각할 수 있다고 말하지 않고, 우리가 아는 모든 것에도 불구하고 '물질은 생각할 수도 있다'라고 말한다. 생명과 감수성, 중력처럼 생각도 물질에 첨가될 수 있다. 그는 물질이 생각할 가능성을 부정하는 주장은 곧 신의 능력을 제한하는 주장과 연결된다고 말함으로써 비판자들을 무력화한다. 만약 물질이 생각할 수 있다면 부활을 설명할 목적으로 끌어들였던 비물질적인 영혼은 필수 불가결하지 않다. 영혼은 불멸의 증명을 쉽게 했으나 단순하고, 정적이며, 경험적 접근이 불가능한 것으로서 인간 본성의 탐구에 전혀 쓸모가 없는 것이 된다(Martin & Baressi, 2006, 143쪽). 생각하는 물질의 가능성은 로크가 명목적 본질과 실재적 본질을 구분한 것의 직접적인 결과다. 하지만 생각하는 물질의 가능성을 인정하면 종교와 도덕의 끝이라고 여겼던 철학자들은 18세기에도 여전히 영혼이 선험적으로 탐구될 수 있다고 주장했다(Martin & Baressi, 2000, 49~50쪽).

의식 분열

1950년대부터 1970년대까지 의식 분열에 관한 논의가 빈번해지는데, 이것은 이미 1930년대 후반부터 간질 환자의 수술 사례가 많이 등장하고, 1970년대에는 뇌 이식 수술 환자의 사례가 많아진 것과 무관하지 않다. 의식 분열 논의는 1인칭 관점에서 3인칭 관점으로 무게 중심이 옮겨 가고, 3인칭 관점의 관심이 육체의 연속성에서 뇌의 연속성으로 옮겨 가고 있음을 보여 준다(Martin & Baressi, 2000, 155, 158쪽). 1인칭 관점은 서로 다른 시점의 인격들이 어떻게 서로 내적으로 관련되는가를 문제 삼는다면, 3인칭 관점은 그 인격들이 다른 존재자들과 어떻게 외적으로 관련되는가를 추가로 문제 삼는다. 우리는 이미 술 취한 상태에서 범죄를 저지른 사람을 판결하는 재판관의 예에서 로크가 3인칭 관점을 허용하고 있음을 보았다.

의식 분열에 관해 가장 많이 논의된 예는 하나의 의식이 수적으로 다른 두 의식으로 나뉘는 경우 그 두 의식(A1과 A2)은 서로 동일한가, 그리고 그 둘이 갈라져 나온 분열 이전의 의식(A)과 각각 동일한가 하는 것이다. 1인칭 관점에 따르면 A1과 A2가 서로 동일한 의식인가 하는 물음에 대해 그 둘은 원초적인 의식이 되기에 동등한 자격을 갖는다. A1이 A와 동일하고, A가 A2와 동일하다면, A1과 A2 는 동일하다. 그런데 A1과 A2는 독자적인 삶을 가지므로 서로 동일한 의식일 수 없다. A와 동일한 의식은 A1과 A2 가운데 임의의 하나다. A가 A1, A2 둘 다와 동일할 수는 없다. A1과 A2는 동등하게 A와 다른 것으로 간주될 수 있다. 그렇다면 A는 A1과 A2 중 어느 것과도 동일하지 않다. 이 셋은 각각 분리된 인격들이다. 이런 추리를 하는 철학자들은 3인칭 관점을 수용할 수밖에 없다. 즉 A와 A1, A와 A2의 내적인 관계 이외에도, A와 A1이 다른 존재자들(여기서는 A2)과 어떻게 서로 외적으로 관련되는지가 첨가되어야 하는 것이다(Martin & Baressi, 2006, 281~282쪽).

1694년에 로크가 인격을 심리적 관계로 설명하는 이론을 제시했을 때 대부분의 철학자들은 영혼을 인격 동일성의 근원으로 보는 견해를 지지했다. 이러한 견해는 좀처럼 사라지지 않았고, 비물질적인 영혼을 대체해서 적어도 의식을 떠받치는 물리적 기제가 지속적으로 존재해야 한다고 생각하는 철학자들이 많았다(Martin & Baressi, 2000, 163쪽). 1950년대부터 인격 동일성 논의를 주도해 온 버나드 윌리엄스는 의식의 연속성을 기초로 한 기준은 육체의 연속성을 기초로 한 다른 기준을 전제하며, 다른 기준이 없어도 된다는 생각은 그것이 필요하지 않다고 암시하는 1인칭 관점에 기만당하기 때문이라고 주장한다(Scrouton, 1994, 464쪽). 어떻게 누군가가 물리적이지 않은 방식으로 다른 인격의 현전을 식별할 수 있는가?

육체의 동일성이 인격 동일성의 충분조건은 아닐지라도 적어도 필요조건이라는 이 주장은 3인칭 관점에 우호적이다. 예외적으로 이 견해에 반대한 데렉 파핏Parfit이 자신의 주장을 담은 책을 출판한 1984년은 로크의 이론이 등장한 1694년에 견줄 만하다.

파핏은 육체적 연속성이 문제가 된다면 몸 전체보다 뇌의 연속성이 중요하며, 뇌의 기능에만 의존해서는 그 중요성을 논증할 수 없다고 주장한다. 만약 이식받은 반쪽의 뇌가 전체 뇌의 기능을 수행한다면 뇌의 각 부분이 보존되는 것은 중요하지 않다. 설령 우리 몸의 기관이 아니라 해도 다른 기관이 그 기능을 대행한다면 뇌의 중요성은 사라지리라는 것이다(Martin & Baressi, 2000, 158~159쪽). 의식 분열 논의는 인격 동일성의 논의가 동일성 대신 연속성에 무게를 두는 방향으로 전환되었다는 것을 시사하며, 파핏은 그 정점에 서 있다. 그에 따르면 내게 중요한 것은 내가 미래의 어떤 인간 존재와 동일해야 한다는 것이 아니라, 내가 되기에 충분한 것이 그 인간 존재의 안에 살아남아야 한다는 것이다(Scruton, 1994, 466쪽). 심리적 연속성 이론은 근본적으로 시간을 넘어서 심리적 구성 요소의 안정성이나 유사성에 의해 동일성을 정의하는 이론이다.

파핏은 로크 이론에 내재하는 해결할 수 없는 이론적 긴장을 조명하는 리드의 비판을 문제 삼는다(Schechtman, 2022, 255, 257쪽). 그의 두터운thicker 자아관(Small, 2016, 274쪽)에 따르면 우리의 서로 다른 단계를 묶는 것은 단순히 기억이 아니라 신념, 의도, 성격, 특성을 포함하여 더 일반적으로 심리적인 것들이다. 그는 로크와 달리 각 단계가 다른 모든 단계와 직접 관련될 필요가 없다고 생각한다. 각 단계가 중간 단계를 통해 간접적으로 관련되면 충분하며, 우리를 묶는 것은 밧줄 안에 꼬여 있는 실 가닥들처럼 겹치는 심리적 연결이다. 만약 시점 t3의 C가 시점 t2의 B와 직접 심리적으로 연결되고 t1의 A와는 연결되지 않지만, B가 A와 직접 심리적으로 연결된다면 C는 A와 간접으로 심리적 연결이 되며, 이것은 인격 동일성을 보존하기에 충분하다(Martin & Baressi, 2000, 157쪽).

파핏의 심리적 연속성 이론은 과거를 기억하지 못하는 인지증 환자의 인격 동일성을 두터운 자아관이라는 3인칭 관점을 통해 설명할 수 있다. 그러나 물리주의자들은 심리적 연속성 이론이 근본적으로 동일성 이행의 원리를 위반한다는 리드의 비판에서 벗어날 수 없다고 여전히 물고 늘어진다. 우리의 관심은 심리적 연속성이 동일성을 대체할 수 있는지 그 여부를 놓고 진행되는 구체적인 논의의 전개 상황에 있지 않다. 우리의 목적은 드워킨이 마고의 사례를 3인칭 관점에서 고찰한다고 보고, 3인칭 관점의 극대화는 인간을 사물화하는 경향이 있으며, 그러한 경향이 초래하는 폐해를 막는 방안을 모색하기 위해서 마고의 사례를 재고해 보려는 데 있다. 이러한 실천적인 목적을 위해서 비록 엄격한 의미의 1인칭 관점은 인정하기 어렵지만 인지증 환자 당사자의 호소를 1인칭 관점으로, 물리주의와 심리적 연속성 이론을 3인칭 관점으로 단순화해서 논의를 진행하고자 한다.

4 1인칭 관점과 3인칭 관점의 간격 좁히기

3인칭 관점의 강화

영혼의 자연화 과정은 데카르트 철학의 1인칭 관점이 약화되는 과정이기도 하다. 1인칭 관점의 특징은 세 가지로 요약할 수 있다. 첫째, 나는 나의 정신 상태를 교정 없이 직접 안다. 나는 다른 사람의 정신 상태를 그의 말과 행동을 연구함으로써만 안다. 둘째, 정신적인 것에 대해 순수하게 주관적인 사실이 존재한다. 셋째, 정신 상태는 환원 불가능한 날것의 느낌이다. 주관적 속성, 날것의 느낌, 감각질을 믿는 철학자는 '세계의 책에 기재되어 있지 않은 사람의 속성'이 있다는 믿음을 갖는 듯하다. 하지만 나의 정신 상태는 직접적으로, 다른 사람의 정신 상태는 행동 등을 통해서 안다고 해서 내가 아는 다른 어떤 것이 있다는 사실이 나오는 것은 아니다. 특권적 지식은 나의 정신 상태가 사적이며, 나에게만 알려질 수 있다는 가설로는 설명되지 않는다. 나의 1인칭 인식에 대한 다른 근거와 발견 방법이 있을 때만 그 인식은 참이다(Scruton, 1994, 326, 806쪽).

나의 고통에 대한 직접적인 앎이라는 1인칭 관점의 앎과 다른 사람의 고통과 관련해서 갖는 간접적이고 오류 가능한 가설적 믿음인 3인칭 관점의 앎 사이에는 인식론적인 비대칭이 있다. 나 자신을 내 세계에 자리매김하는 내 능력은 만물에 대한 나의 1인칭 관점과 같은 종류의 것이다. 상대방의 행위를 서로 이해하고 설명하려면 우리가 다른 사람의 마음을 알듯이 외부에서 바라보는 마음의 관점인 3인칭 관점이 필수적이다. 의식에 관한 순수한 1인칭 설명은 필연적 진리를 설명할 수 없다. 필연적 진리는 공적인 언어로 표현되는 진리다. 그것은 공적 언어 규칙에 의해, 또는 지시될 수 있다면 공적으로 확인될 수 있는 대상의 실재적 본질에 의해 보장되는 진리이기 때문이다(Scruton, 1994, 736~738쪽).

인격에 대한 3인칭 관점의 강조는 사적 언어의 가능성을 부정하는 후기 비트겐슈타인의 주장과도 연결될 수 있다. 이 주장에 따르면 '나는 아프다'라고 진심으로 말하는 누구라도 자신이 참을 말한다는 사실을 설명해야 한다. 1인칭의 특권은 언어의 규칙을 반영할 수밖에 없다. 언어는 말하는 사람의 현재 정신 상태와 미래 활동 모두에 대한 접근 수단으로서 그를 의도의 망의 중심, 행위자, 변치 않는 자기 동일성을 지닌 생물로 지목한다. 그는 우리를 도덕적 존재로 살아가게 해 주는 다양한 상호 인격적 반응의 가능 대상이다. 내가 누군가에 의해 인격으로서 관심을 가질 때, 그의 생각과 행동 이유, 결심 표명은 내게 다른 무엇보다도 중요하다. 내가 인격으로서 그에게 관심이 없다면 나는 그의 이유와 결심을 특별히 헤아리지 않을 것이다. 나는 그를 목적이 아닌 수단으로서 대하는 것이다. 3인칭 관점에서 볼 때 인격이 된다는 것은 상호 인격적 관계를 규범으로 삼는 언어 사용 공동체의 일원이 되는 것이다(Scruton, 1994, 743~744쪽).

1인칭 관점의 필요성

3인칭 관점이 지배적인 인지증 환자 관찰은 우리가 어떻게 누구를 위해 인격 동일성의 기준을 주장하는가에 관한 윤리적인 중요성을 두드러지게 한다. 최근에는 국가가 체계적으로 인지증 환자를 관리하며, 인지증을 지연시키는 약의 발명으로 환자들에게 희망을 가져다주고 있다. 다른 한편으로는 인지증 환자에 대한 부정적 시각이 만연하고, 인지증 노인을 장기간 상습적으로 묶고 비닐 테이프로 입을 막는 학대라든가 인지증 여성 환자를 상습적으로 성추행하는 일 같은 부정적인 사례가 여전히 보도되고 있다. 노인복지법에는 처벌 조항이 없어서 이러한 사태를 법으로 막기에 역부족이다. 이러한 현상은 대단히 복합적인 요소가 작용하여 나타나는 것이겠지만 인간을 사물화하는 3인칭 관점이 극대화한 것과 관련이 있다고 할 수 있다.

이러한 현실을 개선해 나가기 위해서는 1인칭 관점의 주장에 주목하는 것이 필요하다. 그러기 위해서 인지증 환자 당사자의 호소를 담은 책 두 권에 나타난 내용에 주목하고자 한다. 두 권의 책은 2005년 51세 때 인지증 진단을 받은 일본인 사토 마사히코가 2014년에 쓴 『기억하지 못해도 여전히, 나는 나: 알츠하이머와 함께 살아가는 1인칭 안내서』와 2014년 58세 때 인지증 진단을 받은 영국인 웬디 미첼이 2022년에 쓴 『치매의 거의 모든 기록: 치매 환자가 들려주는 치매 이야기』다.

첫째, 인지증 진단은 지나치게 임상적으로 이루어지고 있다. 뇌를 들여다보고 뇌세포 간의 연결이 느슨해졌거나 사라진 부분이 있음을 발견하고 그 근본 원인이 진행성 질병이라는 사실을 알아내고 나면 인지증 환자는 필요 없는 존재가 된다. 인지증 환자는 정서적 욕구가 없으며, 고통을 느끼지 못한다고 일반적으로 생각한다. 모든 서비스에는 인지증이 '육신만 남긴 겉껍데기'라는 의견이 깊게 박혀 있다.

둘째, 전문가가 사용하는 일부 언어는 환자를 전인적 인간으로 보지 않고 치료해야 하는 증상으로 보게 하며, 간호인들은 노인 입원 병동을 아기 병동이라고 부른다. 환자에게는 각자 다양한 사고 능력이 있는데 부정적인 고정관념과 편견은 있는 그대로의 당사자 모습을 가려 버린다. 의료진과 돌봄 전문가, 환자를 돕겠다는 사회와 이웃의 편견이 당사자에게 상처를 입히고, 자부심과 자신감을 가지고 살아온 자신의 인생에 대한 긍지를 빼앗아 버린다.

셋째, 인지증 환자가 아무 생각도 못 하는 것은 아니다. 환자가 생각을 말로 표현하는 기능을 상실한 것뿐인데 뇌가 멈춘다고 생각한다. 환자는 빠르게 판단하고 금방 말로 표현하지 못할 뿐 기억 장애 때문에 같은 말을 몇 번이고 반복하고 자꾸 똑같은 질문을 하는 것이니 들어주어야 한다. 인지증 진단 후에도 내 감정은 여전히 존재하고 다양한 방식으로 나타난다는 것을 나는 안다. 말하는 능력을 잃었지만 두뇌 중에 키보드를 사용하는 영역은 여전히 아주 활발하게 활동하는 환자는 지금도 아주 생생하고 감동적인 글을 쓸 수 있지만, 사람들이 듣고 싶어 하는 말은 할 수 없다. IT 기기에 저장한 기록은 자신이 살아온 인생이 사라져 가는 공백이 아니라 진짜로 존재했던 것임을 실감하게 해 준다.

넷째, 인지증에도 시작과 중간, 끝이 있다. 나의 인지증 경험은 나만의 것이다. 인지증 증상은 사람에 따라 각양각색이고 인지증 환자도 할 수 있는 일이 많다는 사실에 주목해야 한다. 인지증에 걸리면 삶은 불편하게 되지만 결코 불행해지는 것은 아니다. 인지증에 걸렸어도 내가 어떻게 살아갈 것인지는 스스로 결정하고 만들 수 있다. 가장 설득력이 있는 당사자의 경험만이 인지증이 몸과 마음에 미치는 영향을 정확하게 설명한다.

다섯째, 인간의 존재 의의는 이용 가치나 유용성에서 오는 것이 아니다. 나이가 들수록 할 수 있는 일이 점점 줄어드니 효율성만으로 삶의 가치가 결정된다면 삶은 절망적이다. 자신의 통찰로 스스로의 존재 의미를 느끼지 못하는 사람, 타인의 안목으로도 인정받지 못하는 사람일지라도 우리와 마찬가지의 삶을 부여받은 형제자매다. 그들의 존재 의의를 문제 삼는다면 먼저 나 자신, 인류 전체의 존재 의의를 물어야 할 것이다. 우리는 효율만 우선시하는 사회가 아니라 고령자와 장애인, 약자도 함께 살기 좋은 사회를 원한다.

인지증 환자의 생생한 목소리는 현실의 개선 방향에 많은 시사점을 제공한다. 우선 환자에 대한 고정관념과 진부한 표현과 부정적 이미지를 조장할 뿐인 말(정신 착란, 노망, 산송장 등)을 선정적으로 사용하지 말아야 한다. 치매라는 한자가 어리석다는 의미를 담고 있어서 일으키는 부정적 인식을 줄이고자 대만에서는 실지증失智症(2001), 일본에서는 인지증(2004), 홍콩에서는 뇌퇴화증腦退化症(2010)을 공식 용어로 사용하고 있다.

인지증에 걸리면 기억을 잃어버리는 것처럼 보이지만 사실은 기억 상자에서 기억을 꺼내는 열쇠를 잃어버린 것뿐이다. 환자에게 눈앞에 보이지 않는다는 것은 머릿속에서 사라진다는 것과 같은 의미다. 과거는 미래의 우리를 만들기에 자신의 과거를 잊어서는 안 된다. 과거의 경험과 연관된 감정은 자아감을 지키는 핵심이므로 환자가 과거 생활과의 관계를 즐길 수 있도록 그가 쓰던 물건을 가능한 한 오래 간직하는 것이 중요하다.

말하는 능력을 잃었지만 키보드를 사용하는 능력이 살아 있는 환자의 경우처럼 트위터 같은 온라인 커뮤니티를 이용하면 환자가 지원을 받을 뿐만 아니라 회원들이 환자의 정체성을 회복시키고, 사회적 관계를 마련해 주며, 진단에 따른 고립감과 외로움을 잠재적으로 줄이는 데 도움을 줄 수 있다. 환자가 자신감을 얻으면 병의 진행이 더뎌지고 증상 완화 효과를 볼 수 있으므로 할 수 있는 일이 있다면 작은 역할이라도 맡기고, 적절한 형식의 사회 참여를 촉진해야 한다,

두 관점의 간격 좁히기

1인칭 관점의 옹호자는 순수하게 주관적인 정신 상태가 존재하며, 그것은 환원 불가능한 날것의 느낌, 감각질이라고 믿는다. 반면에 3인칭 관점의 옹호자는 치통과 같은 지극히 사적인 고통을 표현하

는 말조차 언어의 규칙을 반영할 수밖에 없다고 주장한다. 변하지 않는 자기 성질을 보증하는 내적인 느낌의 뚜렷한 명료함과 3인칭 관점의 객관적 확실성 사이에는 해결할 수 없는 모순이 있다. 우리는 어느 한 관점에만 설 수는 없고, 두 관점 사이에서 동요할 수밖에 없다(Small, 2016, 267쪽).

두 관점 사이에서 균형을 잡기 위해서는 무엇보다도 우리가 노년을 바라보는 부정적 시각을 갖기 쉽다는 점을 명심해야 한다. 우리는 힘의 정점에 있는 중년의 성인을 행위자의 범례로 여기고, 노년은 그 상태로부터 부정적으로 벗어난 것으로 여긴다. 우리는 노인을 집단으로 취급하고 수명이 얼마 남지 않았으며, 삶의 질이 떨어지고, 사회적 공헌을 별로 하지 못하는 존재로 여긴다. 노년에 역량이 감소하는 것을 무기력한 것으로 무시하는 문화적 경향은 우리가 알게 모르게 3인칭 관점에 물들어 있다는 것을 말한다.

둘째, 인지증 환자를 집단이 아닌 개인으로 대하며, 어떤 단계에 있는지 세심하게 구별해야 한다. 설령 인지증 환자가 인격을 형성하는 내재적 특성을 소유하지 않는다 해도 그는 그 자체로 귀중하며 존중되어야 한다. 한 통계에 의하면 대부분의 사람은 충분한 도덕적 상태 기준인 내재적 인지 능력을 잃지 않거나, 죽기 직전에 잃는다. 95세 이상의 노인 가운데 24.2퍼센트만 인지 능력을 잃을 뿐 대부분의 노인은 충분한 도덕적 상태에 있는 인격이다(Holm, 2022, 115쪽).

셋째, 나이 듦의 역설을 주장하는 연구자들도 있다. 사람은 나이 먹으면서 삶에서 얻는 즐거움에 관한 자기 평가가 증가한다는 관찰 증거가 있다는 것이다. 나이 든 사람들은 몸과 마음이 쇠락함에 따라 일반적으로 느낌이 더 좋다고 말한다. 이 관찰에 따르면 주관적인 행복은 인생 전반에 걸쳐 중년에 행복 수치가 최저점에 달하는 U자형이다(Jecker, 2022, 166쪽). 누리는 쾌락의 범위가 좁아지는데도 행복이 증대한다는 증거는 마고의 사례를 돌아보게 한다. 마고는 인지적 쇠퇴에도 불구하고 여전히 충분한 권리를 가진 인격이며, 그녀의 권리는 중년의 건강한 성인들이 주장하는 권리와 동등하다는 것을 토대로 논의가 진행되어야 한다.

사전연명의향서를 작성했던 마고의 과거 인격 A는 심신이 건강한 사람이 그렇지 않은 사람에 대해 갖는 차별 의식과 나이 듦에 대한 암묵적 편견을 가지고 있어서 자신이 경험하지 못한 인지증에 걸린 현재 인격 B가 느낄 주관적인 행복이 어떨 것인지 잘못 예견했을 수도 있다. 아마도 A는 건강한 중년의 척도를 사용했기에 B의 삶이 부족하다고 평가했을 것이다. 건강하고 신체 장애가 없는 사람은 병과 신체 장애와 함께 살아가는 사람에 비해 인생의 질이 무엇인지에 관해 신뢰할 수 없는 재판관일 수 있다. 따라서 B가 전체로서 자기 삶을 생각할 능력을 잃었으며, 더 이상 새로운 기억을 자아에 관한 정합적인 서사narrative의 부분으로 규정할 수 없다는 사실이 B를 3인칭 관점에서 인정할 수 없다고 간주할 이유가 되어서는 안 된다. B에게 A처럼 1인칭 관점을 통해 자신의 완전한 삶에 관한 중대한 이해관심을 일으킬 수 있어야 한다는 것을 추가로 요구해서는 안 된다(Small, 2016, 276~277쪽). 현재 순간과 관련해서 소망을 형성하고 가치를 표현하는 더 제한된 능력은 B가 가질 수 있는 것에 대한 충분조건이어야 한다. 상당히 축소되어 있을 B의 능력에 상응하는 삶의 질에 대한 기준은 A의 삶에 대한 기준과 같을 수 없다.

마고에게 현재는 그녀가 소유한 유일한 삶이며, 그 삶의 질에 대한 최적의 기준은 현재 남아 있는 능력이 유지되어 현재의 요구를 충족하는지 그 여부를 발견하는 것이다. 그녀가 연장하기를 원하는 가치 있는 삶을 살고 있는지 그렇지 않은지 알기 위해서는 현재의 마고에게 물어야 한다. 문제는 마고가 자신의 삶이 의미 있고 영위할 가치가 있는지 아느냐 모르느냐가 아니라 그것을 어느 정도 표현할 수 있느냐다. 우리는 마고의 인지적 손상의 정도에 따라 유연하게 판단해야 한다. 물론 심각한 인지증 환자에게 제정신의 짧은 증상이 나타나기도 하고, 지속적인 식물 상태로 진단받은 환자에게도 여전히 의식이 있을 수 있다. 비인격이 된 시점은 발생한 지 한참 뒤에만 결정할 수 있기 때문이다(Holm, 2022, 116쪽). 그러한 극단적인 상황은 예외로 하고 자기 관점을 명료하게 표현할 수 있는 역량이 줄어들수록 3인칭 기준을 더 많이 적용해야 한다. 마고가 표현 역량을 어느 정도 보유하는 상태라면 1인칭 기준이 더 강력한 지위를 가져야 할 것이다(Small, 2016, 278쪽).

마고는 주관적, 객관적 척도에서 모두 좋은 삶을 유지할 수 있음을 시사한다. 우리가 중년의 건강한 척도를 현재의 마고를 판단하는 유일한 척도로 삼지 않기 위해서는 판단 기준을 다양하게 세워야 한다. 우리가 마고에게 더 잘 접근하는 길은 그녀의 요구와 능력이 적절하게 유지되는지 그 여부를 묻는 것이다. 마고는 그녀에게 삶을 유익하게 하는 많은 능력을 여전히 보유하는 것 같다. 이것을 확인하는 한 가지 방식은 핵심적인 인간 능력의 목록을 작성해서 마고가 어떤 능력을 여전히 어느 정도 가지고 있는지 묻는 것이다.

참고로 핵심적인 인간 능력으로 열 가지를 제시해 본다. 미완성의 서사를 가짐, 한계 수준에서 모든 또는 일단의 능력을 가질 수 있음, 욕구와 목표 수행에 자신의 신체를 사용할 수 있음, 감각 작용을 하고 상상하고 생각할 수 있음, 정서를 느끼고 표현할 수 있음, 계획과 목표를 세우고 숙고할 수 있음, 다른 사람을 위해서 살 수 있음, 자연과 다른 종에 관해서 살 수 있음, 웃고 놀고 기분 전환할 수 있음, 직접적인 환경을 조절할 수 있음(Jecker, 2022, 167~168쪽).

우리가 과거의 것보다도 현재 육체적으로, 정서적으로, 사회적으로 가능한 것에 더 초점을 맞춘다면 현재의 마고에 대한 마고의 삶의 가치와 의미를 더 깊이 인식할 수 있을 것이다. 마고가 어떠한 능력과 요구를 갖고 있는지 다각도로 검토함으로써 우리는 3인칭 관점과 1인칭 관점 사이의 줄타기에서 균형을 잡을 수 있을 것이다.

5 기억하지 못해도 나는 나

만약 마고의 과거 인격 A와 현재 인격 B가 완전히 서로 다르다면 문제가 되지 않는다. 문제는 A와 B가 동일한 인격임에는 틀림없는데 인지적 능력의 차이가 너무 커서 정상적인 인지적 능력을 갖추고 있었던 A가 쓴 사전연명의향서를 따를 수밖에 없다는 데 있다. 그런데 B의 인지적 상태는 누가 판단하는가? 현행 연명의료결정법에 따르면 담당 의사와 전문의가 판단한다. 그들은 술 취한 사람이 저지른 범죄의 예에서 기억이 나지 않는다는 피의자의 항변을 받아들이지 않고 3인칭 관점에서 판단하는 재판관에 해당한다. 피의자는 그가 제정신이 되었을 때 1인칭 관점에서 자기 목소리를 낼 수 있다. 그러나 마고의 경우 B의 목소리는 철저히 배제된다.

엄밀히 말하면 술 취한 사람이 저지른 범죄의 경우는 그가 현재 제정신이므로 1인칭 관점에서 자기 목소리를 낸다는 점에서 마고의 경우와 다르다. 하지만 그 목소리가 받아들여지지 않았다는 점에서는 마찬가지이므로 두 경우 모두 3인칭 관점이 지배적인 상황이라는 점에서는 같다. 인간과 인격을 구별한 로크가 3인칭 관점을 허용한 것은 자가당착인 것처럼 보일 수 있다. 하지만 로크는 1인칭 관점과 3인칭 관점의 비대칭 문제를 최후 심판의 날에 내릴 신의 판결에 의해서 해소한다. 최후 심판의 날에는 아무도 자신이 전혀 알지 못하는 것에 대한 답을 하게 되지 않을 것이다.

그러나 신을 잃어버린 시대에 살고 있는 우리에게 1인칭 관점과 3인칭 관점의 간격을 없애 버릴 방안은 없다. 우리에게 남은 것은 3인칭 관점을 신의 관점과 동일시하지 않고 두 관점의 간격을 좁히는 길뿐이다. 그러기 위해서 우리는 1인칭 관점이 반영되도록 지속적인 노력을 해야 한다. 모든 인지증 환자는 우리와 동등한 권리를 가진 각자의 삶의 주인공임을 명심하고 그들의 내면의 목소리에 귀를 기울여야 한다. 우리의 판단이 행여라도 건강한 중년 성인의 관점에서 편파적으로 이루어지지 않도록 판단 기준을 다원화하는 것이 두 관점의 간격을 좁히기 위한 첫걸음이다.

10장

차분한 정념과 노년 초월의 길

양선이

1 나이 듦의 이점은 무엇인가?

일반적으로 서양의 문화에서 늙음은 부정적인 모습으로 표현된다. 서양의 설화에서 늙은 마녀와 마법사는 거의 사악하고 추악한 모습으로 등장한다. 철학자들은 노년의 부정적 측면과 긍정적 측면 둘다에 관해 말했는데, 플라톤은 『국가』에서 노년은 신체의 욕망에서 해방되어 유덕한 것으로 보았지만, 아리스토텔레스는 신체의 노쇠는 영혼의 노쇠로 이어진다고 보았다. 그는 『니코마코스 윤리학』에서 노인을 악덕의 대표자, 탐욕적이고 계산적이며 이기적이고 진정한 우정은 없는 인간으로 묘사한다(미누아, 2010, 3장).

늙음에 대한 부정적인 시각에서 긍정적인 측면을 부각한 서양의 철학자는 키케로로 알려져 있다. 그는 노년의 부정적 측면은 활동성이 줄어들고, 신체를 허약하게 하며, 모든 쾌락을 빼앗아 가고,

죽음에서 멀리 떨어져 있지 않다는 것이라고 말한다. 그럼에도 불구하고 노년기에 이르러서야 인생의 각 단계에서의 고유한 특징에 대해 그 의미를 제대로 이해할 수 있고 통합적인 의미를 부여할 수 있다는 점에서 노년기는 긍정적 측면이 있다고 그는 말한다(키케로, 천병희 옮김, 2016, 29쪽).

최근의 노년 연구에서는 노년기의 특징을 의존과 쇠퇴, 상실로 보기보다는 긍정적으로 보면서 노년기의 의미와 역할 등에 대한 새로운 시각을 제시한다. 이에 따르면 인간은 노년까지 발달한다는 에릭 에릭슨의 8단계의 사회심리학적 발달 이론(Erikson, 1963)으로부터 시작하여 존 로우와 로버트 루이스 칸의 '성공적 노화' 연구(Rowe & Khan, 1998)로 이어져 향후 100세 수명 세대에 맞춘 발달 이론이 전개되고 있다. 예를 들어 '긍정적 노화' 이론, '창조적 노화' 이론, '노년 초월Gerotranscendence' 이론 등이 그러한 것이다. 이 글에서 나는 이와 같은 모델의 근간이 되는 사상을 흄의 감성주의 철학에서 발견하여 소개해 보고자 한다.

먼저 나는 1) 키케로의 영향을 받아 그의 덕에 관한 이론을 전개한 흄의 감성주의 철학을 통해 노년과 지혜에 관해 논해 보겠다. 이를 위해 흄의 '발전적 감성progress of sentiment' 이론은 최근 노년학에서 논하는 '긍정적 노화', 더 나아가서 '창조적 노화' 모델의 근간이 되는 '발달 지능'과 유사하다는 사실을 보이고자 한다. 2) 흄의 '발전적 감성'은 지혜를 노년의 강점으로 볼 수 있는 여지를 마련해 준다. 3) 끝으로 흄의 '차분한 정념'과 '중용'에 관한 논의는 오늘날 노년학에서 말하는 '노년 초월' 모델과 상통함을 보이고자 한다(Hume, *A Treatise of Human Nature*, 1978. 이하『인성론』으로 번역하고 페이지 표기는 'T'로 하겠다).

2   영혼이 손뼉 치며 노래하지 않는다면

노화를 설명하는 요소에서 특히 상상력, 창조성을 강조하는 모델은
최근에 등장한 진 코헨의 '창조적 노화 모델'이다. 이에 따르면 앞에
서 말한 '성공적인 노화'나 '긍정적인 노화' 모두 기능 감퇴와 손실
로 규정되는 노화를 앞두고 어떻게 생존하고 변화할 것인가를 이야
기하지만, 노화 자체가 장점이나 해결책의 근원이 될 수 있다고 보
지 않는다. 성공적 노화 모델이든 긍정적 노화 모델이든 간에 두 모
델 모두 어떻게 '성장' 수 있는가, 어떻게 하면 '더 강하고 활기차게',
'잘하고', '번창'할 수 있는지에 관해서는 거의 다루지 않는다(아그로
닌, 2019, 206쪽).

코헨은 "모든 노화가 진행되는 과정 중에도 높은 목적의식, 성
취 의식이 존재한다는 사실을 발견하고, 나이 듦을 그 자체로만 보
지 않고 나이가 들면서 생기는 가능성, 즉 나이 들었음에도 '불구
하고'가 아니라 나이가 들었기 '때문에' 성취하는 것들에 주목했
다."(아그로닌, 2019, 206쪽) 코헨은 창조적 정신은 우리가 온전한 존
재로 살아갈 수 있게 만들어 주는 내면의 숨겨진 힘이라고 말하면
서 "창조성은 모든 나이에, 모든 조건에서 일어날 수 있지만 나이가
주는 경험의 풍요로움이 창조적 가능성을 엄청나게 확장한다고 말
한다(아그로닌, 2019, 208쪽).

코헨의 이와 같은 주장을 확인해 주는 한 사례를 우리는 현대
영시의 거장이라고 할 수 있는 윌리엄 버틀러 예이츠에게서 발견
할 수 있다. 예이츠의 노년은 "불타는 예술혼"으로 묘사된다(신원철,
2008, 104쪽). 그는 평생 건강하지 못했으며 말년에는 병이 있기도
했지만 그의 노년은 "늘 미소 짓는 넉넉하고 풍채 좋은 노인", "정열

적이고 (…) 시간을 정확히 지키며, 더 커진 정신적 선명성과 더 강해진 힘의 표정을 고양시키는 고결함과 매너의 매력을 성취"한 사람으로 전해진다(Jeffares, 1949, 277쪽). 늙어 가면서 쇠락하는 육신에 대해 노래하는 것은 많은 시인이 다루는 주제다. 예이츠도 그 경우에 해당하지만, 그는 자신의 늙어 가는 육체에 대해 의식하고 그러한 육체의 한계에 대해 한탄만 하는 것이 아니라 그것을 극복해 보려는 자세를 보인다. 이러한 그의 태도를 잘 반영한 작품이 「비잔티움 항해」(1927)다. 여기서 그는 육체를 넘어서는 정신세계에 대해 강조하는 듯이 보이는데, 육체가 쇠락하는 대신 정신은 더욱 성숙하는 늙음을 보여 준다. 이 시의 1연에서 그는 젊음을 싱싱하고 아름다움으로 묘사했지만 이러한 화려하고 싱싱한 생명력은 늙음을 통해 소진된다고 말한다. 그렇다면 화려하고 싱싱한 생명력이 소진된 늙음에 대해 그는 어떻게 할 것인가. 그는 다음과 같이 말한다.

> 늙음이란 정말 하찮은 것
> 나무 작대기에 넝마를 걸쳐 놓은 것, 만일 영혼이
> 손뼉 치며 노래하지 않는다면
> 유한한 넝마의 모든 조각들을 위해서 더 소리 높여 노래하지 않는
> 다면,

위 시에서 예이츠는 노년을 마치 막대기에 넝마를 걸쳐 놓은 허수아비와 같은 것으로 묘사하면서 육신의 쇠락을 말하는 허수아비와 함께 성숙한 정신적 지혜는 영혼이 손뼉 치며 노래한다고 말한다. 신원철은 이에 대해 "영혼의 성장이 없다면 노년은 그야말로 허수아비에 불과하며 노인은 영혼의 깊이와 지혜를 보여 줄 때 그는

비로소 그 육신의 쇠락을 대신할 생존의 가치를 갖게 되는 것"이라고 평가한다(신원철, 2013, 341쪽). 신원철은 많은 경우에 젊어서 좋은 시를 쓰던 시인들은 늙어서는 예지를 잃는다고 말한다. 그는 대표적인 사례로 윌리엄 워즈워스나 앨프리드 테니슨과 같은 시인들을 든다. 이들은 늙어서는 새로운 표현법을 찾지 못하고 젊어서의 타성에 그대로 집착하다가 시적으로 죽어 갔다(신원철, 2008, 104쪽). 이에 반해 예이츠는 "자신의 육체가 쇠락해 가고 정신적 힘이 메말라 감을 깊이 인식하면서 그 위기를 오히려 훌륭한 기회로 만들어 연어가 폭포를 뛰어오르듯 한 단계 더 높은 시의 세계로 상승했던 것이다."(신원철, 2008, 104쪽) 예이츠의 예는 코헨이 말한 '창조적 노화'의 의미를 잘 보여 준다고 할 수 있다. 그리고 이와 같은 창조적 노화를 받아들이기 위해서는 창조성의 정의를 확장할 필요가 있는데, 이후 이 글에서 나는 흄의 '발전적 감성'이 창조성의 정의를 확장하는 데 도움이 된다는 사실을 보일 것이다.

노년학자 마크 아그로닌은 질병으로 인한 고통, 장애, 상실, 스트레스, 우울증 등 더 나은 상황에 대한 희망이 사라졌는데도 나이 듦의 스트레스를 견디면서 살아가는 이유를 노인에게는 '회복 탄력성'이 있기 때문이라고 한다. 회복 탄력성이란 "역경에 대처하고, 역경 뒤에 다시 일어나거나 균형을 되찾는 능력을 뜻한다."(아그로닌, 2019, 149쪽) 이 회복 탄력성의 토대는 세월과 연륜의 유산인 지식, 경험, 완숙함, 균형, 지혜다. 우리는 세월의 흐름을 통해 지식, 경험, 기술을 축적하고, 수많은 시행착오를 거치면서 교훈을 얻고 인내력과 판단력이 향상된다. 또한 실패를 통해 겸손과 감사와 타인과의 공감력이 향상된다. 코헨은 회복 탄력성뿐만 아니라 나이가 들수록 창조성이 발달한다고 한다. 그는 다음과 같이 말한다.

창조성은 모든 나이에 모든 조건에서 일어날 수 있지만, 나이가 주는 경험의 풍요로움이 창조적 가능성을 엄청나게 확장한다(Cohen, 2000, 17쪽).

우리는 노년에 새로운 모습을 보인 인물들의 사례를 통해 이러한 것을 확인할 수 있다.

코헨은 창조적 모델을 통해 나이 듦 그 자체가 창조성을 자극하도록 개발함으로써 변화를 촉발하기도 한다는 사실을 강조한다. 그는 '인간의 잠재력 단계' 모델을 통해 인간의 지속적인 발전과 성장에 관해 말하고자 했다. 이러한 단계에는 몇 가지가 중첩된다. 첫 단계는 30대 중후반에서 60대 중반 사이의 '중년 재평가 단계'로서, 이 단계는 '탐구 에너지'라고 불리는 힘을 활용해서 삶을 재평가하고 긍정적인 변화를 이루기 위한 새로운 동기를 찾는다. 그다음 단계는 60대 중반에서 70대 중반 사이에 있는 단계로서, 코헨은 이를 '자유 단계'라고 부른다. 이 단계의 사람들은 과거에 고려하지 않았던 실험적이고 획기적인 활동을 해 보고자 하는 절박감을 느낀다고 한다. 이 시기는 보통 퇴직 이후에 시간과 마음의 여유가 생기면서 나타나는 경우가 많다고 한다. '마무리 단계'는 60대 후반에서 90사이에 나타나는 것인데, 이 단계에서는 세상에 기여하고 삶의 큰 의미를 찾으려는 욕구가 시작되는 경우가 많다고 한다. 코헨에 따르면 마지막 단계는 '앙코르 단계'로서 70대 후반에서 삶을 마무리하는 순간에 걸쳐 있다. 코헨은 이 단계를 삶의 주요 활동을 재정립하고, 재확인하며, 기념하는 시기로 본다(아그로닌, 2019, 223~224쪽).

창조적 노화 모델을 받아들이면 노화의 장점을 들여다보게 되고, 노인을 사회에서 필요한 존재로 만들어 준다. 이렇게 생각할 수 있는 근거로 노인의 자질 중 지혜를 들 수 있다. 일찍이 고대 그리스와 로마 시대에서부터 이미 노인은 지혜의 상징으로 간주되어 왔다. 고대 그리스와 로마 시대의 모든 사람이 노인을 지혜의 상징으로 바라본 것은 아니다. 이렇게 생각한 사람들은 주로 철학자들이며, 대표적으로는 플라톤과 키케로를 들 수 있다.

키케로는 『노년에 관하여』 서두에서 이 저서의 저술 의도를 "이미 우리를 짓누르고 있거나 아니면 틀림없이 다가올 노년이라는, 우리에게 닥친 공통의 짐"을 "가볍게 만들고 싶기 때문"이라고 밝힌다. 그는 이 저술의 궁극적 목적을 "노년을 편안하고 즐거운 것으로 만들기 위한 것"이라고 한다. 그는 노년의 부정적 측면은 활동성이 줄어들고, 신체를 허약하게 하며, 모든 쾌락을 빼앗아 가고, 죽음에서 멀리 떨어져 있지 않다는 것이라고 말한다. 그럼에도 불구하고 노년기에 이르러서야 인생의 각 단계에서의 고유한 특징을 제대로 이해할 수 있고 통합적인 의미를 부여할 수 있다는 점에서 노년은 긍정적 측면을 지닌다(키케로, 천병희 옮김, 2016, 29쪽). 키케로의 이와 같은 생각을 토대로 하여 지혜를 형성하는 데는 삶의 경험이 중요하기 때문에 노년기로 갈수록 지혜가 더 발달될 것이라는 주장이 가능하다. 나는 이어지는 절에서 이와 같은 주장과 같은 선상에 있는 흄의 철학에 대해 논해 보고자 한다.

아그로닌은 '지식, 판단, 공감, 창조성, 통찰력'이라는 다섯 가지의 긍정적 특성은 나이가 드는 과정을 통해서만 지속적으로 발달한다고 한다. 나아가 그는 이 다섯 가지가 합해지면 나이 듦의 가장 큰 선물인 지혜가 된다고 말한다(아그로닌, 2019, 81쪽). 아그로닌은 다섯 가지 긍정적 성향에 따라 노년의 지혜를 '학자, 현자, 관리자, 창조자, 예지자'의 역할을 통해 발현된다고 말하는데, 나는 이 글에서 흄의 철학에 나타난 지혜의 의미를 소개해 보고 아그로닌의 주장과 비교하면서 노년의 지혜에 대해 논해 보고자 한다.

3 흄의 발전적 감성을 통해 본 노년의 지혜

일상인의 지혜와 철학자의 지혜

서양의 지혜 연구자로 대표되는 모니카 아델트는 지혜 개념을 인지, 반성, 정서로 구분한다. 이 세 가지 구분을 통해 그는 지혜를 개인 내적 또는 대인 관계 문제에 대하여 진실을 알고 삶에 대해 깊은 이해를 얻고자 하는 것(인지적 요인)과, 자기 검토, 자기 성찰, 현상과 사건을 다른 관점에서 검토하는 능력(반성적 요인), 타인에 대한 공감과 연민(정서적 요인)이 포함된다고 보았다(Adelt, 2003, 275~324쪽). 이 글에서 나는 흄의 발전적 감성 개념이 인지적, 반성적, 정서적 요인을 포함하며, 이러한 능력을 갖추는 데 노년기는 강점이 된다는 것을 보이고자 한다.

먼저 흄에게서 발전적 감성 개념이 어떻게 인지적, 반성적, 정서적 요소를 다 포괄하는지에 대해 살펴보기로 하자. 흄은 『인성론』 1권 「오성에 관하여」에서 회의주의 문제를 해결하기 위해 마지막 결론 장에서 오성understanding의 범위와 새로운 철학에 대해 말한다. 우리는 흄의 오성 개념을 이해하기 위해 그가 말한 '이성reason' 개념이 왜 발전적 의미를 갖는지를 살펴보아야 한다. 간단히 말하면 흄이 말하는 오성은 순수 지성적인 좁은 의미의 이성intellect을 포함하여 상상, 기억, 사고, 정념, 반성을 포괄하는 넓은 의미의 세계에 대한 이해 능력이라고 말할 수 있다. 이러한 맥락에서 우리는 흄이 몇 가지 의미의 이성 개념을 사용했다는 것을 알 필요가 있다.

첫째, 좁은 의미로 "데카르트적" 의미의 이성 개념으로서 "지적 직관과 증명의 능력"을 말한다. 흄은 사실의 문제에 적용할 때 이러한 의미의 이성 능력을 부정했다. 즉 사실의 문제에 관한 신념들은 관찰에 기초하여 귀납 추론을 통해 일반화한 습관의 결과이지 "이성에 의해 결정되지 않는다"라고 보았기 때문이다(양선이, 2016a, 84쪽). 그와 같은 신념들이 '이성'에서 유래하지 않았다고 할 때, 이때 이성은 증명과 추론을 하는 이성을 의미한다. 즉, 흄에 따르면 사실에 관한 신념의 토대는 '상상력'이므로 세계에 관한 사실적 지식은 이성을 통해 갖게 되는 것이 아니라는 결론에 도달하게 되는 것이다.

그런데 『인성론』 2권 「정념에 관하여」에서 흄은 이성이라는 의미를 '진리에 대한 사랑'과 '호기심'까지 포함하는 더 확장되고 "생기 있는" 것이라고 말한다. 나아가 3권 「도덕에 관하여」에서 흄은 이성을 우리 동료와 대화하고 행위하고 도덕적 미적 판단을 할 뿐만 아니라 사실적이고 수학적인 판단까지도 돕는 능력으로서, 아주 포괄적 의미로 사용한다(양선이, 2016a, 85쪽). 다시 말하면 이성 개념은 좁은 의미의 순수 지성적 의미에서 상상, 정념, 공감을 포괄하는 넓은 의미로 확장되어 나가는 것이다. 흄에게서 '이성' 개념은 1권에서 순수 지적 직관과 관련된 능력과 세계에 관한 사실적 믿음을 형성할 때 사용하는 '상상'에서 더 나아가 '감성' 그리고 '공감'을 포괄하는 확장적 의미로 진보한다(양선이, 2016a, 85쪽). 흄의 발전적 감성 개념을 받아들이면 아렌트가 구분한 지혜 개념이 왜 인지적, 반성적, 정서적 요인들을 포괄하는 발전적 개념이 되는지를 이해할 수 있고, 이와 같은 지혜는 노년의 강점이 될 수 있다.

그런데 지혜의 유형 중 철학자로서의 지혜는 일상인들과 사뭇 다르다고 말할 수 있다. 흄도 이러한 의미의 지혜를 말하는 구절이 있다. 그는 『인성론』1권 4부에서 그의 철학을 설명하기 위한 체계를 두 체계로 구분한다. 그는 세계에 관한 추상적이고 난해한 설명을 하는 철학적 체계와 사실과 실천에 관해 설명하는 일상인의 체계로 구분한다(Hume, 1978, 216쪽). 여기서 그는 이성을 통해 정당화를 시도하는 철학적 체계는 회의주의로 귀결된다고 말한다. 그리고 흄은 「오성에 관하여」의 결론에서 이성 중심의 탐구로 인해 절망에 빠져 갖게 된 '철학적 우울함과 망상'(T 269)으로부터 그를 치유한 것은 '자연적 경향성'이라고 주장한다. 그는 그 자신이 극단적 회의주의에서 벗어날 수 있는 출구는 이성을 통해서가 아니라 자연적 경향성에 따라 동의하고, 생각하고, 결정하고, 추론하고, 논증하고, 예측하고, 설명하는 것이라고 말한다. 상식인들은 일상생활에서 이러한 자연적 원리에 의거해서 습관적으로 추론하게 되는데, 흄은 이러한 원리가 형이상학자들이 고안해 내려고 하는 인위적인 어떤 것보다 더 믿을 만한 것이라고 한다. 흄에 따르면 우리가 회의주의에 건전하게 대응하기 위해서는 보다 덜 완전한 도구들, 예컨대 자연적 경향성, 상상, 습관과 같은 자연적 원리들에 따라 탐구해야 한다(양선이, 2015, 16쪽).

그리하여 그는 「오성에 관하여」의 결론 절에서 회의주의로부터 벗어나기 위해 '친구들과 식사하면서 대화를 나누고 백게몬 게임과 같은 보드게임을 즐기는 것'(T 269)을 권고한다. 그런데 이러한 즐거움도 오래가지는 못한다. 왜냐하면 철학자로서 그에게는 '진리에 대한 호기심'과 같은 또 다른 자연적 경향성이 있기 때문에 일상적 쾌락에 마냥 빠져 있을 수만은 없기 때문이다. 여기서 (철)학자에게 요구되는 본성은 '진리에 대한 호기심'이라고 말하면서(T 270~271) 『인성론』1권을 끝낸다. 이렇게 『인성론』1권 「오성에 관하여」에서 그는 일상인들의 지혜는 '경험', '상상', '습관'에 의존하는 반면, 철학자들의 지혜는 경험에 토대를 두면서도 진리에 대한 호기심 때문에 회의주의에 머물지 않고 계속 탐구를 하는 것이라고 말한다.

흄의 차분한 정념과 현자

노년의 지혜를 논하면서 아그로닌은 현자의 지혜에 필요한 특별한 요소 중에는 오랫동안 간직했던 감정, 가치, 목표를 재구성하는 능력이 있다고 주장한다. 그는 다음과 같이 말한다.

> 현자의 지혜는 단순히 나이를 먹으면서 축적한 지식과 기술, 학자적인 경험에 그치는 것이 아니다. 그 위에 판단 능력과 문제 해결에 적용되는 미덕과 가치, 그리고 통찰이 더해진 것이다. 현자는 (…) 배운 교훈을 기초로 어떻게 하면 더 큰 목표를 이룰 수 있을지 현명한 조언으로 제시한다. 현자에게 이러한 것이 가능한 이유는 직접 수없이 경험을 많이 반복하여 해 보고 경험했기 때문에 패턴 인지 능력이 뛰어나기 때문이라는 경험적 보고가 있다(아그로닌, 2019, 92쪽).

그는 자신의 주장을 뒷받침하기 위해 뇌 과학의 연구를 소개한다. 뇌 과학자들의 보고에 따르면 노년에는 두뇌의 감정 조절 중추인 안와내측 전전두피질이 두려운 감정을 유발하는 영역인 편도체보다 우세하기 때문에 그런 결심을 젊을 때보다 더 잘 이행할 수 있다(아그로닌, 2018, 93쪽). 이와 같은 생각은 흄의 정념론에서도 발견된다. 흄은 『인성론』 2권 「정념에 관하여」에서 차분한 정념을 격렬한 정념과 대비하고 현자는 "차분한 정념이 격렬한 정념을 지배"하며 그렇게 함으로써 강인한 정신strength of mind의 소유자가 될 수 있다고 본다(T 418).

흄의 '차분한 정념'에 대한 논의는 헬레니즘 철학에 뿌리를 두고 있다. 많은 주석가들이 주목하듯이 흄은 키케로에게서 많은 영향을 받았다(Jones, 1979, 161~180쪽). 키케로를 비롯한 헬레니즘 철학 일반에서 흄은 덕에 관한 추상적 개념들 간의 정합성이라기보다 감정적 평정을 통해 인간 행복을 정의하기 위한 모델을 발견했다 〔예를 들어 Letters, Vol. 1 중 Letter 1(1727), Letter 3(1734) 참고〕. 흄은 키케로로부터 덕과 행복에 관해 영향을 받았을 뿐만 아니라 이와 연관된 노년에 대한 생각도 물려받은 듯하다. 키케로가 노년의 특징을 강인한 정신이라고 본 것을 흄은 받아들이면서 차분한 정념의 상태를 유지하는 것을 강인한 정신, 현자라고 보았다. 그 점으로 미루어 볼 때, 흄의 철학에 따르면 경험과 지식의 축적을 토대로 가치와 감정에 대해 반성적으로 살펴볼 수 있는 노년에서 현자를 발견할 수 있다.

그렇다면 차분한 정념에 도달할 수 있는 방법은 어떤 것이 있을까? 그것은 다음과 같다. 마음이 "차분한 상황에" 이르고 "완전히 평정의 상태"에 이르는 것은 반대 정념들이 "조우"할 때(T 442), 즉 "어떤 정념을 일으키면서 동시에 그것의 반대를 일으키는 것은 곧 일어난 정념을 즉각 파괴하는 것이고, 이때 마음은 적어도 완전히 차분하고 무관심한 상태로 남아 있어야만"(T 278) 하기 때문이다. 흄에 따르면 인간 행복을 위해서는 격렬한 정념을 제한해야 하는데, 이를 위해서는 반대되는 격렬한 정념이 서로 조우하는 상황, 예컨대 "알칼리와 산"이 섞여 중화되는 그런 상황을 만드는 것이다(양선이, 2015, 30쪽). 그는 정치적, 종교적 관용을 논할 때도 이와 유사한 주장을 한다.

정치적, 종교적 관용을 논할 때 그가 온화함moderation을 강조하기 위해 제시한 전략은 우선 논쟁적인 양쪽 다에 반대를 표명하는 것이다. 만약 독자들이 양쪽 다 장점을 가진다는 것을 알 수 있게 만들 수 있다면 그 결과 정념은 부드럽게 될 것이고, 온화함의 기회를 갖게 될 것이다. "한쪽 편에 대한 다른 편의 모든 부당한 모욕과 승리를 막고 온화한 의견을 고무하고, 모든 논쟁에서 적절한 중간을 발견하고 반대가 때때로 옳을지도 모른다고 설득하고 우리가 양쪽에 대해 부과하는 칭찬과 비난에 대해 균형을 유지하는 것보다 더 효과적으로 선이라는 목적을 증진하는 방법은 없다."(양선이, 2016b, 211쪽)

'차분한/격렬한' 정념 논의에서 흄은 두 반대되는 정념을 통해 마음이 완전한 평정 상태에 이르는 것을 말함으로써 '관용'을 말한다. 흄은 이러한 것을 정치적 관용에 적용한다. 흄의 기념비적인 『영국사』에는 휘그당과 토리당의 반대 주장과 그러한 주장에 대해 고의적으로 균형을 잡음으로써 관용을 제시하고자 하는 노력이 나타나 있다. 흄은 양쪽 편에 균형을 잡기를 열렬히 원해서 때때로 양쪽에 똑같이 우위를 주기 위해 "휘그와 토리, 그리고 토리와 휘그"라고 번갈아 말하기도 했다(Letters, Vol. 1, 154; 양선이, 2016b, 211쪽).

흄은 차분한/격렬한 정념의 대조를 통해 종교적 관용에 대해서도 논한다. 예를 들어 무지함에서 기인하는 미신과 통속 종교에서 일어나는 분쟁은 격렬한 정념인 테러나 공포로 이끈다. 이러한 것은 또다시 격렬한 정념을 낳는다. 이와 반대로 세계에 관한 차분하고 과학적인 이해에 토대를 둔 참된 종교인 철학적 이신론은 관용으로 이끌고, 행복한 삶으로 인도하며, 공적인 정신을 존중하고 격렬한 정념들을 통제하도록 돕는다(양선이, 2016b, 209쪽).

이러한 관점은 키케로가 열망했던 스토아적인 세계에 대한 명상 속에서 세계와의 일체감을 사회적 활동이 아닌 세계와의 일정한 거리 두기와 자기 침잠을 통해 자신의 주변을 새롭게 인식하고, 사회적 관습으로부터 초월하고, 삶의 신비로운 부분을 긍정한다는 점에서 상통하는 면이 있다. 그리고 이와 같은 스토아적 세계관은 오늘날 노인학에서 말하는 노년 초월의 의미와 상통하는 면이 있다.

노년 초월 개념은 에릭슨의 8단계 사회 심리적 발달 단계 이론을 수정 보완한 이론이다. 에릭슨은 이 이론을 처음 제안할 당시 인간의 평균 기대 수명을 60대로 설정했는데, 그 후 그가 80, 90대를 경험하면서 이전 이론을 수정했다. 여기에 조앤 에릭슨은 에릭 에릭슨이 수정한 내용에다 인생의 마지막 단계에 관하여 논의한 내용을 중심으로 아홉째 발달 단계를 포함한 9단계 이론을 제안했다 (1998). 9단계 이론이 노년 초월이라 불리는 이유는 노년 후기에는 그 시기에 경험하는 부정적 요소들을 극복하는 긍정적 발달이 있다는 것이고 이러한 긍정적 발달이 '초월'이라는 것이다. 다시 말하면 "노년기는 전 생애 과정 동안의 부정적 발달 요소들을 경험할 수도 있지만 이는 새로운 성장으로 이끌 수도 있으므로 노년기 후반에 8단계를 넘어서는 초월의 발달이 가능하다는 것이다."(안정신, 2015, 53쪽)

에릭 에릭슨이 제안한 8단계 이론에서 8단계의 특징은 절망에 대한 경험이다. 이 단계는 과거를 회상하면서 살아온 일에 대한 '반성'과 '후회'가 주된 요인이다. 그러나 조앤 에릭슨이 보완한 9단계에서는 노년기 후반을 회상적 절망보다는 이전 삶에 대한 만족 여부와 상관없이 일상생활 능력의 상실과 붕괴를 막는 데 초점을 둔다. 따라서 9단계에서는 일상생활 능력의 상실과 붕괴를 막기 위해 시각 전환이 필요한데, 노년학자들은 이러한 것을 '초월transcendence'이라고 부르고 이것이 9단계 발달 특성이라 본다(안정신, 2015, 53쪽).

토른스탐은 노년 초월이라는 개념을 통해 9단계 발달 특성에 관해 설명했다(2005, 2011). 이에 따르면 노년 초월은 세상을 바라보는 시각이 물질적이고 이성적인 가치관으로부터 보다 우주적이고 초월적인 상위 관점의 시각으로 전환하는 것을 의미하며 삶의 만족도를 증가시킨다. 토른스탐은 9단계에 해당하는 노인들과 질적 인터뷰를 통해 이 단계의 노인들은 신체적으로 기능은 떨어지지만 인격이 성장하고, 죽음에 대한 시각이 변했고, 자기중심성이 낮고, 물질 소유에 대한 관심이 적고, 타인과 다른 세대들과의 연대감을 느끼며, 개인의 삶은 전체의 일부라는 생각을 가지고 있었다는 사실을 발견했다. 또한 그는 시간, 공간, 삶과 죽음에 대해 달리 생각해보고, 침잠적 삶을 누리고자 한다는 사실을 발견했다고 보고한다. 토른스탐이 규정한 노년 초월의 특징은 스토아학파의 세계관과 유사하며, 흄이 정념론에서 '차분한 정념'을 논할 때 그가 스토아학파와 자신을 대립시키면서 스토아의 이론을 변형한 것과 유사하다.

스토아학파는 우주와 자연의 목적은 사물의 구조 속에 있다고 보았다. 스토아학파는 인간의 욕망과 혐오와 독립적이고 내재적인 도덕적 실재를 믿었다. 따라서 그들은 이성적 능력을 선호하여 정념은 인간의 삶에서 제거되어야 한다고 믿었다. 스토아학파가 권하는 현자의 삶은 이성적인 삶이며, 이성적인 삶은 모든 정념과 감정이 완전히 제거된 삶, 즉 스토아주의적인 부동심의 삶으로 특징지어진다. 그렇다고 스토아가 현인을 전혀 인간적인 정념을 느끼지 않는 차가운 이성의 소유자로만 보는 것은 아니다. 크리스토포스와 같은 스토아 철학자들은 몇몇 감정을 '적절한' 또는 '좋은 감정'으로 허용한다.

흄은 스토아학파가 행복한 삶을 위해 이성의 역할을 강조한 것에 대해 반대하고 차분한 정념이 이성의 역할을 대신한다고 말한다. 스토아학파가 현자의 삶을 이성적인 삶으로 규정하고 감정의 극복, 즉 어떤 느낌에 대한 영혼의 동의의 지속적인 거부로 봄으로써 이성과 감정을 대조한 것을 흄은 다음과 같이 변형한다. 즉, 흄은 현자의 삶과 유덕한 삶을 동일시하고 유덕한 삶을 위해서는 정념이 요구되는데, 이때 이 정념은 인간을 행복으로 이끌 수 있는 것이다(양선이, 2015, 24쪽). 흄은 스토아학파처럼 현자는 감정을 완벽히 통제하여 부동심의 상태에 이른다고 말하기 위해 이성과 감정을 대립하는 것이 아니라 정념 중 '격렬한 정념'과 '차분한 정념'을 대비한다.

인생에서 우연으로 일어나는 것들은 우리가 통제할 수 없는 것이기 때문에 그것들에 격하게 대응하는 사람들은 종종 더 불행하다. 이에 반해 차분한 정념은 다른 여타의 정념보다 항상적이고 통제 가능한 것이다. 차분한 정념은 때때로 이성과 혼동되기도 하는데, 그 이유는 그것들이 어떤 지각할 수 있는 감정을 일으키지 않기 때문이다. 흄은 이와 같은 마음의 평정심 상태를 유지하는 것을 '강인한 정신the strength of mind'이라고 불렀으며, 이와 같은 상태는 이성을 통해서가 아니라 차분한 정념calm passion이 격렬한 정념을 지배할 때다(T 417~418).

흄은 행복에 이르는 길은 차분한 정념을 강화하는 데 있으며, 즉 스토아적 마음의 평정심을 유지하는 것이며, 이를 위해서는 문예 교육liberal arts이 필요하다고 말한다(Hume, 1987, Essays 6). 흄의 이와 같은 주장은 키케로에서 영향을 받았다고 할 수 있다. 키케로는 노년의 행복의 조건에 대해 다음과 같이 말한다.

너무 가난하다 보면 현자에게도 노년은 견디기 쉬운 것은 아니겠지만, 엄청난 재물을 가졌다 해도 어리석은 자에게 노년은 짐스러울 수밖에 없다.

따라서 "노년에 관한 최선의 무기는 학문을 닦고 미덕을 실천하는 것"이라고 말한다. 그리고 이때 "미덕이란 인생의 모든 시기를 통해 그것을 잘 가꾸면 오랜 세월을 산 뒤에 놀라운 결실을 가져다 주는 것임"을 강조한다.

이상에서 나는 흄이 차분한 정념의 상태, 즉 마음의 평정심을 유지하는 것을 현자로 보았다고 주장했다. 흄이 이와 같은 상태와 노년을 직접 연결하여 언급하지는 않았지만 우리는 18, 19세기 영국 사회의 도덕성을 '신사' 계급에서 찾는 문헌을 통해 이를 짐작해 볼 수 있다. 흄은 그의 에세이 「중산층의 삶」에서 '젠틀맨'이라 불리는 사람들의 도덕성에 관해 말한다(Hume, 1987, "Of Middle Station of Life", M 547). 여기서 중산층이란 그 당시의 젠트리 계층을 의미하며, 이른바 '젠틀맨'이라 불리는 사람들이다. 이들은 영국 근대 시민사회 형성에서 도덕적, 취미의 기준이 되었다. 흄은 18세기 젠틀맨들의 의식에서 선택된 신념과 태도에 근거를 두고 도덕적 이상에 대한 명료화를 시도했다.

그 당시 젠틀맨들은 자연적 경향성에 따라 습관적으로 행동하고, 궁극적으로 효용성의 원리를 따랐다. 그들은 친교를 통해 우정을 쌓는데, 이와 같은 우정은 "차분하고 조용한 사랑"이라고도 말한다. **우정**은 "비정상적이고 무질서하고 불안한"(E 17)이라고 특징지어진 "불안하고 참을성 없는 정념"(Hume, 1987, "Of Polygamy and Divorces," M 189, GG 238, Ibid., M 188, GG 238)인 **사랑**보다 우월하다. 신체적 노쇠로 인하여 젊었을 때처럼 격정적인 사랑에 빠질 수 없음을 한탄하는 내용이 수많은 글 속에서 발견되지만, 다른 한편으로 긍정적인 측면은 흄이 말했듯 '차분하고 조용한 사랑'을 통해 지속적인 관계를 유지할 수 있는 것이라 할 수 있을 것이다. 노년기에 이를수록 사람들은 보다 정서적으로 의미 있고 편안한 정서를 느끼게 해 주는 사람들을 찾게 되는 경향이 있다고 보고된다. 정영숙은 그 이유에 대해 젊은 사람들은 상당한 삶의 시간이 남아 있는 반면, 노인들은 이미 많은 삶을 살아온 만큼 남은 시간을 제한적으로 지각하게 되어 가능한 부정적 정서를 최소화하고 긍정적 정서를 충분히 받을 수 있는 사회적 상황을 선택하려 하기 때문이라고 설명한다(정영숙, 2011, 27쪽).

시인 예이츠는 말년에 병이 있기는 했지만 비평가들에 따르면 늘 미소 짓는 넉넉하고 풍채 좋은 노인으로 묘사된다.

나이 60이 되자 그는 늘 미소 짓는 공직자, 벨벳 코드를 입고 은박을 한 구두를 신고 거북 알의 안경에 리본을 부착하고 손가락에는 큰 금반지를 낀 노인, 즉 몸무게가 좀 불은 우아한 대지주의 모양처럼 되어 있었다. 죽을 때까지 그는 훌륭하게 옷을 차려입었다(Malins, 1974, 22쪽).

비평가들은 예이츠의 시 〈비잔티움 항해〉에 관해 이렇게 말한다. 여기서 그는 육신이 쇠약한 대신 정신은 더욱 성숙하는 늙음의 의미를 제시한다. 그는 육신의 쇠락을 허수아비에 비유하고 이 허

수아비와 함께 성숙한 정신적 지혜를 '영혼이 손뼉 치며 노래한다'
고 표현한다. 즉 그에 따르면 영혼의 성장이 없다면 노년은 그야말
로 허수아비에 불과하다. 노인은 영혼의 깊이와 지혜를 보여 줄 때
비로소 자신의 육신의 쇠락을 대신해서 생존할 가치를 갖게 된다는
것이다. 늙음을 바라보는 이와 같은 예이츠의 시각은 노년 초월의
시각과 유사하다고 볼 수 있으며, 그의 고결함과 매너는 흄이 「중산
층의 삶」에서 표현한 젠틀맨을 표상한다고 할 수 있다. 우리는 예이
츠에게서 흄이 말한 노년의 지혜를 엿볼 수 있다.

4 창조적 노년을 위하여

끝으로 나는 나이 듦의 긍정적 측면을 통해 100세 시대의 노년의
삶의 교훈을 제시해 보고자 한다. 이런 교훈을 통해 우리는 나이가
들어서 피치 못할 변화에 직면하게 될 때 우리가 스스로를 재창조
하는 데 나이 듦이 어떤 도움이 되는지를 재확인할 수 있을 것이다.
　첫째 교훈은 우리의 과거는 자신의 재탄생에 도움이 된다는 사
실이다(아그로닌, 2019, 209~214쪽). 우리는 위대한 예술가의 삶을 통
해서 나이 듦은 멸시의 대상이 아니라 유력한 힘으로 작용하는 경
우를 엿볼 수 있다. 그들의 삶에서 세월은 그들에게 용기와 더 큰 창
조력을 가져다주었음을 알 수 있다. 그들에게 재창조하는 과정은
삶을 긍정적으로 봄으로써 궁지에서 벗어날 수 있는 계기를 마련했
다. 이런 교훈을 통해 우리는 지나온 길에서 최선을 찾고, 그 일부를
재정리하며, 수정하고 새로운 맥락에서 다시 최선을 찾게 된다.
　둘째 교훈은 자신의 현재가 자신의 삶을 재창조하는 데 도움
이 된다는 것이다. 우리는 나이가 들면서 기력이 쇠약해지고, 여러

가지 면에서 변화나 퇴행 현상을 경험하게 된다. 따라서 어떤 역할과 목표, 열정을 변함없이 추구할 수는 없다. 그렇기 때문에 전에 했던 것의 연장선상에서 또는 새로운 방향에서 새로운 시도를 할 필요가 있다. 또한 과거에 누렸던 일부 조건을 내려놓고 새로운 모습을 받아들일 자세가 필요하다. 예를 들어 과거에 유명했던 무용수의 경우를 보자. 나이 듦으로써 신체의 여러 가지 조건의 변화는 그 무용수에게 과거의 삶을 더이상 유지할 수 없게 할 것이다. 그와 같은 상황에서도 자신의 역할과 목표, 열정을 유지하기 위해서는 과거를 바탕으로 하면서도 새로운 시도를 할 필요가 있다. 자신의 경험을 바탕으로 후진 양성 또는 안무 활동과 같은 일에서 자신의 삶을 재창조해 나갈 수 있을 것이다. 이러한 활동을 함으로써 그 사람의 현재는 자신의 서사를 재창조하는 과정이 될 것이고, 이러한 과정은 젊었을 때와 달리 더디게 시작될 수 있지만 결국은 자신의 삶의 장애 요소에서 벗어날 수 있게 될 것이다. 서사의 재창조 과정은 예술가의 삶이 아니라도 일상인으로서의 삶에도 적용된다. 우리는 주변에서 노년에 상실을 겪고도 움츠러들고 쇠약해지지 않고 결연히, 앞서 코헨이 말한 '앙코르 단계'에 진입하는 사람들을 발견할 수 있다(아그로닌, 2019, 214~228쪽).

100세 시대에 노년 초월의 시각을 받아들이고 창조적 노년을 살아가기 위해서는 노년에 대해 참여자와 관찰자의 입장에 있는 사람들은 나이 듦에 대한 시각을 바꿀 필요가 있다. 나이 듦은 쇠퇴와 쇠약의 시기가 아니라 삶의 재창조 시기이고, 삶에서 가장 영향력 있는 시기라고 받아들일 필요가 있다. 그렇게 되면 관찰자로서 우리도 나이 들어가는 그 시기에 나이 듦에 대한 답을 찾고 방향을 찾을 수 있을 것이라 본다.

이상과 같은 교훈을 받아들이기 위해서는 우리는 창조성의 정의를 확장할 필요가 있다. 이 글에서 나는 창조성의 정의를 확장하는 데 흄의 발전적 감성 개념이 도움을 줄 수 있음을 밝히고자 했다.

11장

노년의 우울에 관하여

양선이

1 노인 우울감은 왜 생기는가?

초고령화 사회로 진입한 한국 사회는 노인 문제가 사회적, 정치적
으로 중요한 이슈가 되고 있다. 현재 정신의학, 노인학 등에서는 노
년의 삶을 향상시키고 유지하기 위해서 어떻게 사회적 공급을 조직
하고 제공할 수 있을까 하는 많은 연구가 진행되고 있다. 이 장에서
나는 나이 듦에 관해 철학적 접근을 하고자 한다. 노년은 노인 각 개
인에게 커다란 문제를 안겨 준다. 그렇다면 나이가 들면서 우리를
괴롭히는 다양한 문제들에 우리는 어떻게 직면해야 할까? 어떻게
나이를 잘 먹을 수 있을까? 이러한 관점에서 노인 문제 중 심각한
문제의 하나인 노인 우울감에 대해 철학적 성찰을 해 보고자 한다.

　　노인 우울감의 문제는 날로 심각성이 증가하고 있으며 사회 문
제로 대두되고 있다. 세계보건기구WHO에 따르면 2021년 기준 전

세계 우울증 환자는 2억 8000만 명에 달하며, 매년 70만 명 이상이 우울증으로 사망하고 있다(WHO, 2022). 우리나라의 경우는 특히 심각한데, OECD 나라 중 자살률 1위, 우울증 유병률 1위(36.8퍼센트)에 해당한다. 치료율은 미국은 66퍼센트인데 비해 우리나라는 11퍼센트에 불과하다. 우울증의 경우 특히 노년층일수록 발생할 위험이 높으며, 노년층 인구 다섯 명 중 한 명 정도의 비율로 우울증을 겪고 있다고 보고된다(박미옥 외, 2023, 11쪽).

노인 우울은 건강한 노후를 저해할 뿐만 아니라 심지어 자살로 이어질 수 있다는 점에서 위험하다. 이에 노인의 우울을 예방하고 치료하기 위해 다양한 방안이 제시되고 있고, 정책 수단을 통해 시행되고 있다. 그러나 이러한 공급자 중심의 접근법은 우울을 경험하는 노인들의 생각과 행동을 그들의 관점에서 이해하기 어렵다(어유경 외, 2017, 584쪽). 이러한 맥락에서 최근에는 노인 우울증에 대한 대처 전략으로 노인의 우울증 경험의 상황과 맥락 중심의 질적 연구들이 강조되고 있다.

이 장에서 나는 이러한 접근법에서 보여 주는 문제의식을 가지고 노인 우울감이 왜 생기게 되는지에 대한 원인 분석에 초점을 맞추고자 한다. 이를 위해 나는 이러한 연구의 철학적 토대로서 '어포던스 형이상학'과 '행화주의 감정 이론'을 통해 노인 우울감에 대해 논해 보고자 한다. 이를 통해 노인 우울감에 대한 접근은 정신의학, 인지심리학, 사회과학뿐만 아니라 철학적 논의를 아우르는 통합적 접근이 되어야 함을 보이고자 한다.

2 어포던스 형이상학

어포던스란 무엇인가

인간은 환경과 상호작용하는 과정에서 자기를 형성해 간다. 인간이 환경과 상호작용하는 과정에서 갖게 된 느낌, 정서, 감정은 그 상호작용을 매개하는 중요한 역할을 한다. 정서, 감정은 자연적인 신체의 기능에 의존할 뿐만 아니라 사회문화적 맥락 속에서 습득되고 표현된다. 인간은 환경과 상호 작용하는 과정에서 스트레스와 같은 정서를 일으킴으로써 몸에 영향을 미친다. 환경과의 상호작용에서 감정 또는 정서emotion와 정동affect이 좀 더 지속적으로 고착화되고 체화된 상태가 '기분mood'이다. 이런 점에서 임상적 우울증은 기분장애mood disorder의 한 종류로 분류된다.

우울증은 환경이나 대상과의 관계 속에서 부정적 정서들이 보다 전반적이고 지속적인 형태인 기분으로 체화되어서 이성이나 의지로 통제하기 힘든 상태라고 볼 수 있다. 심한 우울증은 그렇게 체화된 부정적인 기분에 압도되어 전혀 그것을 극복할 수 있는 가능성이 보이지 않는 상태다. 더욱이 우울증은 사고와 패턴에도 깊은 영향을 주기 때문에 우울증에 빠지게 되면 부정적인 기분은 더욱 심화된다. 예를 들어 노인의 경우 배우자를 잃게 되었거나, 관계가 끊어졌거나, 은퇴를 했거나, 사회생활에서 소외되는 상황 속에서 슬픔, 분노, 좌절, 불안, 수치심 등에 사로잡히게 된다. 이런 정서들이 제대로 인식되지 못하고 무시되거나, 변화와 개선을 위해 어떤 용기 있는 행동을 취하지 않게 될 경우, 부정적 정서들은 더욱 깊게 체화되고, 결국 더 길고 더 깊은 우울증에 빠질 수 있다.

나는 노인 우울감을 철학적으로 분석하기 위해 그것을 감정으로 보고 이를 잘 설명할 수 있는 감정 이론을 살펴보고자 한다. 내가 보기에 노년 우울감을 설명할 수 있는 감정 이론은 감정을 감각 능력과 밀접한 관련이 있다고 보는 입장이다. 대표적으로 메를로퐁티의 입장과 행화주의enactivism 감정 이론이라 할 수 있다. 이 글에서는 행화주의 감정 이론을 중심으로 살펴보겠다. 행화주의 감정 이론은 감정의 내용을 우리 앞에 미리 주어진 세계에 대한 표상으로 보기보다는 우리가 행위를 하는 과정에서 '창출'되는bringing forth 속성들로 본다. 바렐라에 따르면 '인지는 미리 주어진 객관 세계에 대한 선험적 주체의 표상적 인식이 아니라 신체를 가진 세계 내 존재가 세계와 마음을 창출(또는 생성)하는 행위다(Francisco Varela, 1991).

이 장에서 나는 바렐라의 전통을 따라 노년 우울감 분석을 신체화된 활동을 중점으로 논증할 것이다. 이에 따르면 감정은 세계에 참여하고 적극적으로 노력하는 과정에서 우리가 무엇을 할 수 있는지, 우리가 대처할 수 있는 것 또는 더 일반적으로 '취할' 수 있는 것이 어떤 것인지에 대한 '감각'과 밀접하게 연결되어 있다. 이와 같은 감정의 지향성은 메를로퐁티의 입장과 유사하다. 이에 따르면 감정은 세계와 관련된 체화된 감각 능력으로서 '나는 할 수 있다' 또는 '나는 할 수 없다'라는 스키마로 해석될 수 있다. 변화무쌍한 배경 감각에 따라 다양한 개인의 감정은 그 특성에 따라 다양한 상황에서 형성되고 발휘된다(Slaby & Stephan, 2013). 따라서 내가 어떤 상황에 정서적으로 참여하는 방식은 내 몸에 체화된 감각 능력의 작동 때문이다. 이러한 감각 능력은 내가 접근 가능한 한의 상황과 관련된다. 그렇기 때문에 감각 능력과 관련된 감정을 가능성에 대한 복잡한 감각이라고 말할 수 있다.

감정이 행위자에게 주어진 가능성에 대한 복잡한 감각이라는 말은 '어포던스(행위 가능성, 행위 유도성)' 개념을 통해 이해될 수 있다. 이에 대해 살펴보기로 하자. 어포던스 존재론과 관련하여 다양한 입장이 존재한다. 이 절에서는 다음 절에서 다룰 감정 어포던스 이론을 위한 예비 단계로 이 이론을 제일 먼저 제안한 제임스 깁슨의 어포던스 개념을 살펴본다. 어포던스affordance는 깁슨이 환경이 개체에 좋고 나쁜 것을 위해 무엇을 제공하는지 말하기 위해 최초로 소개한 개념이다(Gibson, 1966, 285쪽). 이 표현은 전문 용어로 도입되었지만 그것에 대한 현상은 우리에게 친숙하다. 예를 들면 무릎 높이이고 충분히 단단한 표면을 가진 물체는 '앉을 가능성'(행위 유도성)이 있는 것이다(Gibson 1986, 128쪽). 거의 수평적이고, 평평하고, 단단하고, 충분히 넓은 면적이면 직립 가능, 보행 가능, 달리는 것이 가능하다(Gibson, 1986, 127쪽). 언덕은 완만하면 '걷는 것이 가능afford walking'하지만 가파르면 내려갈 때 '미끄러짐이 가능'하다. 벼랑 끝은 '추락할 수 있는' 장소다(Gibson, 1986, 132쪽).

유기체는 그들의 환경 어포던스를 인식하는 것이 생존과 번성을 위해 아주 중요하다. 그러나 그들의 환경이 그들에게 무엇을 가능하게 하는지 어떻게 아는가? 전통 형이상학, 예컨대 근대 철학자들이 주장하는 표상주의 지각 이론에 따르면 어포던스는 유기체에 의해 직접적으로 지각되는 것이 아니다. 표준적 이론에 따르면 유기체는 그들 앞에 놓인 걷거나 넘어질 수 있는 것으로서 표면을 간접적으로 지각한다. 근대 철학자들에 따르면 대상의 어포던스에 대한 지각은 그것들의 형태, 색, 조직, 또는 다른 '성질들'로부터 추론을 통해 매개된다.

깁슨주의 생태학적 심리학은 지각에 관한 이와 같은 표준적 이론을 거부한다. 생태학적 심리학에 따르면 지각한다는 것은 우리의 망막에 들어온 빛에 대한 반응이 아니다. 그보다는 지각은 세계 내에서 움직임과 활동의 문제다. 따라서 유기체가 직접적으로 지각하는 것인 대상은 우리의 망막에 맺힌 빛에 의해 투사된 것이 아니라 세계 내에서 유기체의 움직임을 통해 능동적으로 존재하게 되는 것이며, 그들의 행동과 관련되는 것이다. 우리는 단순히 형태나 색깔을 보는 것이 아니라 우리가 본다는 것은 그것이 우리로 하여금 무엇을 가능하게 하는지를 포함하여 우리의 환경 속에 있는 모든 좋고 나쁜, 그리고 복잡한 것에 관한 정보를 직접적으로 수집한다는 것을 의미한다.

이상과 같은 입장은 전통적 표상주의는 거부하지만 지각의 현상학과는 잘 맞는다. 예를 들어 내가 앞에 있는 커피잔을 볼 때 나는 어떤 추론 없이 그 컵이 내가 손을 뻗어 집어 올릴 수 있는 것으로 본다. 깁슨의 어포던스 이론은 진화론과도 잘 맞는다. 왜냐하면 진화론에 따르면 진화는 생존을 위해 행위를 하는 방식으로 지각을 형성해 왔기 때문이다. 어포던스도 생존과 번성을 위해 유기체가 무엇을 알 필요가 있는가이기 때문이다. 다음 절에서 제안할 행화주의 어포던스와 이를 감정 설명에 적용하기 위해 어포던스의 특징을 검토할 필요가 있다.

예를 들어 우리가 "계단은 오를 수 있는 것이야"라고 말할 때 그것은 단순히 오를 수 있는 형이상학적 가능성을 함축하지 않는다. 이때의 가능성은 실질적인 가능성 혹은 객관적 가능성을 의미한다. 그것은 또한 인식적 가능성, 즉 우리의 지식(또는 우리의 믿음)에 상대적인 가능성을 의미하지도 않는다. 그것은 세계 속에서 행동하기 위한 실제적인 선택지를 우리에게 제공한다.

어포던스는 지각되기 위해 존재하는 것이지만 그것의 존재는 지각된 존재와는 아주 구별된다. 깁슨은 이와 같은 것을 주장했다 (Gibson, 1986, 129쪽). 여기서 핵심은 어포던스를 통해 세계에 관한 정보를 우리가 얻는다는 것이다. 어포던스는 객관적인 특징을 갖는 다고 말해지는데 어포던스가 객관적이라면 무엇에 대한 객관적 특징인가? 이 문제에 관해서는 논쟁의 여지가 있다. 어떤 이들은 어포던스가 유기체의 환경 속에 있는 대상들이 갖는 특징이나 성질들이라고 믿는다. 또 어떤 사람들은 유기체와 그들이 속한 환경 간 관계의 특징이라고 주장한다.

위의 두 입장 다 어포던스가 2차 성질이 관찰자의 지각에 의존하는 방식으로 유기체의 지각에 의존한다는 근대 철학자들(예컨대 데카르트와 로크)의 생각을 배제한다. 그러나 위의 주장들은 어포던스가 유기체에 상대적이라는 생각을 배제하지는 않는다. 의자는 '절대적으로 앉을 수 있는sit-on-able' 것은 아니다. 그것은 성인에게는 앉을 수 있는 것이지만 유아나 뱀에게는 앉을 수 있는 것이 아니다. 절벽은 '절대적으로' 추락할 수 있는 존재가 아니다. 그것은 인간이나 동물에게는 추락할 수 있는 존재이지만 새에게는 그렇지 않다.

그렇다면 어포던스는 동물에게는 어떻게 말해질 수 있을까? 예를 들어 '기어오를 수 있음'의 경우, 동물의 다리 길이, 기술, 성향 등이 역할을 할 수 있다. 심지어 인간의 경우도 한쪽 다리를 들 수 없는 경우는 오를 수 없다. 따라서 어포던스는 적어도 유기체의 '능력'이나 '성향'에 의존한다. 일반적으로 어포던스는 '개체가 할 수 있는 것에 상대적'이라고 말해진다(Heft, 1989, 11쪽; Rietveld and Kiverstein, 2014; Noë 2004, 105쪽).

어포던스는 항상 유기체의 환경에 대한 반응이나 환경에 대해 행동하는 것을 위한 어포던스다. 따라서 어포던스가 현존하는가 않는가는 유기체의 능력이나 성향을 포함하여 유기체의 특징에 (부분적으로) 의존한다. 이 장에서 내가 강조할 점은 우리가 어포던스를 **어떻게** 지각하는가이지 **무엇을(즉 어포던스 그 자체를)** 지각하는가는 아니라는 것이다. 그리고 모든 어포던스가 행위를 위한 어포던스는 아니다. 예를 들어 어포던스는 유기체가 **하는 것**doing(의자에 앉기)과 관련되거나 유기체에게 **일어나는**happening 어떤 것과 관련될 수 있다. 하지만 이 장에서 초점을 맞추고자 하는 것은 행위와 관련된 어포던스action-affordance다.

우리는 어떤 유기체를 계단을 오를 수 있는 것으로 지각하거나, 과일을 먹을 수 있는 것으로 지각한다. 그렇지만 모든 어포던스가 감지될 수 있는 것일 필요는 없다. 어떤 어포던스는 그 유기체에게 숨겨져 있을 수 있다. 하지만 그렇다고 해서 어포던스가 앞에서 주장한 객관적 특징을 지니지 않는다고 할 수 없다. 그렇다고 어포던스가 시각 지각에 있어 우리의 감각기관을 자극하는 것, 망막을 자극하는 것이 존재한다는 의미에서 지각 가능해야만 하는 것을 요구하지는 않는다. 근대 철학자들은 감각기관을 자극하는 것과 지각된 것을 구별하였지만 어포던스 이론가들은 감각기관을 자극하는 것과 지각된 것을 구별하지 않는다(Gibson, 1986, 53쪽). 깁슨에 따르면 어포던스는 빛의 대기 중 배열로부터 우리가 취한 정보들 사이에 있다는 의미에서 직접적으로 지각된다.

어포던스의 활용

어포던스는 환경, 행위자, 행동이라는 세 가지 구성 요소가 어떻게 서로 관계를 맺고 상호작용하는가에 관해 설명할 수 있는 개념으로, 이는 상황이나 맥락에 따라 행위 지원성, 행위 유도성, 행위 유발성으로 말해질 수 있다. 예를 들어 공원에 둥글고 평평한 물체가 있으면 이는 환경이 지각자의 가능한 모든 행동을 자유롭게 할 수 있도록 지원한다고 말할 수 있다(행위 지원성). 만일 그 공원에 팔걸이가 있는 의자가 있다면 이는 팔을 기대고 앉을 수 있도록 행동을 유도하는 특성을 환경이 유도한다고 볼 수 있다(행위 유도성). 또는 길쭉하며 등을 기댈 수 있는 물체가 있다면 행위자가 선택하여 앉거나 기대거나 누울 수 있도록 환경이 가진 실재적 기능에다 행위자의 선택성을 추가적으로 유발하는 속성이라고 볼 수 있다(행위 유발성).

최근에 노인 전문 기관에서는 이와 같은 어포던스 개념을 이용하여 노인들의 공용 공간에서 공간 배치에 활용하고 있다(김민정 외, 2018, 221쪽). 예를 들어 노인복지시설을 이용하는 노인들의 상호 소통을 위한 공간 배치에 어포던스 개념을 활용함으로써 그들의 상호 소통을 효과적으로 이끌어 내고 있다. 그럼으로써 노인 우울감을 예방하는 데 도움을 줄 수 있다. 노인 복지시설의 경우 노인의 일상적 행위 지원을 제공하는 공간이기 때문에 실내 공간에서 다양한 행위가 이루어질 수 있다. 이는 곧 어포던스가 활성화된 공간이라고 말할 수 있다. 그중에서도 공용 공간은 노인들 간의 사회적 교류 및 상호작용이 빈번히 일어나기 때문에 어포던스를 활용하여 그 공간을 구성하는 것이 효과적이다.

앞서 언급한 깁슨의 직접 지각에 근거한 어포던스 이론은 '직관적 행위 유도성'으로 활용된다(김민정 외, 2018, 222쪽). 이에 따르면 환경에 대한 정보나 자극의 인지는 사용자로 하여금 과거의 경험과 지식 없이도 본능적으로 자연스럽게 정보를 얻게 한다는 것이다. 가령 치매 노인의 경우 인지 기능 장애로 인해 공간을 즉각적으로 인식하는 데 한계가 있다. 따라서 치매 노인이 거주하는 환경은 아주 단순하면서도 과거의 경험이나 지식의 기반이 없이 본능적으로 지각될 수 있는 공간 환경이 되어야 한다.

어포던스를 활용한 공간 구성은 치매 노인의 경우 외에도 많은 노인이 이용하는 노인종합복지센터 공용 공간에도 활용될 수 있다. 예를 들어 노인복지센터는 노인들의 다양한 활동이 이루어지는 공간인데, 여기서 복도는 단지 이동의 통로가 아니라 앉아서 쉬고 담소를 나누는 공간으로 활용될 수 있다. 이를 위해서는 실내 공간에 의자와 같이 적절한 계기를 유도할 수 있는 환경을 만들게 되면 앉을 수 있는 기능과 더불어 이차적으로 만남과 교류가 이루어질 수 있다(간접적 행위 지원성). 또한 노인종합복지시설이나 요양시설의 공용 공간에 노인들 스스로 능력을 발휘할 수 있고 능동적 행위가 유발될 수 있도록 공간을 구성하는 것이 필요하다(잠재적 행위 유발성)(김민정 외, 2018, 222쪽).

3   어포던스를 통해서 본 노인 우울증

행위 장애로서의 우울증

감정은 내가 어떤 상황에 직면하게 될 때, 그것에 적절하게 대응하는 과정에서 행동이나 노력을 통해 표출되는 것이라 할 수 있다. 이때 두 가지 측면, 즉 상황적인 것(환경이 제공하는 것)과 행위자로서의 나의 능력(내가 할 수 있는 것과 할 수 없는 것)은 역동적 관계를 형성한다.

인간은 자신의 가변적인(잠재적이거나 현실적인) 감각 능력에 따라 가능성이 없거나 멀리 떨어져 있거나 도달할 수 없는 것으로 세계와 관계를 맺을 수 있다. 세계는 특정 가능성의 공간으로, 예컨대 재난이나 위협 또는 위험의 장소로 행위자에게 나타난다. 다양한 가능성의 공간 안에서 임박한 재난이나 위협, 위험 등의 상황은 육체적으로 느껴지며, 예상하지 못한 저항이나 장애물에 직면했을 때 우울한 감정(느낌)은 특히 두드러지게 나타난다.

우울증은 행위자의 선택의지가 왜곡되거나 약해진 결과이기도 하다. 원초적 선택의지가 손상되거나 능력이 손상될 때 자신의 몸을 가지고 느끼는 감정에 영향을 미칠 수 있다. 신체를 능동적이고 정서적으로 반응하는 살아 있는 몸으로 이해하면 행위자는 자신이 신체를 가지고 행위를 하는 존재라고 의식하게 된다. 그러나 몸이 세상과 소통하는 매개체로서의 순조로운 기능을 멈춘다면 '신체화'의 변형이라 할 수 있는 단순한 물체처럼 느껴지는 것으로 점점 변해 간다. 많은 우울증 환자의 경우 살아 있는 신체가 '경직화'되고 저항하는 무언가로 변해 간다.

얀 슬라비와 아힘 스테판은 "Enactive Emotion and Impaired Agency in Depression"(2013)이라는 논문에서 여덟 개의 설문지 항목을 응답자들에게 제시하고 이에 대한 답변을 얻었다. 응답자 이름은 익명으로 처리하고 번호로 표기했다. 응답자의 다음 대답은 설문지 4번 항목 '당신의 신체는 우울할 때 어떻게 느껴집니까?'라는 질문에 대한 답이다. '피곤하고 무기력하다. 걷기라는 간단한 작업을 수행하는 데 너무 큰 노력이 필요하다'(#308, Q4). 몸은 종종 '피곤하고, 무겁고, 무반응'(#21, Q4), '납'으로 묘사(#137, Q4), 동반 이동하기에 '납처럼 무겁다'(#26, Q4)(Jan Slaby & Achim Stephan, 2013, 14쪽). 그리하여 우울증 환자에게는 세상과 자신과의 관계가 완전히 변하는데, 그 이유는 일상적 맥락에서 활동을 제대로 수행하지 못하기 때문이다. 그들에게는 일상적인 작업조차도 엄청난 노력이 필요하다. 자신이 무언가를 할 수 있다는 감각은 완전히 침식되지는 않지만 무언가를 해야 할 때 각 작업에 대해 필요한 노력의 추정치는 예전과 같지 않다(Slaby, 2013, 15쪽).

신체화의 변형으로서 몸에 대한 경험과 관련한 우울증 현상은 노년 우울과 관련하여 주목해 볼 필요가 있다. 노화로 인해 신체가 쇠퇴하여 감에 따라 노인에게 신체는 능동적이고 정서적으로 반응하는 살아 있는 몸으로 이해되기보다 점점 단순한 물체처럼 느껴지는 것으로 변해 간다. 그리하여 자신의 신체가 객관화되고 기능 장애를 가짐으로써 자신과 세상 사이에 균열이 생긴다. 이것은 정서적 자기 인식에서 근본적인 변화를 의미한다. 그 결과 그는 헤어나지 못하는 존재의 신체적 느낌을 갖게 되며, 자신과 다른 사람과의 사이에 어떤 벽 같은 것이 있고, 이전에 의미 있던 환경에서 고립된 느낌을 갖게 된다. 그럼으로써 그는 갇히고 세상이나 다른 사람들과 접촉하기 위해 손을 뻗을 수 없는 그런 감정을 갖게 된다. 그 결과 소외감, 비인격화, 심지어 육체적으로 존재하지 않는다는 느낌이 뒤따를 수 있다. 이것은 근본적인 자기 소외감이라 할 수 있다.

많은 우울증 치료에 관한 보고에 따르면 환자에게 제시된 설문지의 응답자들은 무능력과 무능력에 대한 감각으로 인해 그들은 완전히 행동할 수 없고, 때로는 단순한 행동조차 취하는 데 엄청난 어려움이 있었다고 이야기했다(Slaby, 2013, 11쪽). 행위를 하는 것의 어려움은 우울한 환자가 '접촉'을 하는 것을 방해하고 그 결과 세상과 타인이 자신에게서 멀어지게 만들고, 접근하기 어렵고, 종국에는 심지어 이질적이고 위협적인 느낌까지 갖게 된다. 자신이 행동할 수 없다는 것을 아는 것은 가능한 미래의 사건에 대한 관계가 근본적으로 변경된 것을 의미한다. 미래 사건들은 불가피하게 낯설게 보일 것이며, 이상한 외부 세력에 의해 설치되거나 발생하여 통제할 수 없고, 따라서 잠재적으로 위협적으로 보일 것이다. 그들은 자신이 말할 수 없는 일들에 맡겨져 있다고 느낀다.

변경된 시간 경험

노화는 시간을 통해 삶을 사는 것living a life through time이라 할 수 있다. 삶은 시작, 중간, 끝이라는 형태를 가지고 있다. 우리는 살면서 일종의 의미를 만들거나 혹은 만드는 데 실패하는 것으로 우리의 삶을 의식한다. 시간을 통해 삶을 사는 것은 과거를 갖는 것having a past이다. 과거의 행동과 나의 관계는 현재와 미래에 내가 해야 할 일이 있다는 것을 의미한다. 그와 같은 연속성 속에서 우리는 안심하기도 하고 후회하기도 한다(Bavidge, 2016, 215쪽). 그러나 우울증 환자는 그가 우울한 사건을 경험하는 동안 변경된 시간 감각을 가졌다고 말한다.

우울하면 과거와 미래가 세 살짜리 아이의 세계에서와 같이 현재 순간에 의해 완전히 흡수된다. 기분이 나아졌던 때를 당신은 알 수 없다. 적어도 분명하지는 않다. 기분이 나아질 미래를 확실히 상상할 수 없다. 이처럼 시간 감각에 대해 고장이 나면 어떤 관점도 없어진다.

우울한 에피소드 동안 나에게 시간은 중요하지 않다. 나는 시간의 길을 잃는다. 애들이 갑자기 학교에서 문을 통해 우르르 나왔을 때 나는 온종일 뭐 했는지 의아했다. 시간은 흘렀지만 나는 아무것도 한 것이 없고 한 생각만 하는 것조차도 온종일 걸린 것 같다. 내 주변의 모든 것은 일상과 예정된 활동을 계속하는 것 같고, 모든 일이 일어나는 것을 보고 있는 것 같지만 나는 마치 내가 거품 안에 있는 것처럼 그것의 일부인 것 같지 않았다. 내 생활은 해야 할 필수적인 것에 토대를 두고서 기계적으로 된다. 아이들은 먹일 필요가 있고, 접시는 씻을 필요가 있고. 교복은 깨끗해야 하고. 인생의 다른 모든 것은 보류된다(#117, Q6).(Slaby & Stephan, 2013, 16쪽. 위의 응답은 설문지의 6번 항목에 해당한다. 6번 항목의 질문은 다음과 같다. "당신이 우울할 때 시간이 다르게 느껴집니까? 그렇다면 어떻게?")

우울할 때 시간은 더 느리게 흐르고 멈추는 것 같다. 억압이라는 단어가 떠오르고 언제 일시적 중지respite가 올지 두려움이 커진다(#231, Q6).

부정적으로 생각하고 위협을 느끼며 나쁜 일이 일어날 것 같다(#312, Q8).(위의 논문, 17쪽. 위의 응답은 설문지의 8번 항목에 해당한다. 8번 항목의 질문은 다음과 같다. "우울할 때 당신의 삶은 우울하지 않을 때와 비교하여 어떻게 다르다고 생각하십니까?")

나는 편집증적이고 비관적이며 나 또는 다른 사람에게 나쁜 일이 일어날 것이라고 확신한다(#85, Q2).(위의 논문, 18쪽. 위의 응답은 설문지의 2번 항목에 해당한다. 2번 항목의 질문은 다음과 같다. "당신은 우울할 때 세상이 다르게 보입니까? 그렇다면 어떻게?")

만일 우울증 환자가 여전히 미래 상태를 예상하거나 상상할 수 있다면 현재, 과거, 미래, 세 가지 시간적 차원 모두 존재한다. 그 경우 환자는 과거와 관련해서는 죄책감(예컨대 과거의 무능력과 행동 실패를 반영하는 감정)을, 현재와 관련해서는 수동성, 무능력, 쓸모없음,

고립감, 타인에게 부담을 지우는 감정(예컨대 주로 자신의 현재 무능력을 겨냥한 감정)을, 미래에 대해 예상할 때는 침체된 느낌, 불행, 재앙, 파멸의 느낌(예컨대 미래 상황을 예상하는 감정)을 갖는다. 이 모든 것이 주요 우울증 환자의 상태라 할 수 있다. 전반적으로 이 상태는 고립된 느낌, 사물과 사람으로부터 단절된 느낌, 위협받고 무력한 느낌, 삶의 희망과 의미가 없는 느낌, 다른 사람에게 짐이 되는 느낌을 갖는다. 이처럼 우울증은 환자의 기관을 완전히 침식시키거나 일시 중지시킴으로써 심지어 그의 실천적 관점을 파괴하고 세상을 바라보는 인간의 실존적 관점의 근간을 흔든다.

이상과 같이 노화와 노화로 인한 우울증이 행위의 불가능성, 변형된 시간 감각과 관련된다고 이해했을 때, 노화로 인한 우울증을 치료하기 위한 해결책을 찾기 위해서는 활동성(능동성)에 대한 전통적 견해를 재고해 볼 필요가 있다. 보부아르는 미래에 대한 기투성은 우리의 능동적 활동성과만 관련이 있다고 주장한다. 그에 따르면 겪는 것(수동성)은 활동이 아니다. 성장, 숙성, 노화, 소멸, 이렇게 시간의 흐름은 예정되어 있으며 불가피하다(Beauvoir, 1972, 601쪽)고 그는 말한다(Bavidge, 2016, 220쪽). 그러나 마이클 베이비지는 기투성은 활동만을 의미하지 않는다고 주장한다.

> 우리는 거의 또는 전혀 통제할 수 없지만, 여전히 행동하는 특정 상황과 상황에 처해 있다. 우리가 하는 일은 순전히 능동적 활동성만은 아니다. 우리는 물리적 환경에 의해 제한을 받으며 우리의 반응은 다른 사람들의 행동을 받아들이는 것이다. 활동에 항상 주도권이 있는 것은 아니다. 우리는 성장, 성숙, 늙고 죽어가는 수동성을 관리한다(Bavidge, 2016, 220쪽).

노화를 시간을 통해 삶을 사는 것으로 보고, 인생에서 전혀 통제할 수 없지만, 여전히 행동해야만 하는 상황에 직면할 수 있으며, 우리는 외부 환경에 제한을 받으며, 다른 사람들의 행동에 반응해야 하며, 활동에 항상 주도권이 있는 것은 아니라는 사실을 받아들이게 되면 늙음에 대해 다시 생각해 볼 기회를 갖게 된다. 우리는 성장, 성숙, 늙고 죽어가는 수동성과 의존성에 대해 재고하게 된다.

4 노인이 된다는 것

노년에는 활동이 감소하고 의존성이 증가한다. 이로 인해 생기는 부정적 느낌이 우울감이다. 노년기에 활동적인 상태를 유지하기 위한 모든 노력에도 불구하고 결국 의존성이 기다리고 있다. 그러나 이 의존성이 부정적인 것만은 아니다. 노년에는 어떤 측면에서 돌봄을 받게 되는데, 이것은 능동성만큼이나 분명히 인간적이기도 하다. 오직 인간 또는 인간과 매우 유사한 존재들만이 모욕을 당하고, 칭찬을 받고, 교육을 받고, 비난받고, 사랑받고, 희생되거나 용서받을 수 있다. 이러한 수동성 중 많은 부분이 좋은 것이다. 인간이기에 사랑받거나 칭찬받거나 용서받을 수 있다. 실제로 그들 중 일부는 우리가 가질 수 있는 가장 긍정적인 경험이다. 많은 사람들은 다른 사람에게 의존하게 될 것이기 때문에 늙어 가는 것을 두려워한다. 삶의 모든 단계에서 우리는 다른 사람들에게 의존한다. 노인이 되는 것은 확실히 점점 더 의존적이고 따라서 더 취약해지는 것이다. 그러나 그것은 또한 새로운 신뢰 관계를 위한 기회이기도 하다. 이것은 쉽게 오지 않을 수도 있지만, 품위를 떨어뜨리는 것은 아니다.

앞서 나는 노년 우울감의 원인을 신체로 보았다. 신체의 노쇠로 인해 가능한 활동성이 줄어들게 되면 내가 가능성에 대한 감각으로 정의한 감정으로서 '우울감'을 느낄 가능성이 높다. 이를 극복하기 위해서는 앞서 논의한 어포던스 개념(행위 가능성, 행위 지원성, 행위 유도성)을 바탕으로 한 환경의 활용을 통해 노약자와 노약자의 가능한 활동을 인식하고 장려할 필요가 있다. 그뿐만 아니라 늙음에서 오는 수동성과 의존성에 대한 부정적 시각에서 벗어나 '돌봄'에 대한 긍정적 시각을 가질 필요가 있다.

철학에서는 자율성을 강조하고 인간을 행위자agents로 생각한다. 활동성은 좋고 수동성은 나쁘다고 많은 철학자는 주장해 왔다. 자율적이지 않은 모든 활동은 우리 자신의 무능함으로 간주되거나 세계에 비협조적임으로 인해 발생하는 위험에 노출되어 있다는 주장이 지배해 왔다. 이러한 맥락에서 베이비지는 노년을 보다 긍정적으로 바라보기 위해서는 활동으로 간주되는 것에 대해 보다 폭넓은 관점을 취하고 의존성에 대해서는 덜 부정적인 관점을 취해야 한다고 주장한다(Bavidge, 2016, 221쪽).

노년기는 많은 것들을 상실하는 시기다. 사랑하는 사람들과 친구들, 직업, 재산, 건강, 신체적 기능, 신체적 매력, 사회적 지원 체계나 사회망 등을 잃게 된다. 노년기의 이와 같은 변화에 대해 대처하는 방식은 사람마다 다르다. 권유경에 따르면 어떤 노인들은 전 생애 동안 발달시킨 대처 전략을 사용하여 노년기의 도전을 극복하고 놀라운 적응력과 회복성을 보인다. 다른 노인들은 우울증 치료를 통해 매우 긍정적 결과를 보이기도 한다. 그러나 평생 성공적인 삶을 영위한 노인도 노년기의 갑작스럽고 계속되는 부정적인 변화에 압도되어 우울증을 앓게 될 수 있다. 이때 적절한 중재가 주어진다면 긍정적인 변화를 가져올 수 있다(권유경, 2016, 28쪽).

12장

우리 시대의 효, 어떻게 볼 것인가

장미성

1 노인이 노인을 돌보는 시대 효의 의미

전 세계가 고령사회로 이행되면서 노동력을 지닌 인구수가 감소하고 반대로 부양해야 할 노인 인구가 증가하고 있으며, 이와 함께 여러 사회적 문제들이 대두되고 있다. 우리나라는 2019년 고령사회로 이미 진입했고, 2024년에는 이미 초고령사회로 진입했다. 더군다나 저출산 흐름의 지속으로 인구가 감소하면서 2027년에는 생산연령인구 세 명이 노인 한 명을 부양해야 하는 시대가 올 것으로 예상된다. 기대 수명은 계속 늘어나 100세 시대, 120세 시대를 바라보고 있지만, 한국인의 현재 기대 수명인 82.4세 중 생애 마지막 17.5년은 병으로 고생한다고 한다.

이제는 성인 자녀가 노부모를 돌보는 시대가 아니라 노인 자녀가 노인 부모를 돌보는 시대가 되었다. 노인 자녀들은 노부모를 삶의 중심적이고 가장 가치 있는 것으로 받아들인다. 하지만 노부모가 병에 걸리거나 노화로 인해 신체적 활동이 급격히 떨어져 노인 자녀에게 더 의존하게 되면 노부모과 노인 자녀들의 관계는 변하게 되고, 노부모의 삶의 연장과 병원비로 인해 일상생활이나 삶의 계획까지 바꾸게 된다면 노인 자녀들은 효도보다 원망이나 죄책감에 시달리게 된다.

그렇다면 노부모와 노인 자녀들 간의 효 문제는 다른 노인 문제처럼 국가 정책이나 복지 정책으로 해결할 수 없는 극히 개인적이고 윤리적인 문제일까? 아니면 2017년 12월 12일 개정된 '효행 장려 및 지원에 관한 법률'처럼 국가 정책이나 법으로 해결해야만 하는 문제일까? 기대 수명 증가에 따라 더 많은 연수를 노부모의 부양으로 보내야 할 상황에서 효는 어떤 의미가 있을까? 동양철학에서의 효의 의미는 거의 종교와도 같은데, 이런 철학과 문화가 오늘날 현실에 여전히 적용될 수 있을까?

서양 윤리학 중 칸트의 의무론이나 밀의 공리주의는 사적인 효의 의무보다는 보편적 도덕규범을 주장하고 있어서 효에 대한 특별한 추가적 의무를 부여하는 데는 관심이 없었다. 공리주의자는 우리가 낯선 사람들을 돌보아야 하는 것보다 우리 부모님을 돌보아야 하는 더 강력한 이유를 설득력 있게 말할 수 있다 하더라도 이런 이유가 부모님 이외의 다른 사람들을 돌봄으로써 더 많은 좋은 결과를 초래한다면 무시될 것이다. 그렇다면 효에 대한 사적인 관계나 특별한 의무에 관해 덕 윤리적 관점은 어떠할까? 우선 현대 철학자들이 규정하는 효의 개념을 살펴보고, 아리스토텔레스의 덕 윤리 속에서 주장하는 부모 자식 간의 사랑이 무엇인지, 그리고 이 개념을 어떻게 오늘날 우리의 삶 속에 확대하여 적용할 수 있을지 살펴보자.

2 효에 대한 다섯 가지 시선

다이앤 제스케에 따르면 현대 철학자들은 효의 개념을 크게 다섯 가지로 설명한다(Jeske, 2016). 첫째는 레이먼드 벨리오티의 채무 이론(Belliotti, 1986)이고, 둘째는 프레드 버거와 제프리 블루스타인의 감사 이론(Berger, 1975; Blustein, 1982), 셋째는 시몬 켈러의 특별한 재화(goods) 이론(Keller, 2006), 넷째는 제인 잉글리시의 우정 이론(English, 1992), 마지막으로 다섯째는 크리스티나 호프 소머스의 사회 역할 이론(Sommers, 1986)이다.

우선 채무 이론은 우리는 부모에게 우리 존재뿐만 아니라 양육과 교육에 들어간 지원, 결혼 자금, 기타 취미 생활에 이르기까지 엄청난 것을 받았기 때문에 빚을 갚을 의무가 있다는 것이다. 채무 이론은 생물학적이건 돌봄과 양육과 관련되건 간에 부모님이 우리에게 해 준 것을 대출 모델로 구상한다. 우리의 부모는 우리에게 무언가를 주었고, 우리는 그 빚을 갚아야 한다는 것이다. 분명히 성인 자녀는 부모를 낳거나 부모를 키울 수 없다는 점에서 우리는 동등한 가치의 혜택, 예를 들어 그들의 의존적인 시기인 노후에 그들을 돌보는 것으로 갚아야 한다는 것이다.

벨리오티는 부모의 유전적 기여가 우리의 정체성을 구성하는 데 큰 역할을 했으며, 자아 형성에 부모가 공헌했기 때문에 효를 행해야 한다고 말하는데, 이때 부모의 긍정적 공헌을 어떻게 증명할 것인가에 대한 의문이 제기된다. 제스케도 지적했듯이 나에게 DNA를 주었다는 사실만으로는 내가 부모님께 의무를 다해야 한다고 말하기에는 충분하지 않아 보이며, 그 책임이라는 것이 부모를 넘어서 조부모나 증조모 등으로까지 이어진다면 과연 어디까지 소급되어야 하는지 말하기 힘들기 때문이다. 심지어 자식을 버린 부모나 성폭력을 한 생물학적 아버지에게 어떤 종류의 의무가 있다고 제안하는 것은 도덕적으로 혐오스러운 것처럼 보인다.

그럼에도 불구하고 효를 채무 의무로 생각하는 것은 동서양을 막론하고 효의 기본적인 의미로 간주되었다. 문제는 정확히 누가 부모이며, 어떤 혜택을 얼마만큼 갚아야 할지다. 어릴 때부터 착하고, 손이 덜 가며, 학원을 보내지 않아도 공부를 잘했다면 까탈스럽고 양육에 돈이 많이 들어간 자녀보다 덜 효도해도 되는 것일까? 물론 자녀들을 키울 때 그 자녀들을 위해 하는 희생을 채무로 생각하는 부모는 없을 것이다. 따라서 채무 이론보다 더 나은 이론이 필요하다.

감사 이론은 부모에게 받은 것을 빚의 개념으로 돌려주기보다 내가 더 많이 감사할수록 더 많이 갚아야 한다는 것이다. 채무 이론과 달리 감사 이론의 장점은 액수가 정해져 있지 않다는 것이다. 버거에 따르면 감사 의무 이론은 받은 혜택에 적합한 감사를 느끼는 것을 표현할 의무다. 감사란 정확히 받은 양만큼 갚아야만 하는 것은 아니다. 내가 큰 것을 받았더라도 마음이 담긴 손편지와 작은 선물로도 갚을 수도 있으며, 효 역시 내가 느끼는 대로 내 상황에 맞게 갚는 것으로 이해될 수 있다.

하지만 이 이론의 경우 엄청난 수고와 희생으로 자식을 키운 부모와 별 수고를 들이지 않고 방치하여 자식들을 키운 부모에게 어떤 식으로 감사를 표현해야 할지 고려하기 쉽지 않다. 또한 감사의 표시가 무엇인지도 사실 사람마다 다르고, 받아들이는 것도 사람마다도 다르다. 주는 입장에서는 어떤 선물도 받은 혜택에 비해 작다고 느낄 수 있기 때문이다. 부모가 원해서 대학을 결정하고 배우자까지 결정했는데, 나중에 내 마음에 들지 않을 경우에 어떻게 할 것인가? 부모가 나를 고통스럽게 하고 힘들게 했을 때, 그것으로 인해 나 자신이 더 단단해졌다면 나는 부모에게 감사해야만 하는가의 문제도 발생한다.

특별한 재화 이론이란 부모가 특별하게 나에게만 준 것이 있고, 자식 역시 부모에게 특별한 존재라는 것에 기초한다. 부모에 관한 자식의 의무는 단지 부모의 생계를 책임지거나, 감사의 표시를 하는 것, 또는 부모와 우정을 나누는 것 외에 다른 누군가가 절대 줄 수 없는 것을 준다는 것이다. 예를 들어 부모는 자녀가 설과 추석에 방문하고, 팔순 잔치를 열어 주는 것을 받을 수 있고, 자녀가 성장하여 발전하는 과정을 지켜보면서 '즐거움과 지혜' 등을 얻을 수 있다. 자녀들 또한 부모로부터 특별한 재화를 받는데, 필요할 때 부모님의 조언을 얻을 수 있고, 자신에 대한 이해를 증진시킬 수 있다. 따라서 이 이론은 성인 자녀가 노부모에게 특별한 재화를 제공할 특별한 의무가 있다고 주장한다.

하지만 이런 특별한 재화가 부모 자녀 관계에서 가장 자주 발생하지만 다른 관계에서도 발생할 수 있다고 볼 수 있지 않을까? 부모가 자주 부재중이어서 그 아이를 자주 돌본 이웃 아주머니에 대해서도 특별한 재화 이론이 적용될 수 있지 않을까? 이 경우 효란 다른 관계로 확대될 수 있으며, 개인적인 윤리가 아닌 정책적으로도 확대될 수 있다.

우정 이론은 채무 이론과 감사 이론의 난점을 극복하고자 제시된 것이다. 이는 과거 부모와의 관계가 아닌 현재 관계에 바탕을 두고, 부모 자식 간에 우정의 의무가 있다는 것을 주장한다. 부모와 자식의 관계는 상호 호혜성이 아니라 상호 의존성에 있다. 친한 친구 사이에는 빚도 감사도 꼭 되갚아야 하거나 표현해야 할 의무는 없다는 것이다.

의무와 호의는 구분되어야 한다. 잉글리시는 친구 관계인 A가 B에게 밥을 네 번이나 샀는데 B는 한 번밖에 안 샀다면 B는 A에게 빚을 졌다고 말할 수 있는가를 묻는다. 물론 계속해서 A는 밥을 사고 B는 계속 돈을 내지 않는다면 친구 사이는 깨질지도 모른다. 그럼에도 불구하고 A가 B도 자신이 밥을 산 만큼 상대방도 밥 사기를 원한다면 이 둘의 관계는 친구가 아닌 비즈니스 관계일 것이다.

서로 호의를 베풀고 빚을 갚는 것은 서로의 이익을 위해서이지만, 친구란 감정과 친밀감에 베푸는 관계다. 마찬가지로 어머니가 아프셨을 때 병원에 모셔다 드리는 것은 어머니의 필요에 의한 것이지 어머니가 나를 힘들게 낳았을 때를 생각해서 빚을 갚는 행위는 아니다. 결론적으로 잉글리시는 자식들이 효를 행하는 것은 부모님의 필요에 따라서, 저마다의 능력과 재력에 따라 행해야 하며, 이는 자녀가 받았던 것을 갚는 것이 아니라 부모와의 우정을 확대하는 것이라고 주장한다. 또한 이전에 부모님이 양육과 교육에서 했던 일에 비례적으로 효를 행해야만 하는 것은 아니다. 만일 그렇다면 어렸을 때 잔병치레가 심하고 키우기 어려운 아이가 더 효도해야 하는데, 오히려 예전에 키우기 쉬운 아이였더라도 지금의 직업과 연봉에 따라 경제적 부분의 효를 행하는 데 차이가 날 수 있을 것이다.

잉글리시는 결혼 반대로 부모님과 30년간 절연하고 산 아들은 부모에 대한 효의 의무가 없다고 주장하는데, 그 이유는 이들이 지금은 서로 사랑하지 않기 때문이라는 것이다. 사랑이야말로 효의 동기가 되어야 하며, 이는 경제적 지원뿐만 아니라 감정적 지원도 필요하다는 것이다. 다시 말해서 효는 호의를 갚는 것으로서의 상호 호혜주의reciprocity가 아닌 상호 우애mutuality에 바탕을 두어야 한다.

하지만 부모 자녀 간의 관계도 이렇게 친구의 관계로 말할 수 있을지는 의문이다. 친구 관계가 누구는 늘 호의를 베풀기만 하고 누구는 늘 받기만 할 때 그 관계를 계속 유지하기 힘들지만, 부모와 자식 간의 사랑은 내리사랑으로, 부모는 늘 더 많은 것을 주고 있으며, 이렇게 주고받는 것이 기울어져 있다 해도 그 관계를 깨기는 힘들어 보이기 때문이다.

마지막으로 소머스는 효란 우정이 아닌 사회적 역할에 의해 규정된 특별한 관계에서 나온다고 설명한다. 성인 자녀의 효는 낯선 이보다 부모에게 더 감사하고, 충성되며, 세심하고, 존경해야 한다. 사회의 역할은 어떤 기대를 낳기 때문에 자식들은 이 기대에 부응할 의무가 있으며, 기대가 좌절되면 일반적으로 비난을 받기 때문이다. 하지만 아직도 미성년자에게 실시된 여성 할례를 부모에 대한 복종과 효심으로 여긴다든지, 부모님이 돌아가셨을 때 예전처럼 50일장이나 100일장을 사회적 역할의 효로 주장하는 사람이 있다면 문제가 심각하며, 사회적 역할과 이에 따른 효도의 의미는 시대적으로 나라마다 다르기 때문에 각 상황에 맞는 효의 개념이 필요해 보인다.

그렇다면 효에 관한 아리스토텔레스의 주장은 무엇일까? 현대적 효의 의미가 의무보다는 우정이나 감사의 보답 쪽으로 간주된다면 우정 이론의 하나로 효의 개념을 다루었던 아리스토텔레스 효의 개념을 검토하는 것은 필요해 보인다.

3 아리스토텔레스, 친애로서의 효를 말하다

부모 자식 간의 친애

아리스토텔레스의 필리아philia는 흔히 우정, 우애, 친애 등으로 번역되는데, 이를 우정이라고 하기 힘든 이유는 모든 종류의 사랑을 다 포함하기 때문이다. 우정은 타인인 친구와의 사랑을 뜻하는데, 아리스토텔레스의 필리아는 왕과 신하, 주인과 노예, 남편과 아내, 부모 자식 간의 사랑까지 모두 포괄되는 개념이다.

아리스토텔레스는 『니코마코스 윤리학』 9권 4장에서 친애의 특징을 다섯 가지로 설명한다. 친구란 1) 내가 아닌 상대방에게 좋은 혹은 그렇게 보이는 것을 바라고 행하는 사람, 2) 그가 존재하고 살아 있기를 바라는—어머니들이 자식들에게 느끼는 감정이나 서로 떨어져 있는 사람들에게서 느끼는 감정처럼—사람, 3) 같이 지내고, 4) 동일한 가치를 선택하는 사람, 5) 고통과 기쁨을 함께 나누는 사람이다.

여기서 부모자식 간의 친애는 3) 같이 지내는 것을 바탕으로, 1) 서로에게 좋은 것을 바라고 행하며, 2) 어머니처럼 상대방의 존재를 열망하며, 4) 동일한 가치를 선택하고, 5) 서로의 고통과 기쁨을 함께 나누는 관계이기 때문에 친애의 특성을 모두 다 가지고 있다고 볼 수 있다. 그렇다면 이런 특징 중 타인과의 관계와 다른 부모 자식 간의 특별한 친애는 무엇일까?

아리스토텔레스도 『니코마코스 윤리학』 8권 12장에서 가족적, 친족적 친애와 절친 사이의 친애가 다른지를 묻는다. 시민들 사이에서의 친애나 촌락 사람들 사이에서의 친애, 같은 배를 탄 사람들끼리의 친애와 같은 종류의 것은 유대 관계 속의 친애에 가깝다고 하면서 이런 종류의 친애는 어떤 동의나 합의에 따라 존재한다고 설명한다. 게다가 손님에 대한 친애 역시 이런 부류에 넣는다. 하지만 이 단락에서 아리스토텔레스는 부모 자식 간의 친애를 합의에 따른 유대 관계 속의 친애 부류에 넣는지 명확하게 말하지 않는다.

그다음 문장은 "가족적, 친족적 친애 역시 여러 형태를 띠는 것으로 보이는데, 모두 가부장적 친애에 의존한다"라는 것이다 (1161b17). 여기서 '가부장적'이라는 용어는 아버지의 출산의 결과로 만들어진 가족들 간의 관계라는 원인의 의미, 가족 간의 친애는 아버지 또는 아버지의 역할을 언급해야만 하는 관계라는 논리적 의미, 아버지의 자식 사랑이 가족적 친애의 필수 조건이라는 심리적 의미를 모두 포함한다. 또한 그 앞 장인 8권 11장에서 가부장적 친애는 아버지와 아들, 목자와 양, 신과 인간의 관계로 설명한다. 따라서 부모 자식 간의 친애가 절친의 관계와 다른 점은 아버지가 중심이 되고, 선행의 우월성에서 차이가 나서 아들이 아버지를 사랑하는 것에 비해 아버지가 아들에게 하는 것이 너무나도 크다는 데 있다(1161a16).

또 다른 특징으로 타인과의 관계에서의 친애는 서로에게 선의를 가지고 있고 동일한 것을 주고받을 때부터 시작되지만, 자식은 태어나면서부터 부모에게 사랑을 줄 수 없다는 것이다. 부모는 자식이 태어나는 순간, 아니 그보다 태어나기 전부터 자식을 사랑한다. 반면에 자식은 시간이 지난 뒤 이해력이나 지각력이 있고 나서야 부모를 사랑할 수 있다(1161b26~27).

그리고 이들의 사랑은 다른 친애와는 다르게 "본성상 부모가 자식에 대해, 또 자식이 부모에 대해 가지는 것으로 보인다."(1155a17) 이것은 새를 비롯한 다른 동물에서도 있는 것으로, 동물적 본성에 가깝다. 하지만 아리스토텔레스는 여기에서 멈추지 않고 동물과는 다른 인간의 부모 자식 간의 친애를 규정하면서 친애의 범위 또한 가족을 넘어 친족과 인류 전체까지 확대한다. 다시 말해서 본성상 생겨난 사랑은 동물도 가지고 있는 모성애라는 뜻의 스토르게storgē와 같지만, 부모 자식 간의 친애는 여기에 머무르지 않고 그 범위가 확대된다는 것이다. 아리스토텔레스에 따르면 모든 인간이 다른 인간의 친척이며 친구라는 사실을 여행을 통해 알 수 있기에 우리는 인류를 사랑하는 자philanthropos를 칭찬한다는 것이다(1155a17~22).

나아가 아리스토텔레스는 모든 사랑, 즉 친애를 세 가지 종류로 구분한다. 이는 무엇을 주고받는지에 따라 구분되는데, 서로에게 쾌락을 주고받거나, 유익을 주고받거나, 덕을 주고받는 것이다. 열등한 사람은 쾌락이나 유익을 위해 친구가 되며, 좋은 사람들은 덕을 이유로 친구가 되는데, 엄밀한 의미에서 친구란 오직 좋은 사람들 사이에서만 성립한다(1157a19, 31~32). 그리고 동등한 관계에서 이루어지는 친애가 있고, 동등하지 않은 사람들 사이에서의 친애가 있다. 따라서 친애의 관계는 동등한 관계와 비동등한 관계에서 쾌락을 주고받는 것, 동등한 관계와 비동등한 관계에서 유익을 주고받는 것, 마찬가지로 동등한 관계와 비동등한 관계에서 덕을 주고받는 여섯 가지 종류로 구별된다.

그렇다면 이 중 부모 자식 간의 친애는 어디에 해당할까? 사실 부모 자식 간의 친애는 비동등한 관계에서의 친애라는 것이 위의 선행의 우월성에서 보았듯이 당연할 것이다. 그렇다면 부모 자식 간의 친애는 비동등한 관계로서 쾌락을 주고받거나 유익을 주고받거나 덕을 주고받을 것이다. 이것들 중 아리스토텔레스는 부모 자

식 간의 친애를 쾌락을 위한 친애와 유익을 위한 친애에 비유하는
데, 자식과 부모 간의 친애는 모르는 사람들 사이에서 성립하는 친
애보다 더한 즐거움과 유익을 함께 가지며, 그들의 삶이 공통인 만
큼 그 정도가 더하다고 설명한다(1162a7~9).

　이런 설명은 앞서 ˙특별한 재화 이론의 켈러가 주장한 것과 맞
닿아 있다. 하지만 아리스토텔레스는 어떤 부분에서 더한 즐거움과
유익을 주는지에 관한 구체적 설명은 주지 않는다. 아마도 그는 9권
4장에서 말하는 친애의 특징 중 같이 지내는 시간이 가장 많고, 서
로에게 좋은 것을 바라며, 서로의 존재를 열망하고, 서로의 고통과
기쁨을 함께 나누는 관계 중 부모 자식 간의 관계가 가장 밀접하고
친밀하기 때문이라는 상식적인 생각에 기초했을 것이다.

　그렇다면 부모 자식 간에 덕을 주고받는 완전한 친애의 경우는
가능할까? 조셉 쿠퍼에 따르면 자식들은 어른이 되어도 부모와 성
숙한 친애의 관계를 맺지 못한다고 설명한다(Kupfer, 1990). 그 이유
는 다음의 세 가지다. 부모 자식 간의 관계는 다른 친구들처럼 1) 동
등한 관계가 아니며, 2) 서로 독립적이지 않다는 것이다. 서로 독립
적이지 않다는 것은 부모가 자식을 자기 자신으로 생각하여 애착
하는데, 이를 타인으로 인식하지 못하고 자신의 소유로 생각한다
는 것(1161b16~29)을 의미한다. 3) 부모 자식은 특별한 관계로, 정
체성, 무조건성, 영속성, 미적 가치와 같은 네 가지 본질적인 특성에
의존한다. 쿠퍼의 분석에 따르면 자녀와 부모는 자녀의 완전한 도
덕적 덕의 부족 때문에 친애 관계가 될 수 없다는 것이다.

　하지만 아리스토텔레스의 친애에 관한 설명을 자세히 들여다
보면 그는 부모 자식 간의 관계를 비동등한 관계의 첫 사례로 꼽지
만, 자식은 부모의 그늘 아래 비독립적으로만 존재하지 않고 성인

이 되면 자기만의 가족도 꾸리고, 부모에게 독립적인 존재로 사랑을 줄 수 있다. 또한 부모 자식 간의 관계도 친애의 관계로 규정한 만큼 완전한 친애의 가능성을 배제할 수는 없을 것이다. 부모 자식 간의 친애가 덕을 주고받는 완전한 친애가 된다면 이들은 서로에게 유익을 주는 것이 아니라 덕을 선택한 만큼 고귀한 것을 주고받으며 품성에 걸맞은 것을 되돌려주어야 한다.

이와 같이 아리스토텔레스에게 가족의 사랑은 다른 모든 친애의 기초가 되며, 국가의 정치적 친애를 위한 원인이기도 하다. 그는 『니코마코스 윤리학』 8권 10장에서 가족 간의 사랑을 정치 체제에 빗대어 설명하기도 했다. 아버지와 아들의 관계는 군주정과 같고, 남편과 아내의 관계는 귀족정과 같으며, 형제들 간의 관계는 민주정과 같다는 것이다. 이런 이유로 아리스토텔레스는 가족의 사랑을 흐리는 플라톤의 공동 육아를 비난하면서 쿠퍼가 주장한 세 번째 특징을 강조하는데, 각각의 친애의 고유한 특징은 오히려 보편적 설명을 해치는 것이 아니라 행위자와 관계의 특이성으로 인해 고유성을 살리면서 다른 친애로 함께 묶을 수 있는 유사성을 갖는 것이다.

8권 7장에서도 아리스토텔레스는 비동등성의 친애를 아버지와 아들의 친애, 나이 차이가 많은 사람들 사이의 친애, 남편과 아내의 친애, 통치자와 피통치자의 친애로 설명한다. 그러면서 이들 각각의 탁월성과 해야 할 기능이 서로 다르며, 서로 사랑하는 이유가 다르기 때문에 쌍방이 각자 다른 편으로부터 동일한 것을 받는 것도 아니며, 그런 것을 추구해서도 안 된다고 말한다. 그래서 각각의 관계에서의 친애는 서로 다르다(1158b12~20).

결론적으로 아리스토텔레스는 부모 자식 간의 친애를 다른 친구들 사이의 친애와 다르게 보았다. 이 친애의 특징은 우월성에 근거하는 아버지 중심적이고, 본성에 기초하지만 이 친애를 확대하면 공동체의 친애가 세워질 수 있는 종류의 것이며, 비동등적인 친애로 고유하고 더한 즐거움과 유익을 주고받으며, 덕을 주고받는 완전한 친애로 나아갈 수 있는 종류의 것이다. 부모 자식 간의 관계가 공통인 만큼 그 정도가 더 하며(1162a8~9), 서로 가까우면 가까울수록, 그리고 함께 양육과 교육을 받을수록, 더 많은 시간을 보낼수록 강도가 센 것으로 검증받는다(1162a10~15).

부모의 사랑과 의무

아리스토텔레스가 주장하는 부모 사랑의 특징 중 첫째는 앞서 말했듯이 그것은 본성에 속하며, 이는 동물도 가지고 있는 것이라는 점이다(1155a16~19). 스토르게storgē로 불리는 이 사랑은 동물의 출산과 관련이 있다. 고슴도치도 제 자식은 사랑한다는 속담처럼 아리스토텔레스가 가리키는 이 사랑은 자신이 낳은 자식을 사랑하는 것이다. 아리스토텔레스는 고등동물이 자식을 더 오래 돌본다고도 설명한다.

둘째 특징은 부모는 자식이 태어나자마자 사랑한다는 것이다. 부모는 자식이 생겨난 순간부터 사랑하며, 반면 자식은 시간이 경과하고 부모를 부모로써 이해하고 지각하는 이후에 사랑한다는 것이다(1161b25~28). 이 특징은 첫째 특징인 동물적 본성에 속한다고 볼 수 있다. 하지만 오직 인간만이 출산으로 인한 자식의 사랑을 동물과는 다른 방식으로 승화할 수 있다. 인간은 홀로 살아갈 수 없고, 항시 다른 이들과 함께 살아야만 하는 존재이기 때문이다(1169a19~22).

오히려 인간은 개인적으로 사는 독자적 동물이 아니라 본성상 비슷한 존재들과 함께 사는 군집 동물이다. 그러므로 인간에게 국가가 없다고 하더라도 공동체와 어떤 정의가 있다. 가족은 일종의 친애 공동체다.(『에우데모스 윤리학』 1242a25~28)

셋째 특징은 부모의 사랑은 받는 것보다 주는 사랑이라는 것이다. 이 사랑이 친애의 특징을 가장 잘 표현한다고 아리스토텔레스는 주장하는데, 8권 8장에서도 "어머니들이 사랑하는 데서 기쁨을 느낀다는 사실이 그 징표다"라고 기술한다(1159a27).

넷째 특징은 부모가 자식을 자기 자신처럼 사랑한다는 것이다. 부모들은 자식들이 자신들의 일부인 것처럼 사랑하는데(1161b19, 28), 머리카락과 치아는 몸에 속하는 것처럼 아이도 부모에 속하기 때문이다(1161b18~24). 또한 아리스토텔레스는 부모가 자식을 사랑하는 것을 화가가 자기 작품을 사랑하는 것에 비유한다(1120b13, 1168a1~3). 시인의 경우도 시를 자식처럼 사랑하며 끔찍이 아낀다. 그 이유는 "존재가 모든 사람에게 선택할 만한 것이며 사랑할 만한 것이고, 우리는 활동energeia을 통해서 존재하는데 제작자는 어떤 의미에서 활동을 통해 작품ergon으로 존재하기 때문이다."(1168a6~8) 다시 말해서 제작자가 작품을 사랑하는 것은 자신의 존재 자체를 사랑한다는 뜻이다. 게다가 모든 사람들은 자신이 힘들여 이룩한 것을 더 사랑하는데, 이런 이유로 아버지보다 어머니가 더 자식들을 사랑하며, 이는 그들이 출산을 통해 아이들을 낳았고, 더 힘들게 키웠기 때문이다(1168a22~26).

다섯째 특징은 자식은 남편과 아내의 공통의 선으로서, 자식이 부부의 결합을 지속시키기 때문이라는 것이다(1162a27~29). 이런 이유로 자식이 없는 부부는 헤어지기 쉽다고 할 수 있다.

마지막으로 아리스토텔레스는 부모 사랑의 특징을 아버지의 기술과 양육술에 기초하여 사랑하는 것으로 설명한다. 『정치학』 1권 3장 가사 경영oikonomia과 가정의 부분들에서 아리스토텔레스는 가정의 부분으로서 주인과 노예, 남편과 아내, 아버지와 아들의 관계를 먼저 고찰한다. 아버지와 아들의 관계는 아버지의 기술과 아이 양육술에 기초하는데, 아이에 대해서는 왕의 방식으로 지배한다고 아리스토텔레스는 주장한다. 이는 본성적으로 남성이 여성보다 명령 내리기에 더 적합하다는 것이고, 나이 많은 사람이 젊은이와 미성숙한 사람보다 명령 내리기에 더 적합하기 때문이라는 것이다 (1259a41~1259b4).

그렇다면 우리는 아버지의 기술과 양육술은 어떤 것이며, 이것이 부모의 의무인지 검토해야만 한다. 왜냐하면 우리는 효를 의무로 생각하는데, 만일 효가 자식이 부모에게 받은 것을 돌려준다는 의미라면 부모 또한 자식에게 의식주와 교육을 제공할 의무가 먼저 선행되어야 하기 때문이다. 아리스토텔레스는 부모의 양육과 교육에 대해 다음과 같이 설명한다.

> 아버지는 자신의 존재 원인이며, 이것이 가장 큰 선행으로 보인다. 또 양육과 교육을 책임지고 있으니까. 이러한 것들은 또 조상에게도 돌려진다. 본성상 아버지는 자식에게, 조상은 후손, 군주는 군주적 다스림을 받는 사람들에게 지배적인 권위를 갖기 마련이다. 이러한 친애는 우월성에 근거하는데 부모들이 존경을 받는 것은 바로 그 때문이다. 이러한 경우들에 있어서 정의는 동일한 것이 아니라 가치에 맞는 것이다. 친애의 경우 또한 마찬가지이니까(1161a17~23).

물론 부모의 의무가 무엇이며, 어디까지 부모가 사랑을 제공해야 의무인지는 정의 내리기 쉽지 않다. 부모가 일주일에 몇 시간 자식들과 시간을 보내야 하는지, 햄버거 대신 야채와 생선을 제공해야만 하는지, 감기 걸렸을 때 밤중에 일어나 체온을 재고 물수건을 머리에 올려야 하는지 등 부모로서의 의무가 어디까지인지 측정할 수 없다. 그런데도 부모가 자식을 훈육하고 양육해야 한다는 아리스토텔레스의 설명은 부모란 단지 유전자를 물려주는 것뿐만 아니라 자식들을 제대로 훈육하고 양육하는 사람들이라는 뜻이다. 그리고 이런 부모의 의무로서의 노력과 희생이 나중에 자식들에 의해 반드시 되갚음을 받아야 한다고 말할 수 없다. 왜냐하면 부모의 사랑은 주는 것에 있지 받는 것에 있지 않으니까.

이와 같이 아리스토텔레스는 자식에 대한 부모의 양육과 교육의 책임을 중요하게 생각했다. 부모 같지 않은 부모가 많은 오늘날에 부모의 양육과 교육의 책임을 강조하고, 받는 것이 아니라 주는 것에 부모의 사랑이 있다고 주장한 아리스토텔레스의 효 이론은 현대 효 개념에 많은 시사점을 준다. 그리고 이런 양육과 교육의 중요성은 플라톤도 이미 강조한 바 있다. 플라톤은 아이를 낳는 기간에 해로운 행동과 오만하거나 부정의한 행동을 하지 않을 때 좋은 정신의 아이가 태어난다는 보았고(『법률』 775d4~e1), 또한 교육에 의해 좋은 아이로 성장한다고 주장했다(『국가』 590e8~591a2, 590c8~d6, 『프로타고라스』 325c~326a). 소크라테스와 소피스트들은 가족에서의 교육보다는 지성인으로서의 교육을 중시했지만, 아리스토텔레스는 가족을 교육의 중심으로 가져오고자 했다. 의술의 경우처럼 개별적인 수준의 교육이 공동체 수준보다 낮고, 개별적인 것은 보살핌이 각 개인에게 맞추어졌을 때 더욱 정확하기 때문이다(1180b7~

12). 따라서 아리스토텔레스의 효의 의미는 효 이전에 가정 내에서의 부모의 양육과 교육의 가치를 먼저 강조했다는 점에서 중요하다고 할 수 있다.

자식의 사랑과 의무로서의 효

앞에서 설명한 것처럼 아리스토텔레스는 효를 친애의 한 형태로 보았기 때문에 그의 이론은 현대 이론에 따르면 우정 이론에 속할 것이다. 하지만 그는 자식이 부모를 자신에게 어떤 것을 주었기 때문에 사랑한다고 말하면서 채무 이론 역시 제시한다. 그에게 효란 첫째 의미로 빚을 되갚는 것으로, 자식은 부모가 자기 생명의 원인이기 때문에 사랑한다(1161b30).

아리스토텔레스는 아버지가 아들을 방치하는 것은 가능해도 아들이 아버지를 방치하는 것은 불가능하다고 강력하게 주장한다. 이는 채무자는 당연히 빚을 갚아야 하는데, 아들은 자신이 받은 혜택에 상응하는 그 어떤 것도 행한 적이 없어 항상 채무자로 남아 있기 때문이라는 것이다(1163b19~21). 아리스토텔레스는 부모를 사랑하는 자식의 사랑을 신을 사랑하는 인간의 사랑에 비유한다. 신과 부모는 인간과 자식에게 가장 큰 선을 행해 주었는데, 이는 그들의 존재와 양육의 원인이기 때문이다(1162a5~9).

그렇다면 부모가 내 존재의 원인이기 때문에 부모가 자신의 역할을 등한시해도 자식들은 항상 채무자로 남아 있는 것일까? 아리스토텔레스는 채권자를 채권을 포기할 권리도 가지고 있다고 주장하면서, 반면에 자식은 사악한 사람이 아니면 자신의 빚을 내버려두지 않으며 효를 행하는 것이 인간적이라고 설명한다(1163b22~25). 물론 아리스토텔레스는 현실적으로 대다수 사람은 자신이 잘 대우받기만을 기대하며, 부모님이라도 잘 대해 주는 것은 이익이 되지 않는다고 생각해 회피한다고 솔직하게 고백한다(1163b27).

나아가 아리스토텔레스는 9권 2장에서 서로 다른 친애의 우선성 문제를 제시한다. 모든 것을 아버지에게 돌리고 아버지의 말씀에 우선적으로 따라야 하는지, 아플 때는 의사의 말을 따라야 하는지, 혹은 동료에게 선행을 베풀기보다 먼저 은인에게 선행을 갚아야 하는지에 관한 것들이다. 또한 아리스토텔레스는 해적에게 잡혀 있을 때 아버지의 보석금을 먼저 내야 하는지, 아니면 자신의 보석금을 먼저 내야 하는지도 묻는다. 물론 그에게 정답은 자신보다 아버지의 보석금을 먼저 내는 것이다(1165a1~2). 다시 말해서 아리스토텔레스는 친애의 우선성 중 효를 가장 우선으로 보았다. 그리고 효를 항상 친애이자 채무로 생각했다. 그렇다면 아리스토텔레스의 효의 이론은 채무 이론과 우정 이론의 연결이나 둘 중 하나의 종속 관계를 설명하는 것일까?

사실 아리스토텔레스는 친애가 가능한 것을 구하지, 가치에 따르는 것을 구하는 것이 아니라고 주장하면서 신들과 부모에 관한 공경은 그들이 베풀어 준 것에 상응하는 가치를 갚을 수 없다고까지 주장한다(1163b17~18). 이 주장에 따르면 아리스토텔레스의 효의 이론은 감사 이론과도 맞닿아 있다.

그렇다면 구체적으로 자식은 부모에게 무엇을 돌려주어야 하며, 어떻게 사랑을 전할 수 있을까? 우선 아리스토텔레스는 우리가 채무자인 한에서 부모의 생계를 책임져야 한다고 주장한다. 이는 단순히 내 존재에 대한 빚을 갚는 것이 아니라 우리를 존재하게 해 준 분들의 생계를 책임지는 것이 더 고귀해 보이기 때문이라는 것이다(1165a22~24). 반면 플라톤은 『향연』 208e1~209c7에서 자식이 부모에게 주는 것은 신체적 보존이라고 말했다(208b). 다시 말해서 자식은 존재 자체만으로 부모에게 또 다른 나로서의 영원성, 즉 불사를 선사한다는 것이다.『법률』721c2~6에서도 플라톤은 출산으로 인간은 영원성에 동참한다고까지 말한다. 앞서 말했듯이 부모는 자식이 태어나자마자 사랑하지만 자식은 어느 정도 클 때까지 부모에게 효를 행할 수 없다는 점을 기억해야 한다(1161b26). 하지만 플라톤의 이 주장에 따르면 자식의 존재만으로도 자식은 부모에게 불사를 선물하는 셈이다. 따라서 자식이 부모에게 주는 첫째 것은 바로 영원에 동참하는 기회를 제공한다고 할 수 있다.

둘째로 자식은 부모에게 명예를 드려야만 한다. 로크는『통치론』에서 효에 관한 도덕성의 주제를 부모의 권위와 능력에 복종하는 것보다 부모를 존경하는 권리로 바꾼다. 흄도『인간 본성에 관한 논고』에서 인간이 저지르는 범죄 중 최악을 불효로 보았다. 아리스토텔레스는 제우스에게 모든 것을 제물로 드리지 않는 것처럼 아버지에게도 모든 것을 드려야 하는 것은 아니라고 분명히 명시한다(1165a15~16). 또한 그는 부모님과 형제들, 동료들과 은인들에게 서로 다른 것, 즉 각자에게 고유하면서도 어울리는 것을 되돌려주라고 당부한다.

심지어 아버지와 어머니에게도 동일한 명예를 드려서는 안 되고, 현자나 장군에게 드릴 명예를 드려서도 안 된다고 충고한다(1165a24~27). 8권 9장에서도 아리스토텔레스는 친애와 정의를 설명하면서 "부모와 자식 사이에 있어야 할 정의로운 일은 형제 사이에 있어야 할 정의로운 일과 같지 않으며, 절친한 친구들 사이에 있어야 할 정의로운 일은 시민들 사이에 있어야 할 정의로운 일과 같지 않다"(1160a13)라고 설명한다. 나아가 아리스토텔레스는 가족 내에서의 효의 연장으로 나이 든 분들에게도 연륜에 따른 명예를 드려야 한다고 하면서 인사할 때 일어서거나 식탁에서 자리를 봐주는 것을 예로 들었다(1165a27~28).

아리스토텔레스가 말하는 효의 특징은 부모님과 함께 시간을 보내며, 다른 이들보다 더 많이 부모님을 사랑하는 것이다(1168b1). 효 역시 노부모의 생계를 책임지면서 부모님에게 받는 사랑을 되갚는 것이며, 나아가 부모님과 함께 시간을 보내고 부모의 존재만으로도 감사하는 존경을 보내야 한다. 대중은 자기가 받은 것을 잘 잊어버리고, 남이 자기에게 잘해 주기만을 바라지만(1167b27) 효는 받기보다 베푸는 것이며, 부모님의 자식 사랑과 마찬가지로 부모님께 드리는 선행이 지금 나에게 도움이 되거나 앞으로도 도움이 되지 않더라도 그들을 사랑하며 아끼는 것이다(1167b32~33). 이런 효의 행동과 감정은 고귀한 덕이며, 자기 자신으로부터 나와 타인에게로 들어가는 것이다(1168b6~7).

4 가족 윤리로서의 효 개념을 넘어

아리스토텔레스는 효의 의미를 친애로 설명하면서 채무 이론과 감사 이론도 우정 이론 안으로 포함했다. 현대의 효 이론들이 지적하지 못한 것을 아리스토텔레스는 이미 지적했는데, 채무로든 감사로든 효를 행한다는 것은 가장 우선시되어야 할 행동이라는 것이다. 다른 누구보다 부모님께 채무로 혹은 감사로 가장 먼저 보답해야 하며, 이는 자기 자신을 위하는 것보다 더 선행되어야 한다는 것이다. 또한 부모님에게 드릴 것은 명예인데, 이는 각각의 부모의 역할과 덕에 맞추어 고유하게 갚아야 한다는 것을 아리스토텔레스는 강조했다. 현대적 논의처럼 부모가 나에게 DNA를 주었는지, 아니면 양육했는지에 관해 고려하는 것도 중요하지만, 부모 자식 간의 고유하고 특이한 관계에 초점 맞추어 우선적으로 명예인 존경을 드리며, 각각에 맞게 다른 효를 행해야만 한다.

또한 아리스토텔레스가 강조한 친애로서의 효는 현대 이론에서의 감정이나 친밀성을 뜻하는 것이 아닌 일종의 덕이며, 이는 정의와 함께 간다. 아리스토텔레스에게 친애란 "고귀한 행위를 하기 위해 필요한 것이고, 둘이 함께 가면 사유에 있어서나 행위에 있어서 더 강해지는"(1155a15~16) 것으로, 효란 단순히 부모님을 사랑하는 감정이나 자신에게 희생을 바친 부모님에게 빚을 갚거나 감사하는 것을 넘어서 덕을 주고받는 고귀한 것(1155a29)이 될 수 있기에 우리는 부모를 사랑하는 사람들을 칭찬하며, 그들의 고귀함을 높이 평가한다. 그리고 효를 친애 중 하나로 생각하는 것은 효의 문제가 자식들만의 문제가 아니며, 자식을 위한 부모의 고귀한 행위 역시도 거론되어야 한다는 것을 뜻한다.

나아가 아리스토텔레스의 효의 의미는 가정 내에서의 부모 자녀의 관계를 중심으로 하는 가족 윤리에서 그치지 않고, 공동체와 국가로 확대되는 사회윤리적 의미로 확장되었다는 데 있다. 사회윤리적 관점으로 효를 바라보는 것은 노인 문제에 대한 의미와 가치를 제시하는 작업이다. 특별히 고령사회인 우리나라에서 노인 부양의 문제가 사회적 문제로 대두되고 있고, 이를 가정에서의 문제뿐만 아니라 국가의 개입이 필요하다는 목소리가 높다. 따라서 아리스토텔레스에게 효를 행하는 것이 국가 공동체와도 연결된다는 생각은 오늘날 생각해 보아야 할 부분이다.

아리스토텔레스의 효에 관한 설명에서 우리는 서로의 보살핌과 존경 등 덕의 실천으로서 고귀한 행위에 주목하면서, 이런 고귀한 행위를 친족과 주변 노인들로 확대해야 할 것이다. 효의 문제가 사회와 국가의 친애 문제로 확대된다면 노인의 외로움과 세대 간 갈등의 문제, 부양의 문제 등도 함께 해결해 나갈 수 있을 것이다.

13장

실버 민주주의를 넘어서

김성호

1 실버 민주주의란 무엇인가?

전 세계의 많은 나라들에서 고령화가 급격히 진행되면서 정치적,
경제적, 사회적으로 많은 새로운 문제들이 등장했다. 경제적으로는
노인 빈곤층 증가나 복지 수요 확대로 인한 재정 건전성 악화를, 사
회적으로는 노인 혐오나 노인 자살률 급증을 대표적인 문제로 손꼽
을 수 있다면 정치적으로는 실버 민주주의가 가장 중요한 문제로
부각된다. 실버 민주주의silver democracy란 한마디로 '일정 나이 이상
의 모든 사람에게 투표권을 부여하는 보통선거와 1인 1표제의 평
등 선거를 대원칙으로 삼는 현재의 민주주의 선거제도 아래에서 노
년층 유권자의 수와 비율이 크게 증가하면서 결국 노년층의 표심
이 전체의 의견으로 결정되는 현상, 달리 말해 정치 영역에서 노년
층의 영향력은 지나치게 증대되는 반면 젊은 세대나 아직 존재하지

않는 미래 세대의 영향력은 크게 줄어드는 현상'을 의미한다.

현재 모든 나라가 18세 또는 19세 등으로 투표 연령의 하한선은 두고 있지만 몇 세 이상에게는 투표권이 없다는 식의 상한선은 설정하지 않기 때문에 유권자 중 노년층의 비율이 증가하는 일은 피할 수 없다. 특히 우리나라는 고령화와 더불어 세계에서 출산율이 가장 낮은 저출산의 문제도 함께 떠안고 있으므로 실버 민주주의의 문제가 더욱 심각해질 것임이 분명하다. 더욱이 노년층은 다른 세대에 비해 높은 투표율을 보이는 반면 젊은 세대는 정치적 무력감과 무관심에 사로잡혀 점점 낮은 투표율을 보이게 된다. 따라서 선거를 통해 젊은 세대와 미래 세대의 의견을 반영하는 일은 점점 어려워진다. 선거를 통해 다수결로 중요한 의사결정을 하는 대의민주주의 체제 아래에서는 현 세대의 고령자에게 유리한 결정이 내려질 가능성이 크며, 이 때문에 젊은 세대의 무관심 또한 더욱 커지는 악순환이 반복될 전망이다.

다른 관점에서 보면 오늘날 많은 국가들은 일반적으로 민주주의와 자본주의라는 두 제도를 기본적으로 취하고 있는데, 민주주의의 정치적 통제권은 선거권을 가진 '유권자'에게, 자본주의의 경제적 의사 결정권은 생산 계급, 즉 젊은 생산 계층과 임금 노동자들에게 주어진다. 과거에는 이 두 제도가 성공적으로 통합되어 생산 계급이 정치적 통제권을 쥐게 됨에 따라 생산자와 유권자 간의 균열은 발생하지 않았다. 그러나 인구 고령화에 따라 생산은 하지 않으나 주권은 행사하는 노년층이 높은 비중을 차지하게 되면서 생산에 종사하는 층과 그렇지 않은 노년층의 경제적 요구가 정치적으로 대립하게 되고, 이들 사이에 갈등이 생겨날 가능성이 높아진다. 노인층은 복지 정책 증가를 요구하고, 이런 수요는 생산자층과 다른 자신의 이익을 조직적으로 관철하려는 유인으로 이어진다. 따라서 저출산과 고령화가 동시에 발생하는 인구 구조 아래에서 세대 간 부양의 원리를 기반으로 하는 현재의 연금, 보험, 의료 제도 등은 미래 세대에게 막대한 재정적 부담을 낳을 수밖에 없지만 이를 개선하기 위한 정책의 수립은 실버 민주주의가 확대되는 상황에서는 몹시 어려워진다. 따라서 실버 민주주의는 '세대 간 정의intergenerational justice'와 관련해서도 심각한 문제를 제기할 뿐만 아니라 새로운 형태의 노인 지배 체제 또는 노인 중심 정치gerontocracy를 낳는다. 어떤 학자는 현대가 직면한 문제로 경제적 불평등을 낳는 잘못된 분배maldistribution, 사회적 불평등을 낳는 무시misrecognition에 이어 실버 민주주의의 확산으로 젊은 세대가 정치적 의사결정에 제대로 참여하지 못하는 정치적 불평등을 의미하는 대표 불능misrepresentation을 꼽기도 한다(이현출, 2018, 88쪽).

2 실버 민주주의의 실상

실버 민주주의는 먼 미래의 이야기가 아니라 이미 우리나라를 비롯한 많은 국가들이 직면한 현실적인 문제다. 최근 보도에 따르면 우리나라의 경우 2024년 4월에 치러진 총선에서 사상 처음으로 60세 이상 유권자의 수가 39세 이하 유권자의 수를 넘어섰다. 60세 이상 유권자는 1390만여 명, 40~59세 유권자는 1660만여 명, 39세 이하 유권자는 1373만여 명으로, 각각 전체의 31.4퍼센트, 37.5퍼센트, 31.1퍼센트에 해당했다. 그리고 다음 대선이 시행되는 2027년 이후에는 60세 이상 유권자의 비율이 40퍼센트가 넘을 것이 확실시된다. 이제 우리보다 앞서 실버 민주주의가 현실 정치에 실제로 상당한 영향을 미치는 유럽과 일본의 경우를 살펴보고 이로부터 무엇을 얻을 수 있는지를 검토하려 한다.

유럽의 경우

노년층 유권자의 증가는 자연스럽게 노년층을 정치 세력화하려는 움직임으로 이어지는데, 그 대표적인 경우로 유럽의 여러 국가에서 고령자 이익 추구 정당이 속속 등장하는 사례를 들 수 있다(이하 이현출, 문예찬, 2019 참조). 특히 개인의 자유와 권리, 이에 근거한 이익 추구에 대한 의식이 강한 유럽에서는 고령자의 권익을 전면에 내세운 정당이 여러 나라에서 모습을 드러내었다. 이런 유형의 정당은 1981년 이스라엘에서 '연금수령자정당'이라는 이름으로 최초로 등장했으며, 이어 1987년 이탈리아에서도 '연금수령자의당'이 등장했다. 이후 고령자의 이익을 대변하는 다양한 유형의 정당이 네덜란드(50PLUS), 룩셈부르크(대안민주개혁당), 독일(회색당) 등에서 출현했으며, 1990년대 중반 이후 우크라이나, 체코, 헝가리, 보스니아 등 동유럽 국가에서도 나타났다.

이들 정당 중 계속 활발한 활동을 펼치며 영향력을 확대해 나가는 네덜란드의 50PLUS의 사례를 상세히 살펴보자. 50PLUS는 50세 이상의 모든 네덜란드 국민의 이익을 대변하는 것을 창당 이념으로 내세우면서 특히 사회 발전과 정치적 의사결정에 시민의 참여를 확대하고 세대 간 대화를 촉진하는 것을 주요 목표로 삼았다. 이 정당은 기존 정당들이 노년층을 '2급 시민'으로 비하한다고 비판하면서 내각에 참여해 노인들의 불편과 불리함, 두려움을 해소하는 것이 중요하다고 강조했다. 또한 '연금 강탈 중지'라는 강력하고 직설적인 문구를 선거 캠페인으로 내세우고, 퇴직 연령을 65세로 상향 조정할 것을 주장했다. 노년층을 위한 이런 공약 외에도 대마초 재배 규제 강화, 이민 규제 강화, 온라인 익명성 축소를 통한 소셜 미디어 의 반사회적 행위 근절 등을 동시에 내세움으로써 노년층의 배타적 이익만이 아니라 중도에 서서 좌우의 일반 국민의 지지를 얻기 위 해 노력했다. 이 결과 50PLUS는 2017년 선거에서 이전 선거의 배 에 가까운 3.1퍼센트의 정당 지지율을 기록해 하원에서 네 석을 차 지했으며, 2019년 실시된 유럽의회 선거에서도 3.91퍼센트를 득표 하여 한 석을 획득했다.

하지만 유럽의 모든 국가에서 고령자 이익 추구 정당이 성공을 거두지는 못했다. 연금 수령자 정당은 대체로 주변부에 머물렀으며 그 영향력은 미미했다. 특히 영국, 프랑스, 독일 등의 유럽 주요 국 가에서는 의미 있는 활동과 성과를 거두지 못했다. 앞서 언급한 다 른 중소 국가에서도 고령자 정당은 전국 단위 선거에서 일정 득표 율을 차지하지 못해 해산되기도 했고, 다른 정당에 흡수되기도 했 다. 이런 정당들은 대체로 연금 수령자로 대표되는 노년층의 경제 적 이익을 대변하려고 했지만 고령화 사회의 정치 과정에서 주요 행위자로 부상하지는 못했다. 이들은 선거에서 대중의 지지를 이끌 어 낼 잠재력이 부족했고, 정치 구조를 연령이나 세대로 재편성할 능력을 충분히 드러내지도 못했다. 다른 한편으로 기존의 거대 정당 들이 사회복지 차원에서 연금 수령자 정당이 제기하는 정책을 포섭 해 이들 정당의 당세 확장에 걸림돌이 되기도 했다. 하지만 2000년 대로 접어들어 비교적 규모가 작은 국가들, 예를 들면 슬로베니아 나 이스라엘에서는 고령자 이익 추구 정당이 정규 의석을 차지하기 도 했고, 연립정부 구성에 파트너로써 참여하기도 했다. 이스라엘 연금수령자정당은 2006년 선거에서 5.9퍼센트의 득표로 일곱 석을

차지해 연립정부의 구성원으로 활약했고, 슬로베니아의 연금생활
자당 또한 다년간 연정 파트너가 되기도 했다.

일본의 경우

현재 세계에서 가장 높은 고령화율을 보이는 일본의 경우를 살펴보
자. 일본은 1970년에 고령화사회(65세 인구가 전체 인구의 7퍼센트 이
상)로, 1994년에 고령사회(14퍼센트 이상)로, 그리고 2007년에 세계
최초로 초고령사회(20퍼센트 이상)에 진입했다. 2024년 현재 일본의
고령화율은 29.3퍼센트에 이르며, 곧 30퍼센트를 넘어설 것으로 예
상된다. 이렇게 높은 고령화율을 보이는 일본에서 상당히 이른 시기
에 고령자 이익 추구 정당이 등장해 활동했으리라고 상상할 수 있지
만 실상은 그렇지 않다(이하 일본과 관련된 내용은 우준희, 2022 참조).
그 이유는 고령자 정당이 출현하기에 앞서 일본 정부가 발 빠르게
고령화사회에 대처하는 모습을 보이고, 고령자 정당이 내세울 만한
정책들을 기존 정당이 재빨리 흡수해 주장했기 때문이다. 일본 정
부는 일찍이 1973년을 노인 복지 원년으로 선포하고 노인 의료비
전면 무료화와 연금제도 개정을 통해 연금 급여 인상을 실현했다.
이후 노년층에 대한 복지 제도를 더욱 확대하고 경제적 지원을 강
화하는 방향으로 나아갔다. 이런 사회보장제도는 1980년대에 들어
서면서 두 차례의 석유 위기와 경기 불황, 미국과 영국을 필두로 복
지국가를 축소하려는 신자유주의 경향과 맞물리면서 잠시 위기를
맞기도 했지만 1990년대 이후 다시 확대되는 양상을 보였다. 2000년
에 새로운 '개호보험법'을 도입하고, 2008년 '일체개혁'을 실시함으
로써 노년층을 더욱 확실하게 보호하고 지원하려는 시도를 이어 나
간다.

하지만 일본에서 고령자 정당이 등장하지 않았다고 해서 실버 민주주의와 관련된 담론 자체가 아예 없는 것은 아니다. 2012년 발표된 한 통계 자료에 따르면 일본의 총인구가 2012년 약 1억 2800만 명에서 2060년에는 8600만 명으로 감소하고, 고령화율은 2012년 24.2퍼센트에서 2060년에는 39.9퍼센트까지 상승할 것으로 내다본다. 이에 따라 고령 세대와 현역 세대의 비율이 2012년의 1대 3에서 2060년에 1대 1.3이 될 것으로 예상되면서 연금, 의료, 개호와 관련해 사회보장제도가 안고 있는 세대 간 불균형이 걷잡을 수 없는 정도로 커지리라는 우려가 등장했다. 동시에 정치적으로도 선거에서 고령층의 의사가 과대 대표되고 그 외 연령층의 의사가 과소 대표되는 심각한 문제에 직면하리라는 예상도 등장했다. 이런 예상은 2014년 선거에서 거의 적중해 고령층이 전체 유권자의 50퍼센트를 차지하고 20~30대의 비율은 20퍼센트 이하로 떨어지는 양상을 보였다. 이런 양상은 실버 민주주의의 본격화를 지적하고 이를 비판하는 담론에 힘을 실어 주었다. 고령화율이 상승하면 전체 유권자에서 고령층이 차지하는 비율이 높아져 고령층의 정치적 위상이 커지기 마련이며, 표를 의식한 정치인들은 고령층을 배려한 정책에서 방향을 바꾸기가 어려워진다. 당시 언론은 실버 민주주의를 비판하면서 젊은 층의 낮은 투표율이 고령자 위주의 정책을 바꿀 수 없다는 무기력함을 반영한다고 강조했다.

그렇다면 일본은 어떤 방식으로 실버 민주주의를 극복하려 하는가? 그 방법 중 하나는 '새로운 고령자상 만들기'인 듯이 보인다. '도움과 보살핌이 필요한 사람'이라는 노인에 대한 기존의 이미지와 고정관념에서 벗어나 건강하고 활력 있는 고령자가 지역 사회를 풍요롭게 하는 존재임을 강조함으로써 고령자에 대한 사회적 의식의 변화를 꾀하려 한다. 실버 민주주의 담론은 고령 인구의 증가가 청장년층에게 야기할 수 있는 부정적 결과를 확산하는 것에 일조했다. 일본의 고령자 단체는 실버 민주주의를 이용하여 정치인들에게 압력을 행사하기보다는 오히려 실버 민주주의에 대한 우려가 만들어 낸 부정적인 고령자상을 불식시키려고 노력하는 모습을 보인다고 할 수 있다.

한국의 고령화는 일본보다 훨씬 더 빠른 속도로 진행 중이다. 위와 같은 일본의 현실은 초고령사회에 대한 한국의 대응 방향에 중요한 시사점을 준다. 초고령화로 인한 사회보장비의 급증, 세대 간 격차의 심화와 이를 둘러싼 새로운 사회적 이슈 등은 일본의 경험을 토대로 우리 사회의 특수성을 함께 고려할 것을 요구한다. 초고령사회로 진입 중인 우리나라에서도 고령 유권자의 증가는 정치 과정에 많은 변화를 가져 온다. 특히 고령층의 증가는 복지 정책 확대에 대한 수요와 이에 따른 기존 정당과 정치인들의 발 빠른 대응을 요구한다. 기존 정당의 대책이 불만스러울 경우 고령자 이익을 중점적으로 대변하는 정당이나 고령층 밀집 지역을 기반으로 한 지역 정당이 발생할 가능성도 배제할 수는 없을 듯하다. 이런 현상이 기존의 정당정치를 재편할 수도 있으므로 실버 민주주의의 대두와 함께 한국 정당정치 패러다임의 변화 가능성도 예견된다.

3 평등선거에 대한 비판과 대안: 밀의 견해

실버 민주주의의 궁극적인 발생 이유가 보통선거와 평등선거를 대원칙으로 삼는 현재의 민주주의 제도와 밀접하게 연관된다는 점은 이미 앞에서 지적했다. 실버 민주주의와 완전히 동일한 문제의식은 아니지만 대의민주주의를 채택해 선거를 통해 중요한 의사 결정을 하는 사회에서 특정 집단이 다수를 차지할 때 발생할 수 있는 문제를 지적한 고전적인 경우로 밀의 예를 들 수 있다. 이제 그의 문제의식과 해결 방안을 살펴보고 이것이 현재의 실버 민주주의에 어떤 시사점을 던지는지를 검토하려 한다.

현대 민주주의 체제의 근간을 제시한 것으로 평가받는 『대의정부론』에서 밀은 모든 사회 구성원의 '능력competence'과 '참여participation'을 민주주의의 핵심 원리로 내세우지만 이 두 요소가 상충할 개연성 또한 충분히 인정한다. 정치에 참여할 능력을 제대로 갖추지 못한 다수의 의견이 사회 전체의 의견으로 결정될 위험성, 곧 다수의 횡포가 사회에 심각한 위협으로 작용할 위험성을 인정한다. 모든 시민에게 투표의 권리를 부여하는 선거권 확대를 주장하면서 밀이 가장 우려했던 바는 제대로 교육받지 못하고 부도덕하고 시민적 덕성을 갖추지 못한 사람들이 다수를 차지해 이들의 의견이 다수결을 통해 전체의 의견으로 채택되는 것이었다. 곧 선거권의 확대를 통한 시민의 정치 참여가 시민적 덕성을 함양하는 것이 아니라 분파적 경쟁을 일으키고 횡포의 도구로 전락할 수도 있음을 지적한다(강준호, 2020, 205쪽 이하).

그렇다면 이 문제에 대한 해결책은 무엇인가? 그 해결책으로 밀은 1인 1표의 평등선거가 아니라 특정한 사람들에게 2표 이상의 투표권을 부여하는 복수 투표제를 지지하는 듯한 태도를 보인다. 밀은 "모든 사람이 평등하므로 각 개인이 오직 한 표만 가질 자격이 있다는 생각은 잘못된 신념이고, 이런 신념의 강화는 한 나라의 도덕적, 지적 탁월성에 큰 해를 끼치는 불행한 결과를 낳는다"라고 강력하게 지적한다(밀, 2012, 225쪽). 그리고 이런 주장은 당연히 복수 투표제를 지지하는 것으로 이어진다.

왜 거의 모든 지식인 계층은 완전히 민주적인 선거제에 대해 강경하
게 반대하는가? 왜냐하면 그것은 육체노동자를 유일한 권력으로 만
들 것이기 때문이다. 모든 선거구에서 그 계급의 표가 전체 공동체
의 다른 모든 구성원을 압도하고 정치적으로 전멸시킬 것이기 때문
이다. (…) 복수 투표제는 이미 교회나 다른 단체의 선거에서는 실시
되고 있지만 의회 선거에서는 매우 낯설다. 따라서 이 제도가 당장
흔쾌히 채택되리라고 기대하기는 어렵다. 그러나 언젠가 복수 투표
제와 평등 보통 선거제 중 하나를 고르지 않으면 안 되는 상황이 오
고 말 텐데 후자를 원하지 않는 사람이라면 지금이라도 전자를 선
택하지 못할 이유가 없다. 비록 현재로서는 복수 투표제가 현실성이
떨어지는 것처럼 보이지만 적어도 원리상 무엇이 최선인지를 보여
준다(밀, 2012, 276쪽).

여기서 중요한 점은 밀이 평등선거에 대해 회의적으로 생각하
면서도 보통선거, 곧 모든 시민이 선거에 참여할 수 있는 권리를 지
니며 연령이나 시민권 등의 특정한 자격 요건을 충족하는 경우 모
두 투표할 수 있다는 원칙은 강력히 옹호한다는 사실이다. 다시 말
해 밀이 중요시한 것은 모든 사람에게 자신의 의견을 표현할 권리
를 부여하는 보통선거제를 확립하는 것이었는데, 이 제도의 단점을
보완하기 위해 복수 투표제를 도입하려 했음을 알 수 있다. 이는 다
음과 같은 대목에서도 잘 드러난다.

나라의 일은 공동 사업과 같다고 할 수 있다. 다만 차이가 있다면 어

느 누구도 자신의 생각을 완전히 포기하도록 강요당하지 않는다는 점이다. 각자의 의견은 언제나 일정한 몫으로 계산될 수 있다. 다만 사람에 따라 투표의 값어치를 다르게 산정하는 것이 옳다. (…) 공동 관심사에 대해 자신의 의견을 반영할 기회를 전혀 갖지 못하는 것과 공동의 이익을 더 잘 관리할 능력이 있는 사람이 더 많은 발언권을 지니도록 양보하는 것은 서로 전혀 다른 이야기이다(밀, 2012, 287쪽).

뒤이어 밀은 "모든 사람이 발언권을 지녀야 한다는 것과 모든 사람이 동등한 발언권을 지녀야 한다는 것"은 전혀 다른 명제라고 선언하면서 모든 사람에게 자신의 의견을 표현할 권리를 부여하는 보통선거제를 옹호한다고 해서 이것이 곧 평등선거를 함축하지는 않는다는 점을 강조한다. 오히려 보통선거와 평등선거는 긴장 관계를 형성하기도 하는데, 밀은 이 둘 중 보통선거에 우선권을 부여함으로써 복수 투표제를 옹호한다. 그는 "만일 모든 사람이 발언권(투표권)을 지녀야 한다면 모든 사람이 동등한 발언권을 지닐 수는 없다. 그런데 모든 사람이 발언권을 지녀야 한다. 따라서 모든 사람이 동등한 발언권을 지닐 수는 없다"라고 분명히 말함으로써 모든 사람에게 투표권을 부여하려면 반드시 차등적으로 부여해야 한다고 주장한다.

앞서 지적한 대로 민주주의는 능력과 참여라는 두 원리 사이의 조화를 필요로 한다. 곧 투표권을 확대함으로써 평범한 다수가 능동적으로 정치에 참여하는 일을 증진하는 동시에 능력을 지닌 소수의 대표권을 보장해 다수의 투표에 의해 유능한 소수의 의견이 무시되지 않도록 해야 한다. 이렇게 복수 투표제를 옹호하는 밀의 주장은 현재 실버 민주주의의 문제점을 해결하는 데도 중요한 시사점을 던져 준다.

4 실버 민주주의 해결책

실버 민주주의의 대두는 피할 수 없는 현상이지만 그리 바람직한 현상은 아니라고 할 수 있다. 앞서 지적한 대로 젊은 세대나 미래 세대가 정치적 의사 결정에 참여하는 것을 크게 제한하기 때문이다. 현재 노년층이 점차 증가하는 추세를 감안할 때 보통선거와 평등선거의 원칙을 모두 유지하면서 실버 민주주의에서 벗어나는 일은 불가능하다. 또한 현재의 선거제도를 유지하면서 노년층이 자신들의 이익을 포기하고 미래 세대나 사회 전체의 이익을 충분히 고려해 정치적 견해를 결정하고 투표하리라고 기대하기란 쉽지 않다. 그렇다면 보통선거와 평등선거의 원칙 중 하나를 포기할 수밖에 없는데 전자를 포기하기란 몹시 어려운 듯하다. 유권자 연령의 상한선을 정해 일정 연령 이상의 유권자에게 선거권을 주지 않는 식의 제한은, 그 연령을 몇 살로 정하든 간에 큰 저항과 반대에 직면할 것으로 생각된다.

그렇다면 앞서 밀의 복수 투표제에서 암시된 대로 평등선거 원칙을 포기하고 노년층에 속하지 않는 유권자 중 일부에게 두 표 이상의 투표권을 행사하게 하는 방법을 고려할 수 있는데, 실버 민주주의에 대한 해결책으로 등장한 방법 중 하나는 이런 방향을 취한다. 이런 해결책을 내세우는 학자들은 대체로 숙의 민주주의 deliberative democracy를 옹호하는 계열에 속한다. 숙의 민주주의는 간단히 표현하면 시민들이 공공 정책이나 사회적 문제에 대해 깊이 심사숙고해 논의하고 그 결과를 바탕으로 의사 결정을 하는 민주주의적 접근 방식을 의미한다. 이는 단순히 투표를 통한 다수결 원칙에 의존하기보다는 다양한 의견과 관점을 고려해 합의에 도달하는 것을 목표로 삼는다. 숙의 민주주의는 의사 결정 과정에서 선거를 통해 대중의 선호를 확인하고 그것의 만족을 극대화하여 오직 양적으로 추구하는 선호 총합적 민주주의에 반대하고, 특히 다수결의 원칙을 근간으로 삼는 보통 평등 선거제에 대해 회의적으로 생각함으로써 복수 투표제를 옹호하는 방향으로 나아간다.

숙의 민주주의를 내세우는 학자 중 한 사람인 앤드류 돕슨은 주로 정치적인 관점에서 미래 세대에게도 정치적 주권을 부여해야 한다는 이른바 '정치적 주권의 확대'를 시도한다. 그는 단순히 미래 세대로 일컬어지는 '현재 존재하지 않는 미래의 개인들'이나 선거권 연령 이하의 개인들에게까지 선거권을 확장한다는 것은 현재의 민주주의 체제 안에서는 불가능한 일임을 지적한다. 하지만 이들 미래의 개인들이 현재의 개인들의 결정과 행동으로부터 심각한 영향을 받는다면 사정은 달라진다. 문제는 미래 세대가 그들 스스로를 대표하지 못하는 상황에서 어떻게 미래 세대의 권리를 현재의 민주주의적 절차 안에서 대표할 수 있는가이다.

돕슨은 윤리적 문제가 정치제도에 의해서 해결되고 발전되어야 한다는 신념을 드러내면서 미래 세대의 이익을 현 세대의 우연적이고 일시적인 사고나 배려에 의존하기보다는 제도적으로 보장해야 한다는 입장을 취한다. 이를 위해 그는 미래 세대를 대표하는 대리 대표와 대리 유권자라는 매우 독특한 개념을 도입한다. 시민 단체의 구성원 또는 일반 시민 중에서 일정한 수를 미래 세대를 대신하는 대리 유권자로 설정하고 이들에 의해서 선출된 대리 대표자들이 의회와 국가의 주요 의사 결정 모임에 참석해 미래 세대의 이익을 적극적이고 분명하게 대변하도록 제도화해야 한다고 생각한다. 그는 대리 유권자로 선정된 사람은 두 표의 선거권을 행사할 수도 있어야 한다고 주장하면서 정치적인 입장을 더욱 강조해 대리 대표들이 미래 세대의 정치적, 법적 대표자의 지위를 담당해 각종 정책 결정 과정에 참여해야 한다고 주장한다. 또한 이들은 대리 유권자들로부터 책임을 추궁당할 수도 있으며, 어떤 이의가 제기될 때 이에 대응할 의무도 진다.

이런 돕슨의 제안이 지닌 특징은 민주주의 정치 이념에서 매우 중요한 요소 중의 하나인 책임을 미래 세대와 관련해서도 분명하게 도입한 것이다. 물론 돕슨의 이론은 실버 민주주의보다는 환경 윤리적 방안으로 제시된 것으로서, 대리 유권자를 어떻게 얼마나 많은 수로 구성해야 하는가 또는 대리 대표들에게 어느 정도까지 책임을 물을 수 있는가, 과연 대리 대표들이 미래 세대의 입장을 정확히 인식하고 대변할 수 있는가 등의 많은 문제를 해결해야 하지만 이런 발상이 실버 민주주의의 문제를 해결할 수 있는 실마리를 제공함은 분명하다. 이외에도 투표 연령 미만의 자녀를 지닌 부모에게 자녀의 수만큼 선거권을 부여하자는 제안, 젊은 세대의 이익이 정책 결정에 반영될 수 있도록 선거구를 지역이 아니라 세대별로 설정하자는 제안 등도 실버 민주주의에 대한 대안으로 활발히 고려된다.

앞서 지적한 대로 일본은 노년층의 비율이 가장 높은 국가로서 실버 민주주의가 이미 심각한 문제로 부각되고 있다. 이런 일본에서 제시된 대표적인 방안으로 이호리 도시히로 교수의 주장을 들 수 있다(이하 이호리 교수의 주장은 이현출, 2018, 107~108쪽 참조). 이호리 교수는 선거구를 지금과 같은 지리적 구획에서 벗어나 청년구, 장년구, 노년구로 나누어 세대별 대표성이 잘 반영되도록 재편해야 한다고 주장한다. 일본도 저출산, 고령화의 진행 속도가 무척 빠르고, 정부 재정 운용에서 세대별 이해관계가 크며, 연령에 따른 후보 선호도에 대한 차이도 큰 것으로 나타난다. 그런데 현재 공적 재분배의 많은 부분은 세대 내 재분배가 아니라 세대 간 재분배 정책에 초점을 맞추고 있다. 이호리 교수는 연령 구성을 고려하지 않은 현재의 선거제도는 미래 세대뿐만 아니라 현재의 청년 세대에게 부담을 주는 정책을 양산할 수밖에 없는 구조적 한계를 지닌다고 지적하며 이 점을 강력히 비판한다. 이호리 교수의 '세대별 선거구'는 단순히 지역단위로 선거구를 획정하는 것이 아니라, 인구의 연령층을 세대별로 나누어 선거구 획정에 반영하자는 주장이다. 예를 들면 20~30대를 '청년 세대', 40~50대를 '장년 세대', 60대 이상을 '노년 세대'로 하는 세 개의 선거구를 도입하자는 것이다. 그렇게 되면 현재 일본의 인구 구성비에 따라 청년층이 30퍼센트, 중년층이 33퍼센트, 노년층이 37퍼센트 정도의 비율로 대표를 배출할 수 있게 된다. 청년층의 투표율이 낮아도 의원 정수는 기계적으로 결정되기 때문에 30퍼센트의 의원은 청년층으로 충원된다. 이를 통해 정책 결정에 청년 세대와 미래 세대의 의견이 더욱 강하게 반영될 수 있다. 결과적으로 전체 선거구가 청년구, 중년구, 노년구를 합쳐서 300개의 선거구로 나누어지게 되는 것이다. 물론 세 개 세대의 유권자 인구가 동일 지역에서 동일한 비율은 아니기 때문에 선거구의 지역적 범위는 연령별로 다를 수 있다. 이호리 교수는 선거구의 할당도 국회의원들에게 맡기지 말고 중립적인 제3의 기관이 맡아야 한다고 주장한다. 그러면 선거구 획정이 현역 의원의 이해에 의해 갈등을 겪지 않고 행정적인 어려움 없이 처리가 가능하고, 유권자도 자신의 세대 이익을 대변할 수 있는 후보자에게 직접적으로 투표할 수 있게 된다는 것이다. 이호리 교수는 실버 민주주의뿐만 아니라 저출산, 고령화 문제 전반에 대해 현재 일본 정부가 해법을 찾지 못하는 것은 대담한 개혁 의지가 없기 때문이라고 비판하면서 자신의 제안을 적극 수용할 것을 역설한다.

　최근 우리나라에서 제시된 대안으로는 서용석 박사가 제안한 견해를 들 수 있다(서용석, 2014, 160쪽 이하). 그는 한국을 포함한 전 세계 거의 모든 국가의 민주주의 시스템은 현 세대와 다수의 이익만을 반영하는 반反미래 세대적인 시스템이라고 지적하면서 이런 시스템 아래에서 미래 세대의 권익은 철저히 외면당할 수밖에 없다고 주장한다. 많은 정치인과 정책 결정자들이 미래와 미래 세대의 중요성에 대해 언급하면서도 미래 세대의 권익을 적극적으로 내세울 수 없는 까닭은 현 세대의 요구와 압력이 미래 세대에 대한 관심을 압도해 버리기 때문이다. 이런 한계를 극복하기 위한 방안으로 그는 미래 세대를 직접 대표할 수 있는 대리인 대표제proxy representation 제도화 가능성을 검토한다. 이를 바탕으로 서용석 박사는 현재의 '정당명부식 비례대표제'를 '미래 세대 비례대표제'로 바꾸는 방식의 대안을 제시한다. 현재 우리나라의 선거제도는 전체 국회의원 300개 의석 중 244개에 대해서는 244개 선거구에서, 나머지 56개 의석은 비례대표제를 통해 선출하도록 되어 있다. 유권자는 각각 두 표의 권리를 행사해, 한 표는 지역 선거구를 위해, 다른 한 표는 정당 선거를 위해 투표한다. 정당 투표는 따로 집계되며 유효 투표 총수의 3퍼센트 이상을 득표한 정당은 의석을 배정받게 된다. 예를 들면 정당 투표로 10퍼센트의 지지를 얻은 정당은 56석 중 약 10퍼센트인 다섯 개 의석을 배정받는다. 이 정당의 후보자 명부 중 위에서부터 다섯 명이 의원으로 선출된다. 이런 비례대표제에서 '선거구'와 '정당'을 '현 세대(선거구)'와 '미래 세대'로 충분히 전환할 수 있다. 그렇다면 각 정당은 단지 비례대표 후보자들을 각 정당의 우선순위, 곧 미래 세대의 권리를 대변할 수 있는 가장 적절한 인물들의 순서대로 나열하면 된다. 하지만 이런 체계가 실현 가능하기 위해서는 각 정당이 해당 56석을 반드시 미래 세대 대표자들을 위한 의석으로 배정하겠다는 확실한 합의가 선행해야 할 것이다.

이상에서 실버 민주주의의 문제를 해결하기 위한 여러 방안을 검토했는데 이들은 대체로 현행 민주주의의 선거제도를 크게 개혁해야 한다는 방향으로 나아간다. 앞서 지적한 대로 민주주의 선거의 대원칙인 보통선거와 평등선거 중 특히 1인 1표제의 평등선거를 후순위로 미루더라도 청년과 미래 세대의 의견을 적극 반영해야 한다는 주장이 상당한 설득력을 얻는 듯하다. 하지만 평등선거의 원칙을 포기하는 일 또한 현실적으로는 쉽지 않다. 어떤 기준에 따라 누구에게 복수 투표의 권리를 부여할 것인가를 결정하는 일은 엄청난 사회적 논쟁과 비판을 불러올 것임이 틀림없다.

실버 민주주의 문제는 사회의 압도적 다수를 차지하게 될 노년층이 다소 이기적이고 배타적으로 자신들의 이익을 추구하고, 자신들의 권익을 확보하려고 노력할 것이라는 점을 전제한다. 노년층뿐만 아니라 사실상 모든 인간이 자신의 이익을 극대화하려는 이기적인 성향을 지닌다는 점을 부정할 수는 없다. 하지만 우리 사회의 노년층이 오랜 경험을 통해 쌓은 지혜를 바탕으로 사회 문제에 대한 깊이 있는 통찰을 하고, 장기적인 관점에서 사회의 지속 가능성을 높이는 동시에 사회 전체의 복지를 추구하고, 모든 연령층의 정치 참여를 장려함으로써 민주주의의 기본 원칙인 관용과 포용성을 갖춘 노인이 된다면 실버 민주주의의 문제는 상당히 해소되리라고 전망할 수 있다. 앞으로 우리 사회에서 점점 다수를 차지하게 될 노년층에서 이런 노인이 다수를 차지하리라고 기대하는 것은 지나친 일인가?

참고 문헌

1장 | 키케로를 통해 본 노년의 행복과 우정

Cato, *On Farming: De Agriculture*, trans. Andrew Dalby(Marion Boyars, 1988).

Cicero, *De Senetute, De Amicitia, De Divinatione*, trans. W. A. Falconer (Harvard Univ. Press, 1923).

_____, *Cato maior de senectut*, ed. Kelsey and Reid(CreateSpace Independent Publishing Platform, 1882, reprinted 2014).

Edmonds, J. M., *Elegy and Iambus and with the Anacreontea*, vol. I(Harvard Univ. Press, 1954).

Laertius, Diogenes, *Lives of Eminent Philosophers*, ed. Dorandi(Cambridge Univ. Press, 2013).

라에르티오스, 디오게네스, 『유명한 철학자들의 생애와 사상 I, II』, 김주일 외 옮김 (나남, 2021).

보부아르, 시몬 드, 『노년』, 홍상희, 박혜영 옮김(책세상, 2002).

아리스토텔레스, 『니코마코스 윤리학』, 강상진 외 옮김(길, 2011).

_____, 『자연학 소론집』, 김진성 옮김(이제이북스, 2015).

_____, 『수사학』, 천병희 옮김(도서출판숲, 2017).

_____, 『정치학』, 김재홍 옮김(길, 2017).

장미성, 「노년은 인생의 비극인가: 키케로의 『노년에 관하여』를 중심으로」, 『인간·환경·미래』 26호(2021), 7~34쪽.

_____, 「노년의 우정과 행복: 키케로의 라일리우스 우정론을 중심으로」, 『근대철학』 24호(2024), 7~33쪽.

크세노폰, 『소크라테스 회상록, 소크라테스의 변론』, 오유석 옮김(부북스, 2018).

키케로, 『노년에 관하여: 우정에 관하여』, 천병희 옮김(도서출판숲, 2006).

_____, 『라일리우스 우정론』, 김남우 옮김(아카넷, 2022).

_____, 『노(老)카토 노년론』, 김남우 옮김(아카넷, 2023).

플라톤, 『국가』, 박종현 옮김(서광사, 2005).

_____, 『법률』, 박종현 옮김(서광사, 2009).

_____, 『티마이오스』, 김유석 옮김(아카넷, 2019).

_____, 『파이돈』, 전헌상 옮김(아카넷, 2020).

_____, 『소크라테스의 변명』, 강철웅 옮김(아카넷, 2020).

헤시오도스, 「일과 날」, 『신들의 계보』, 천병희 옮김(도서출판숲, 2009).

호메로스, 『일리아스』, 천병희 옮김(도서출판숲, 2015).

헤로도토스, 『역사』, 천병희 옮김(도서출판숲, 2009).

2장 | 데카르트와 안티 에이징

Aucante, Vincent, *La philosophie médicale de Descartes*(PUF, 2006).

Azouvi, F., "Le role du corps chez Descartes", *Revue de métaphysique et de morale*, 83(1)(1978), pp. 1~23.

Bailler, Adrien, *La vie de monsieur Descartes*(Editions Les Belles Lettres, 2022).

Bitbol-Hespériès, A., *Le principe de vie chez Descartes*(Vrin, 1990).

Bylebyl, Jerome J., "Galen on the Non-natural Causes of Variation in the Pulse", *Bulletin of the History of Medicine*, 45(5)(1971), pp. 482~485.

Canguilhem, Georges, *La formation du concept de réflexe aux XVII et XVIII siècles*(J. Vrin, 1977).

Carvallo, Sarah, "Stahl et les âges de la vie", *Astérion. Philosophie, histoire des idées, pensée politique*, 8(2011).

Cottingham, J., *The Cambridge companion to Descartes*(Cambridge University Press, 1992).

Descartes, René, *Correspondance I, II, Œuvres complètes VIII*, sous la direction de Jean Marie Beyssade, Denis Kambouchner(Gallimard, 2012).

_____, *Descartes : Correspondance avec Elisabeth et autres lettres*, trad. par J. M. Beyssade, M. Beyssade(GF-Flammarion, 1989).

_____, *L'entretien avec Burman*, ed. & trad. par Jean-Marie Beyssade (PUF, 1981).

_____, *Les passions de l'âme*, Introduction et notés par Geneviève

Rodis-Lewis(J. Vrin, 1994).

_____, Œuvres de Descartes, publiées par Ch. Adam et P. Tannery (Librairie Philosophique J. Vrin, 1983), 'AT'로 약칭.

Dreyfus-Le Foyer, H., "Les conception médecales de Descartes", Revue de Métaphysique et de Morale, 44(1)(1937), pp. 237~286.

Galen, "Galen on Marasmus", Journal of the History of Medicine and Allied Sciences 26(4)(1971), pp. 369~390.

_____, Galen: Writings on Health: Thrasybulus and Health(De sanitate tuenda), translated with introduction and notes P. N. Singer(Cambridge University Press, 2023).

Gaukroger, S., Schuster, J., Sutton, J. Descartes' natural philosophy (Routledge, 2000).

Gilleard, Chris, "Ageing and the Galenic tradition: a brief overview", Aging and Society 35(3)(2015), pp. 489~511.

Grmek, Mirko Drazen, "Les idées de Descartes sur le prolongement de la vie et le mécanisme du vieillissement", Revue d'histoire des sciences et de leurs applications 21(4)(1968), pp. 285~302.

Gueroult, Martial, Descartes selon l'ordre des raisons II. L'âme et le corps(Aubier, 1968).

Jarcho, Saul, "Galen's six non-naturals: A Bibilographic Note and Translation", Bulletin of the History of Medicine, 44(4), pp. 372~377.

Kolesnik-Antoine, Delphine, "Peut-on s'exempter de vieillir? L'apport cartésien", Astérion. Philosophie, histoire des idées, pensée politique, 8(2011).

Manning, Gideon, "Descartes and Medicine", The Oxford Handbook of Descartes and Cartesianism, eds. Steven Nadler, Tad M. Schmaltz, Delphine Antoine-Mahut(Oxford University Press, 2019), pp. 157~177.

_____, "Descartes and the Bologna Affair", British Journal for the History of Science, 47(1)(2014), pp. 1~13.

_____, "Descartes' Healthy Machines and the Human Exception", The Mechanization of Natural Philosophy, eds. D. Garber, S. Roux(Springer, 2013), pp. 237~262.

_____, "Descartes's Metaphysical Biology", The Journal of the Intern-

altional Society for the History of Philosopy of Science, 5(2)(2015), pp. 209~239.

Mirkes, Renée, "Transhumamist Medicine: Can We Direct Its Power to the Service of Human Dignity", *The Linacre Quarterly* 86(1)(2019), pp. 115~126.

Overall, Christine, "How Old Is Old? Changing Conceptions of Old Age", *The Palgrave Handbook of the Philosophy of Aging*, ed. Geoffrey Scarre(Pagrave Macmillan, 2016), pp. 13~30.

Romano, Claude, "Les trois médecines de Descartes", *Dix-septième siècle*, no. 217(2002), pp. 675~696.

Shapin, Steve, "Descartes the Doctor: Rationalism and its Therapies", *British Journal for the History of Science*, 33(2000), pp. 131~154.

데카르트, 르네, 『정념론』, 김선영 옮김(문예출판사, 2013).

_____, 『제1철학에 관한 성찰』, 이현복 옮김(문예출판사, 2021).

_____, 『방법서설』, 이현복 옮김(문예출판사, 2022).

_____, 『철학의 원리』, 원석영 옮김(아카넷, 2012).

어스태드, 스티븐, 『인간은 왜 늙는가: 진화로 풀어보는 노화의 수수께끼』, 최재천, 김태원 옮김(궁리, 2006).

3장 | 헤겔 철학에서 인간의 유한성과 노년의 의미

Arp, K., "Old Age in Existentialist Perspective", *The Palgrave Handbook of the Philosophy of Aging*, ed. G. Scarre(Palgrave Macmillan, 2016), pp. 135~148.

Hegel, G. W. F., *Phänomenologie des Geistes*, hrsg. von H. F. Wessels, H. Clarimont(1988), 'PdG'로 약칭.

_____, *Grundlinien der Philosophie des Rechts*, hrsg. von J. Hoffmeister (1955), 'GPR'로 약칭.

_____, *Werke in zwanzig Bänden 9, Enzyklopädie der philosophischen Wissensschaften im Grundrisse 1830: Die Naturphilosophie mit den mündlichen Zusätzen*(1970)[게오르크 빌헬름 프리드리히 헤겔, 『헤겔 자연철학』, 박병기 옮김(나남, 2008)].

Kalkavage, P., The Logic of Desire(Paul Dry Books, 2007).

Rozsa, E., "Verhalgensweisen des Individuums der 'Lust' des Individuums des 'Gesetzes des Herzens' und des 'tugendhaften Ritter'", *Hegels 'Phänomenologie des Geistes' heute*, hrsg. A. Arndt und E. Müller (Academie Verlag, 2004), pp. 121~144.

Schopenhauer, A., *Parerga and Paralipomena*, vol 1, trans. S. Roehr, C. Janaway(Cambridge University Press, 2014).

Siep, L., *Der Weg der Phänomenologie des Geistes*(Suhrkamp Verlag, 2000).

Stekeler, P., *Hegels Phänomenologie des Geistes. Ein dialogischer Kommentar*(Meiner, 2014).

Werle, M. A., "Literatur und Individualität. Zur Verwirklichung des Selbstbewußtseins durch sich selbst", *Hegels Phänomenologie des Geistes*, hrsg. K. Vieweg, W. Welsch(2008), pp. 350~393.

과르디니, 로마노, 『삶과 나이』, 김태환 옮김(문학과지성사, 2016).

꼬제브, 알렉산더, 『역사와 현실 변증법』, 설헌영 옮김(한벗, 1981).

다스튀르, 프랑수아즈, 『죽음』, 나길래 옮김(동문선, 1994).

미누아, 조르주, 『노년의 역사』, 박규현, 김소라 옮김(아모르문디, 2010).

보부아르, 시몬 드, 『노년』, 홍상희, 박혜영 옮김(책세상, 2002).

이뽈리뜨, 장, 『헤겔의 정신현상학 I』, 이종철, 김상환 옮김(문예출판사, 1986).

4장 | 쇼펜하우어 철학에서 맹목적 의지와의 투쟁과 노년

Atwell, J. E., Schopenhauer on the Character of the World. *The Metaphysics of Will*(Uni. of California Press, 1995).

Fahsel, H., *Die Überwindung des Pessimismus*(Freiburg Herder, 1927).

Fischer, K., "Die Welt als Eerkenntnissystem", *Materialien zu Schopenhauers Die Welt als Wille und Vorstellung*, hrsg. V. Sperling(Suhrkamp Verlag, 1984), pp. 186~196.

Gemes K., Janaway, C., "Life-Denial versus Life-Affirmation: Schopenhauer and Nietzsche on Pessimism and Asceticism", *A Companion to Schopenhauer*, ed. B. Vandenabeele(Willy-Blackwell, 2012), pp. 280~299.

Hamlyn, D., "Schopenhauer and Kowledge", *The Cambridge Companion to Schopenhauer*, ed., C. Janaway(Cambridge Uni. Press, 1999), pp. 44~62.

Jacquette, D., "Schopenhauer on Death", *The Cambridge Companion to*

Schopenhauer, ed. C. Janaway(Cambridge Uni. Press, 1999), pp. 293~
317.

Janaway, C., *Schopenhauer. A Very Short Introduction*(Oxford, 2002).

Kossler, M., "The Artist as Subject of Pure Cognition", *A Companion to
Schopenhauer*, ed. B. Vandenabeele(Willy-Blackwell, 2012), pp. 193~
205.

Schopenhauer, A., *Parerga and Paralipomena*, vol 1, trans. S. Roehr, C.
Janaway(Cambridge University Press, 2014), 'P1'로 약칭.

_____, *The World as Will and Representation*, vol. I, trans. E. F. J.
Payne(Dover, 1966).

Zöller, G., "Schopenhauer on the Self", *The Cambridge Companion to
Schopenhauer*, ed. C. Janaway(Cambridge Uni. Press, 1999), pp. 18~
43.

쇼펜하우어, 아르투어, 『의지와 표상으로서의 세계』, 홍성광 옮김, 을유문화사,
2009.

5장 | 타자의 체험으로서의 늙음

Small, Helen, "Does Self-Identity Persist Into Old Age?", *The Palgrave
Handbook of the Philosophy of Aging*, ed. Geoffrey Scarre(Palgrave
Macmillan, 2016), pp. 261~282.

Aristote, *Rhétorique*(Gallimard, 1991).

Arp, Kristina, "Old Age in Existentialist Perspective", *The Palgrave
Handbook of the Philosophy of Aging*, ed. Geoffrey Scarre(Palgrave
Macmillan, 2016), pp. 135~148.

Baars, Jan, *Aging and The Art of Living*(The Johns Hoppkins University
Press, 2012).

Bergoffen, Debra, "The Dignity of Finitude", *Simone de Beauvoir's
Philosophy of Age*, ed. Silvia Stoller(De Gruyter, 2014), pp. 127~141.

Botelho, Lynn(2017), "Old Age is Not a Modern Invention", *Frame*, vol. 30,
no.1, pp.11~17.

Deutscher, Penelope, "Beauvoir's Old Age", *Cambridge Companion to
Simone de Beauvoir*, ed. C. Card(Cambridge University Press, 2003),
pp. 286~304.

_____, "Bodies, lost and found. Simone de Beavoir from The Second Sex to Old Age", *Radical Philosophy*, vol. 96(1999), pp. 6~16.

_____, *The Philosophy of Simone de Beauvoir, Ambiguity, Conversion, Resistance*(Cambridge University Press, 2008).

Fischer, Linda, "The Other Without and the Other Within", *Simone de Beauvoir's Philosophy of Age*, ed. Silvia Stoller(2014), pp. 107~121.

Gilleard, Chris, "Ageism and the Unrealizability of Old Age", *University of Toronto Quarterly*, vol. 90, n. 2(2021), pp. 96~110.

_____, "Aging as Otherness: Revisiting Simone de Beauvoir's Old Age", *Gerontologist*, vol. 62(2)(2021), pp. 286~292.

Kruks, Sonia, "Beauvoir's *The Coming of Age* and Sartre's *Critique of Dialectical Reason*", *Simone de Beauvoir's Philosophy of Age*, ed. Silvia Stoller(2014), pp. 89~101.

Louette, Jean François, "'La Chambre' de Sartre, ou la folie de Voltaire", *Poétique*, vol. 153(2008), pp. 41~61.

Manheimer, Ronald J., "Aging in the Mirror of Philosophy", *Handbook of the Humanities and Aging*, eds. Thomas R. Cole, Robert Kastenbaum, Ruth E. Ray(Springer Publishing Company, 1992), pp. 77~92.

Miller, Sarah Clark, "The Lived Experience of Doubling: Simone de Beauvoir's Phenomenology of Old Age", *The Existential Phenomenology of Simone de Beauvoir*, eds. W. O'Brien, L. Embree(Kluwer Publishers, 2001), pp. 127~147.

Moi, Toril, *What is a Woman?*(Oxford University Press, 1999), pp. 59~72.

Scarre, Geoffrey, "The Aging of People and of Things", *The Palgrave Handbook of the Philosophy of Aging*, ed. Geoffrey Scarre(Palgrave Macmillan, 2016), pp. 87~100.

Schwarzer, Alice, "Ce que je dirais maintenant si je devais récrire mes mémoires", *Simone de Beauvoir aujourd'hui, entretiens, Mercure de France*(1983), pp. 87~99.

Small, Helen, *The Long Life*(Oxford University Press, 2007).

Stoller, Silvia(ed.), *Simone De Beauvoir's Philosophy of Age: Gender, Ethics, and Time*(De Gruyter, 2017).

강초롱, 「만들어진 노년의 불행: 시몬 드 보부아르의 『노년』 읽기」, 『인문학 연구』 36집(2021), 3~36쪽.

김정란, 「보부아르의 『조심스러운 나이』에 나타난 노년의 문제」, 『프랑스어문교육』 44(한국프랑스어문교육학회, 2018), 283~301쪽.

몽테뉴, 미셸 드, 『나이 듦과 죽음에 대하여』, 고봉만 엮고 옮김(책세상. 2016).

_____, 『에세 1~3』, 심민화, 최권행 옮김(민음사, 2022).

미누아, 조르주, 『노년의 역사』, 박규현, 김소라 옮김(아모르문디, 2010)

보부아르, 시몬 드, 『노년』, 홍상희, 박혜영 옮김(책세상, 1994).

_____, 『모든 사람은 혼자다』, 박정자 옮김(꾸리에, 2016).

_____, 『작별의 의식』, 함정임 옮김(현암사, 2021).

_____, 『제2의 성』, 이정순 옮김(을유문화사, 2021).

_____, 『편안한 죽음』, 함유선 옮김(아침나라, 1999).

사르트르, 장폴, 『변증법적 이성 비판 1~3』, 박정자, 변광배, 윤정임, 장근상 옮김 (나남, 2009).

_____, 『존재와 무』, 정소성 옮김(동서문화사, 1994).

아리스토텔레스, 『니코마코스 윤리학』, 김재홍, 강상진, 이창우 옮김(길, 2011).

_____, 『정치학』, 김재홍 옮김(길, 2017).

이하준, 「노년의 윤리학에서 노년의 사회철학으로: 노년 담론에 대한 보부아르의 사회철학적 전회」, 『기독교와 문화』 19(2023), 261~92쪽.

장미성, 「노년은 인생의 비극인가: 키케로의 『노년에 관하여』를 중심으로」, 『인간· 환경·미래』 26호(2023), 7~34쪽.

키케로, 『노년에 관하여』, 오흥식 옮김(궁리, 2002).

6장 | 노화의 자연경제

Ameisen, J. C., *La Sculpture du vivant*(Edition du Seuil, 2003).

Jonas, H., *The Phenomenon of Life*(Northwestern University Press, 2001).

랑시에르, 자크, 『자크 랑시에르와의 대화』, 박영옥 옮김(인간사랑, 2020).

리클레프스, 로버트, 핀치, 칼리브., 『노화의 과학』, 서유현 옮김(사이언스북스, 2006).

머피, 마이클, 오닐, 루크, 『생명이란 무엇인가? 그 후 50년』, 이상헌, 이한음 옮김 (지호, 2003).

미누아, 조르주, 『노년의 역사』, 박규현, 김소라 옮김(아모르문디, 2010).

박상철, 『마그눔 오푸스 2.0』(우듬지, 2019).

싱클레어, 데이비드, 러플랜트, 매슈, 『노화의 종말』, 이한음 옮김(부키, 2020).

자콥, 프랑수아, 『생명의 논리, 유전의 역사』, 이정우 옮김(민음사, 1994).

케이, 제임스, 슈나이더, 에릭, 「무질서로부터의 질서: 생물학에서 복잡성의 열역학」, 『생명이란 무엇인가? 그 후 50년』, 마이클 머피, 루크 오닐(지호, 2003), 295~316쪽.

후쿠오카, 신이치, 『동적 평형』, 김소연 옮김(은행나무, 2010).

7장 | 노년, 자기 해석의 창조적 과정

Barthes, Roland, "Introduction to the Structural Analysis of Narratives", *A Barthes Reader*(Hill and Wang, 1982), pp. 251~295.

Carr, David, "The Stories of Our Lives: Aging and Narrative", ed. Scarre, G., *The Palgrave Handbook of the Philosophy of Aging*(Palgrave Macmillan, 2016), pp. 171~185.

Dennett, Daniel C., "Why everyone is a novelist", *Times Literary Supplement*, vol. 4, no. 459(1998).

과르디니, 로마노, 『삶과 나이』, 김태환 옮김(문학과지성사, 2016).

김상환, 「서론: 이야기의 끈」, 『이야기의 끈』(이학사, 2021).

데닛, 대니얼, 『의식의 수수께끼를 풀다』, 유자화 옮김(옥당, 2013).

리오타르, 장프랑수아, 『포스트모던의 조건』, 유정완 옮김(민음사, 2018).

리쾨르, 폴, 『시간과 이야기 3』, 김한식 옮김(문학과지성사, 2004).

_____, 『시간과 이야기 1』, 김한식·이경래 옮김(문학과지성사, 1999).

매킨타이어, 알래스데어, 『덕의 상실』, 이진우 옮김(문예출판사, 1997).

맥아담스, 댄, 『이야기 심리학』, 양유성, 이우금 옮김(학지사, 2015).

박선웅, 『정체성의 심리학』(21세기북스, 2020).

박진, 「서사와 삶: 이야기하기의 실존적 의미」, 『이야기의 끈』(이학사, 2021).

벤야민, 발터, 「이야기꾼: 니콜라이 레스코프의 작품에 대한 고찰」, 『서사·기억·비평의 자리』, 최성만 옮김(길, 2012).

보부아르, 시몬 드, 『노년』, 홍상희, 박혜영 옮김(책세상, 2002).

브루너, 제롬 세이모어, 『이야기 만들기』, 강현석 옮김(교육과학사, 2010).

브룩스, 피터, 『정신분석과 이야기 행위』, 박인성 옮김(문학과지성사, 2017).

_____, 『플롯 찾아 읽기』, 박혜란 옮김(강, 2011).

사르트르, 장폴, 『구토』, 방곤 옮김(문예출판사, 1999).

색스, 올리버, 『아내를 모자로 착각한 남자』, 조석현 옮김(알마, 2016).

아렌트, 한나, 『인간의 조건』, 이진우·태정호 옮김(한길사, 1996).

아리스토텔레스, 『시학』, 김한식 옮김(그린비, 2022).

애벗, H. 포터『서사학 강의』, 우찬제, 이소연, 박상익, 공성수 옮김(문학과지성사, 2010).

에릭슨, 에릭, 에릭슨, 조앤,『인생의 아홉 단계』, 송제훈 옮김(교양인, 2019).

정진웅,『노년의 문화인류학』(한울아카데미, 2012).

테일러, 찰스,『자아의 원천들』, 권기돈, 하주영 옮김(새물결, 2015).

8장 | 노년의 시간

Baars, Jan, "Concepts of Time in Age and Aging", *The Palgrave Handbook of the Philosophy of Aging*, eds. Geoffrey Scarre(Palgrave Macmillan, 2016), pp. 69~86.

Baars, Jan, "Human aging, finite lives and the idealization of clocks)", *Biogerontology* 18(2017), pp. 285~292.

Beauvoir, Simone de, *The Coming of Age*, trans. Patrick O'Brian(W. W. Norton & Company, 1972).

Coors, Michael, "Zeit und Endlichkeit des alternden Mensch", *Aufgang Jahrbuch für Denken, Dichten, Musik*, Bd 11, Hrsg. Jose Sanchez de Murillo, Rüdiger Haas und Christoph Rinser(2014), pp. 254~268.

Dowling, William C., *Ricoeur on Time and Narrative*(Notre Dame Press, 2011).

Grossheim, Michael, "Altern und Zeithorizont", *Konstrukte gelingenden Altern*, Hrsg., Martina Kumlehn, Andreas Kubik(2010), pp. 77~88.

Heinämaa, Sara, "Transformations of Old Age: Selfhood, Normativity and Time", *Simone de Beauvoir's Philosophy of Age: Gender, Ethics, and Time*(De Gruyter, 2014), pp. 167~189.

Rentsch, Thomas, "Aging as Becoming oneself: A Philosophical Ethics of Late Life", *The Palgrave Handbook of Philosophy of Aging*, eds. G. Scarre(Palgrave Macmillan, 2016), pp. 347~364.

Ricoeur, Paul, "Narrative Time", *Critical Inquiry*, Autumn, vol. 7, No. 1(1980), pp. 169~190.

Schües, Christina, "Age and Future: Phenomenological Paths of Optimism", *Simone de Beauvoir's Philosophy of Age: Gender, Ethics and Time*(De Gruyter, 2014), pp. 215~230.

Stoller, Silvia, "We in the Other, and the Child in Us", *Simone de Beauvoir's*

Philosophy of Age: Gender, Ethics and Time(De Gruyter, 2014), pp. 195~210.

리쾨르, 폴, 『시간과 이야기 1』, 김한식, 이경래 옮김(문학과지성사, 1999).

리쾨르, 폴, 『시간과 이야기 3』, 김한식 옮김(문학과지성사, 2004).

메를로퐁티, 모리스, 『지각의 현상학』, 류의근 옮김(문학과지성사, 2002).

몽테뉴, 미셸 드, 『에세 1』, 심민화, 최권행 옮김(민음사, 2022).

보부아르, 시몬 드, 『모든 인간은 죽는다』, 변광배 옮김(삼인, 2014).

아리스토텔레스, 「자연학」, 『아리스토텔레스 선집』, 조대호 외 옮김(길, 2023).

아우구스티누스, 『고백록』, 박문재 옮김(CH북스, 2016).

키케로, 『노(老)카토 노년론』, 김남우 옮김(아카넷, 2023).

플라톤, 『파이돈』, 전헌상 옮김(아카넷, 2020).

하이데거, 마르틴, 『존재와 시간』, 이기상 옮김(까치, 1998).

9장 | 노년의 인격 동일성과 연명 의료

Holm, S. "Personhood across the Lifespan", *The Cambridge Handbook of The Ethics of Ageing*, ed. C. S. Wareham(Cambridge University Press, 2022), pp. 105~117.

Jecker, N. S. "Life-Extending Treatments for People with Dementia", *The Cambridge Handbook of The Ethics of Ageing*, ed. C. S. Wareham (Cambridge University Press, 2022), pp. 161~171.

Kaufman, D., "Locke's Theory of Identity", *A Companion to Locke*, ed. M. Stuart(Wiley Blackweii, 2016), pp. 236~259.

Locke, J., *An Essay concerning Human Understanding*, ed. P. H. Nidditch (The Clarendon Press, 1975)〔『인간지성론』, 정병훈, 이재영, 양선숙 옮김 (한길사, 2014)〕.

Martin R., Barresi J., *Naturalization of the Soul — Self ad Personal Identity in the Eigteenth Century*(Routledge, 2000).

_____, *Personal Identity*(Blackwell Publishing Ltd., 2003).

_____, *The Rise and Fall of Soul and Self: An Intellectual History of Personal Identity*(Columbia University Press, 2006).

Newman, L., *The Cambridge Companion to Locke's Essay concerning Human Understanding*(Cambridge University Press, 2007).

Reid, T., *Essays on the Intellectual Powers of Man*, ed. A. D. Woozley

(Macmillan, 1941).

Savonius-Wroth, S.-J., Schuurman, P. & Walmsley. J., *The Continuum Companion to Locke*(Continuum, 2010).

Schechtman, M. "Locke and the current debate on Personal Identity", *The Lockean Mind*, ed. J. Gordon-Roth, S. Weinberg(Routledge, 2022), pp. 255~264.

Scruton, R., *Modern Philosophy: An Introduction and Survey*(Penguin Books, 1996)(『현대 철학 강의』, 주대중 옮김(바다출판사, 2017)).

Small, H., "Does Self-Identity persist into old Age?", *The Palgrave Handbook of the Philosophy of Ageing*, ed. G. Scarre(Palgrave Macmillan, 2016), pp. 261~281.

Thiel, U., "Personal Identity", *The Cambridge History of Seventeenth-Century Philosophy*, vol. 1, ed. D. Garber, M. Ayers(Cambridge University Press, 1998).

_____, "Self-Consciousness and Personal Identity", *The Cambridge History of Eighteenth Century Philosophy*, ed. K. Haakonssen (Cambridge University Press, 2006), pp. 286~318.

Yolton, J. W., *The Two Intellectual Worlds of John Locke*(Cornell University Press, 2004).

미첼, 웬디, 와튼, 아나, 『치매의 거의 모든 기록』, 조진경 옮김(문예춘추사, 2022).

사토, 마사히코, 『기억하지 못해도 여전히, 나는 나』, 성기옥, 유숙경 옮김(세개의 소원, 2023).

안세권, 「인격 동일성과 실체」, 『철학연구』 76(대한철학회, 2000), 207~228쪽.

10장 | 차분한 정념과 노년 초월의 길

Adelt, M. , "Emprical Assessment of a Three-Dimensional Wisdom Scale", *Research on Aging*, 25(2003), pp. 275~324.

Cohen, Gene, D., *The Creative Age: Awakening Human Potential in the Second Half of Life*(HarperCollins, 2000).

Cohen, Gene, D., *The Mature Mind: The Positive Power of the Aging Brain*(Basic Books, 2005).

Erikson, E. H., *Childhood and Society*(Norton. 1963).

_____, *The Life cycle completed*(Norton. 1998).

Greig, J. Y. T., *The Letters of David Hume*(Oxford, 1932).

Hume, David, *A Treatise of Human Nature*, ed. L. A. Selby-Bigge(Oxford University Press, 1978).

_____, *Enquiries Concerning Human Understanding and Concerning the Principles of Morals*, ed. L. A. Selby-Bigge(Oxford University Press, 1966).

_____, *Essays, Morals, Political, and Literary*, ed. Eugene F. Miller (Indianapolis, 1987).

Jeffares, W. B. Norman, *Yeats: Man and Poet*(Routledge & Kegan Paul, 1949).

Jones, Peter, "'Art' and 'Moderation' in Hume's Essays", *McGill Hume Studies,* ed. David Fate Norton, Nicholas Capaldi and Wade Robison (1979), pp. 161~180.

_____, *Hume's Sentiments: Their Ciceronian and French Connection*, Edinburgh University Press M. A.(1982).

Malins, Edward, *A Preface to Yeats*(Longman Group Ltd, 1974).

Tornstam, L., *Gerontransendence: a developmental theory of positive aging*(Springer, 2011).

_____, "Maturing into gerontransendence", *Transpersonal Psychology* 43(2011), pp. 166~180.

미누아, 조르주, 『노년의 역사』, 박규현, 김소라 옮김(아모르문디, 2010).

신원철, 「예이츠와 엘리엇의 늙음에 대한 시각」, 『한국 예이츠 저널』 42(2013), 333~355쪽.

_____, 「예이츠의 노년과 지혜 그리고 가이어」, 『한국 예이츠 저널』 29(2008), 87~107쪽.

아그로닌, 마크, 『노인은 없다』, 신동숙 옮김(한스미디어, 2019).

안정신 외, 「성공적 노화 연구의 비판적 고찰」, 『한국심리학회지: 발달』24(2011), 35~54쪽.

양선이, 「흄: 회의, 공감 그리고 정의」, 『관용주의자들』(교우미디어, 2016b).

_____, 「흄의 인위적 덕과 '이성' 개념을 통해서 본 여성주의 철학」, 『한국여성철학』 26권(2016a), 73~101쪽.

_____, 「흄의 철학에서 행복의 의미와 치유로서의 철학」, 『철학논집』 43집 (2015), 9~39쪽.

정영숙, 「한국 여성 노인의 잘 나이 들기: 성숙한 노화 개념의 탐색」, 『한국고전여

『성문학연구』23(2011), 5~56쪽.

키케로, 『노년에 관하여, 우정에 관하여』, 천병희 옮김(숲, 2016).

11장 | 노년의 우울에 관하여

Bavidge, Michael, "Feeling One's Age: A phenomenology of aging", *The Palgrave handbook of the Philosophy of aging*, ed. G. Scarre(2016).

Gibson, James J., *The Ecological Approach to Visual Perception*(Houghton Mifflin, 1979).

_____, *The ecological approach to visual perception*(Psychology Press, 1986).

_____, *The senses considered as perceptual systems*(Houghton-Mifflin, 1966).

Shargel, Daniel, Prinz, Jesse, "An Enactivist Theory of Emotional Content", *The Ontology of Emotions*, eds. Hichem Naar, Fabrice Teron(Cambridge University Press, 2018). pp. 110~129.

Slaby, J., Stephan, A., "Enactive Emotion and Impaired Agency in Depression", *Journal of Consciousness Studies*(2013).

Thompson, Evan, Varela, Francisco J., "Radical Embodiment: Neural Dynamics and Consciousness", *Trends in Cognitive Sciences* 5(2001), pp. 418~425.

Varela, Francisco J., *Ethical Know-How*(Stanford University Press, 1992).

Varela, Francisco J., Thompson, Evan, Rosch, Eleanor, *The Embodied Mind*(MIT Press, 1991).

Vetter, B., "Perceiving Potentiality: A Metaphysics for Affordances", *Topoi* 39(2020), pp. 1177~1191.

권유경, 「노인 우울증의 인지 행동적 중재에 대한 일 고려」, 『인지발달중재학회지』 7(2016), 25~47쪽.

김민정 외, 「어포던스 관점으로 본 치매 전문 요양 시설 공용공간의 활용 특성 연구」, 『한국 공간디자인학회논문집』, 13권 50호(2018), 218~228쪽.

박미옥 외, 「노인 우울증 치유를 위한 가드닝 프로그램 및 효과 검증」, 『한국디자인학회지』 9(1)(2023), 10~19쪽.

양선이, 「감정에 관한 행화주의: 프린츠의 제한된 행화주의를 중심으로」, 『인간·환경·미래』 30(2023), 67~97쪽.

_____, 「어포던스 형이상학과 행화주의 감정 이론을 통해서 본 노년 우울감」, 『근대철학』 23(2024), 133~161쪽.

_____, 『감정 상했어요?』(좋은땅, 2024).

어유경 외, 「노인의 우울 대처 전략에 대한 질적 연구: 서울시 도시 노인의 우울 대처 경험을 중심으로」, 『한국노년학』 37(2017), 583~600쪽.

12장 | 우리 시대의 효, 어떻게 볼 것인가

Belliotti, R. A., "Honor Thy Father and Thy Mother and to Thine Own Self Be True," *Southern Journal of Philosophy* 24(2)(1986), pp. 149~162.

Berger, F. R., "Gratitude", *Ethics* 85(1975), pp. 298~309.

Blustein, J., *Parents and Children: The Ethics of the Family*(Oxford University Press, 1982).

English, J. "What do grown children owe their Parents?", *Aging and Ethics*, ed. Nancy Jecker(Springer, 1992), pp. 147~154.

Jeske, D., "Filial Duties" *The Palgrave Handbook of the Philosophy of Aging*, ed. G. Scarre(2016), pp. 365~383.

Keller, S., "Four theories of filial duty", *Philosophical Quarterly*, 56(223)(2006), pp. 254~274.

Kupfer, J., "Can parents and children be friends?", *American Philosophical Quarterly* 27(1)(1990), pp. 15~26.

Sommers, C. H., "Filial Morality", *Journal of Philosophy* 83(8)(1986), pp. 439~456.

로크, 존, 『통치론』, 강정인, 문지영 옮김(까치, 2022).

아리스토텔레스, 『니코마코스 윤리학』, 강상진 외 옮김(길, 2011).

_____, 『에우데모스 윤리학』, 송유례 옮김(아카넷, 2021).

아리스토텔레스, 『정치학』, 김재홍 옮김(길, 2017).

장미성, 「아리스토텔레스의 우정론: 『니코마코스 윤리학』 8, 9권을 중심으로」, 『인간·환경·미래』 제28집(2022), 65~91쪽.

_____, 「현대적 의미의 효 개념과 아리스토텔레스의 친애(Philia)로서의 효의 의미」, 『동서철학연구』 제107집(2023), 123~149쪽.

플라톤, 『국가』, 박종현 옮김(서광사, 2005).

_____, 『법률 I, II』 김남두 외 옮김(나남, 2018).

_____, 『프로타고라스』, 강성훈 옮김(아카넷, 2021).

_____,『향연』, 강철웅 옮김(아카넷, 2020).

흄, 데이비드,『인간 본성에 관한 논고』, 이준호 옮김(살림, 2005).

13장 | 실버 민주주의를 넘어서

Buchmeier, Y, Vogt, G., "The Aging Democracy: Demographic Effects, Political Legitimacy, and the Quest for Generational Pluralism", *Perspectives on Politics* 22(2024), pp. 168~180.

Dobson, A., "Representative Democracy and the Environment", *Democracy and Environment*, eds. W. Lafferty, J. Meadowcroft(Edward Elgar, 1996).

McClean, Charles T., *Silver Democracy: Youth Representation in an Aging Japan*, PhD Dissertation(University of California San Diego, 2020).

Yongseok, Seo, "Democracy in the Ageing Society: Quest for Political Equilibrium between Generations", *Futures* 85(2017), pp. 42~57.

강준호, 「J. S. Mill의 민주주의론과 공리주의」,『인문학연구』43(2020), 195~230쪽.

김기순, 「J. S. 밀의 민주주의론」,『영국연구』40(2018), 143-175쪽.

우치다, 미츠루, 이와부치, 카츠요시,『실버데모크라시』, 김영필 옮김(논형, 2006).

밀, 존 스튜어트,『대의정부론』, 서병훈 옮김(아카넷, 2012).

서용석,『세대 간 정의' 실현을 위한 미래세대의 정치적 대표성 제도화 방안』, 한국행정연구원(KIPA) 연구보고서(2014).

우준희, 「실버 민주주의와 사회복지개혁의 정치」,『현대정치연구』15권 2호(2022), 105~151쪽.

이현출, 「인구의 정치학: 실버 민주주의의 도래와 세대 간 정의」,『한국정치연구』27집 2호(2018), 85~114쪽.

이현출, 문예찬, 「고령자 이익 추구 정당의 등장과 성패 요인」,『정치·정보연구』22권 3호(2019), 291~324쪽.

찾아보기

이 저서는 2020년 대한민국 교육부와 한국연구재단의
일반공동연구지원사업의 지원을 받아 수행된 연구임
(NRF-2020S1A5A2A03044168)

철학의 눈으로 본 노년

1판 1쇄 찍음 2025년 5월 21일
1판 1쇄 펴냄 2025년 5월 30일

지은이   이재영, 임건태 외 7인
펴낸이   김정호

책임편집 임정우
디자인   디스커버, 박애영

펴 낸 곳 아카넷
출판등록 2000년 1월 24일 (제406-2000-000012호)
주   소   10881 경기도 파주시 회동길 445-3
전   화   031-955-9510 (편집) · 031-955-9514 (주문)
팩시밀리   031-955-9519

Printed in Paju, Korea.

ISBN 978-89-5733-981-7 93120

값은 뒤표지에 있습니다.